À tout prendre
et
Il était une fois dans l'Est

Classiques du cinéma queer
Sous la direction de Matthew Hays et Thomas Waugh

Le succès commercial durable des films 2SLGBTQ2+ des récentes générations est une preuve de l'intérêt considérable pour le cinéma queer, aussi bien dans la culture populaire que dans les milieux universitaires. Si les œuvres récentes sont marquées par la nouvelle maturité de la culture cinématographique queer, les classiques queer et proto-queer des cent dernières années connaissent une large diffusion grâce au développement d'une culture cinéphile queer en ligne, et ils ont été remis en circulation par quantité de festivals et de reprises. Il est devenu urgent de réfléchir sur certains films selon une perspective queer, afin d'arriver à une nouvelle compréhension de diverses préoccupations politiques, esthétiques et personnelles.

La collection Classiques du cinéma queer de McGill-Queen's University Press met l'accent sur la qualité des textes, la recherche à la fois rigoureuse et accessible, ainsi que la réflexion personnelle sur la signification de chaque film, produit d'une écriture originale qui rend justice à chaque œuvre, enrichissante et appréciée autant par les cinéphiles que par les universitaires et la population étudiante. Les livres de la collection sont courts ; ils comptent environ 40 000 mots, mais sont abondamment illustrés et approfondis. En plus d'étudier les contextes historique, autorial et de production, ces ouvrages s'appuient sur l'analyse cinématographique tout en déployant la vision personnelle de l'auteur·e ou encore une lecture subjective de la réception de l'œuvre ou de son traitement de l'identité sexuelle. Par des textes passionnants et des perspectives critiques éclairantes, la collection vise à refléter la diversité, la qualité et l'originalité des classiques du canon cinématographique queer au sens large. Les livres de la collection ont beaucoup à nous apprendre, non seulement à propos de l'art du cinéma, mais aussi sur la manière queer de transmettre des significations, des histoires et des rêves par le biais du film.

À tout prendre
et
Il était une fois dans l'Est

Julie Vaillancourt

McGill-Queen's University Press

Montreal et Kingston | London | Chicago

© McGill-Queen's University Press 2023

ISBN 978-0-2280-1702-8 (relié toile)
ISBN 978-0-2280-1703-5 (relié paper)
ISBN 978-0-2280-1831-5 (ePDF)

Dépôt légal deuxième trimestre 2023
Bibliothèque nationale du Québec

Imprimé au Canada sur papier non acide qui ne provient pas de forêts anciennes (100 % matériel post-consommation), non blanchi au chlore.

Nous remercions le Conseil des arts du Canada de son soutien.
We acknowledge the support of the Canada Council for the Arts.

Catalogage avant publication de Bibliothèque et Archives Canada

Titre: À tout prendre et Il était une fois dans l'Est / Julie Vaillancourt.
Noms: Vaillancourt, Julie, 1980- auteur.
Description: Mention de collection: Queer film classics | Comprend des références bibliographiques et un index.
Identifiants: Canadiana (livre imprimé) 20220467781 | Canadiana (livre numérique) 20220467846 | ISBN 9780228017028 (couverture rigide) | ISBN 9780228017035 (couverture souple) | ISBN 9780228018315 (PDF)
Vedettes-matière: RVM: À tout prendre (Film) | RVM: Il était une fois dans l'Est (Film) | RVM: Homosexualité au cinéma. | RVM: Minorités sexuelles au cinéma.
Classification: LCC PN1995.9.H55 V35 2023 | CDD 791.43/653—dc23

À ma mère, qui adore la lecture.
À mon père, cinéphile, qui m'a transmis sa passion
(à l'exception des westerns et de Stallone).

Photo 1
Passeports de saison Jeunesse pour Expo 67.
Collection de l'auteure.

Table des matières

Décennies 1960 et 1970 : la culture queer sort du placard, dans la rue et sur pellicule

À tout prendre, la Révolution tranquille : jeux de miroirs et d'échos

Mise en scène de l'homosexualité : recherche de l'identité nationale et sexuelle

Opiniâtreté des critiques de l'époque, ou le refus de lier le personnel au politique

Démagogies nationales et hétérosexuelles

Remerciements

En 2007, je terminais ma maîtrise en études cinématographiques à l'Université Concordia à Montréal. Mon mémoire s'intéressait à la représentation des personnes LGBT dans le cinéma québécois. Plus d'une quinzaine d'années plus tard, bien qu'en de nombreux pays et contextes les combats pour l'égalité sociale et juridique demeurent quotidiens, les voix des personnes LGBTQI2+ se font entendre davantage. J'éprouve, en ce sens, une extrême reconnaissance envers Claude Jutra, André Brassard, Michel Tremblay et Léa Pool, des artistes pionniers quant à la représentation gaie et lesbienne dans le cinéma québécois. Qui plus est, merci à ceux et celles qui continuent à prêter leur caméra et leur plume à des histoires, à des personnages et à des thématiques encore trop souvent négligés dans notre cinématographie, permettant ainsi aux personnes LGBTQI2+ de se reconnaître à l'écran, du moins le temps de quelques images. Merci aux artistes LGBTQI2+ que j'ai eu l'occasion d'interviewer pour *Fugues* et *Séquences* au fil de la dernière décennie : vous me permettez d'écrire le monde à travers vos dires et réalisations. Merci aux étudiants à qui j'ai le privilège de transmettre mon amour du cinéma : à travers votre passion naissante, j'ai la chance de réitérer la mienne. Je désire remercier Thomas Waugh, mentor d'exception, qui a été jadis mon directeur de mémoire de maîtrise (duquel ce livre est inspiré), pour ses connaissances, son soutien, ses conseils pertinents et ses publications qui constituent une source intarissable de savoirs. En ce sens, merci à Yves Lever ; j'ai pu bénéficier de sa précieuse relecture pour les premiers chapitres, j'aurais tant aimé qu'il puisse lire le dernier… Merci également à Matthew Hays ainsi qu'à Jonathan Crago de McGill-Queen's University Press. Avec la publication de ce livre, vous concrétisez un de mes rêves. Merci aux évaluateurs et à la réviseure de ce manuscrit pour leurs judicieux conseils. Merci à Denis-Daniel Boullé, collègue et chroniqueur de talent, pour sa relecture, ainsi qu'à Line Chamberland, auteure et professeure, pour ses précieux savoirs. Enfin, merci à mes parents, Francine et Guy, pour leurs encouragements constants et leur soutien indéfectible. Les valeurs que vous m'avez transmises ne s'apprennent pas dans les livres et valent toute la connaissance du monde.

Synopsis

Photo 2
Affiche du film
À tout prendre présenté au Festival du cinéma canadien en 1963. Collection de la Cinémathèque québécoise 1997.0015.AF.

À tout prendre, représentation pionnière et laconique de l'homosexualité

À tout prendre, réalisé par Claude Jutra de 1961 à 1963, est en quelque sorte une œuvre prémonitoire sur le destin tragique de son réalisateur et sur l'avenir politique incertain du Québec de l'époque, un Québec en quête identitaire, comme celui de son cinéma : « À travers Jutra, c'est un peu le drame du cinéma canadien qui revit sous nos yeux, un cinéma en quête d'une identité, ne devant rien à personne, intégrant sa réalité quotidienne, voire intime, à sa recherche artistique[1]. » Qui plus est, *À tout prendre* est considéré comme le « premier film gai canadien[2] » (et québécois), même s'il ne contient qu'un seul moment queer explicite. Mais que dire de ce moment capital ? À la fois nié par certains critiques et sévèrement jugé par d'autres, ce qui conférera notamment à son réalisateur le titre de « martyr du cinéma queer au Canada[3] ».

D'emblée, la représentation pionnière de l'homosexualité offerte par *À tout prendre*, que l'on pourrait qualifier de laconique, est subordonnée à une histoire hétérocentriste et inextricablement liée au climat social du Québec de l'époque. Claude (interprété par Claude Jutra), un jeune bourgeois dans la trentaine vivant à Montréal, fréquente son amante Johanne (interprétée par Johanne Harrelle), une jeune Noire mariée et mannequin de profession. Dans un moment d'authenticité, cette dernière avouera à Claude son identité véritable ; elle n'est pas une Haïtienne, mais bien une Québécoise à la peau noire, ayant grandi dans un orphelinat de Montréal. En dévoilant sa vulnérabilité identitaire, Johanne déclenchera une confession de la part de Claude en lui demandant s'il aime les garçons ; la réponse de Claude, malgré une certaine ambivalence, sera positive. S'ensuivra une série d'événements, dont la grossesse de Johanne, qui remettra leur couple en question. Prises d'identité complexes, illusions et remises en question, cris et larmes, amour abortif ; leur couple n'aura pas l'aboutissement heureux escompté. Le dénouement de la vie de Claude, doublé d'un suicide idéologique, prendra la forme d'une tragique chimère.

Photo 3
Affiche du film *Il était
une fois dans l'Est*, 1974.
Collection de la Ciné-
mathèque québécoise
1988.0580.AF. Utilisée
avec la permission de
Films de ma vie.

Il était une fois dans l'Est, diversité sexuelle et de genre, folklore marginal dans un faux conte de fées...

Réalisé par André Brassard et coscénarisé par Michel Tremblay, qui signe également les dialogues, *Il était une fois dans l'Est* est le premier long métrage de ce tandem qui avait créé, deux ans plus tôt, le court métrage *Françoise Durocher, waitress* (1972). Il met en scène plusieurs personnages et thématiques de l'univers théâtral du prolifique dramaturge et romancier qu'est Michel Tremblay, soit *Les Belles-Sœurs, Hosanna, La Duchesse de Langeais, En pièces détachées, Demain matin, Montréal m'attend* et *À toi, pour toujours, ta Marie-Lou*. La référence à ces six pièces fera dire à plusieurs qu'*Il était une fois dans l'Est* constitue une anthologie cinématographique de l'univers tremblayien. En reprenant l'accroche classique « Il était une fois… » des contes de fées, annexée du suffixe « Est », en référence à l'est de Montréal, le titre du film expose d'emblée un regard critique, sociohistorique, économique et linguistique découlant de la situation géographique dans laquelle évoluent les personnages canadiens-français, devenus québécois.

Si les contes de fées débutant par « Il était une fois » se terminent presque irrévocablement par « ils vécurent heureux et eurent beaucoup d'enfants », ce n'est guère le cas de l'histoire racontée dans *Il était une fois dans l'Est*. En fait, c'est tout le contraire ! Le titre souligne à grands coups de crayon l'aplomb d'une ironie marquée et assumée. *Il était une fois dans l'Est* met en scène plusieurs marginaux et gens du monde ordinaire vivant bonheurs et désillusions, lors d'une journée, dans l'est de Montréal. La mise en scène explore ainsi les destins croisés de plusieurs personnages. Germaine Lauzon, une ménagère âgée qui gagne un million de timbres et qui invite ses voisines (hypocrites) à les coller. Lise, serveuse dans un restaurant, subit un avortement qui tourne mal. Hélène, son ex-collègue de travail, fréquente avec son amante Bec-de-lièvre le club nocturne de la *Main* Chez Sandra, où Carmen, une chanteuse western, doit faire son tour de chant. C'est aussi l'histoire d'Hosanna, un coiffeur qui, lors d'un concours de drag queens, se fait trahir par Sandra et son amant Cuirette, et de la duchesse de Langeais, un homosexuel qui arrive d'un long séjour au Mexique et qui ne suscite, à son grand désarroi, que désintérêt.

Crédits

À tout prendre © 1963, Canada (Québec), français, 99 minutes. Noir et blanc, 16 mm, gonflés en 35 mm.

Dédié à Norman McLaren et à Jean Rouch.

Réalisation, scénario et montage
Claude Jutra

Produit par Les Films Cassiopée et Orion Films
Distribué par Columbia Pictures of Canada

Distribution

Claude	Claude Jutra
Johanne	Johanne Harrelle
Victor	Victor Désy
La mère	Tania Fédor
Le prêtre	Guy Hoffmann
Monique	Monique Joly
Barbara	Monique Mercure
Nicholas	Patrick Straram
Un acteur	François Tassé

Caméra
Michel Brault, Jean-Claude Labrecque, Bernard Gosselin
Mixage sonore : Mikhaïl Belaïeff
Participation spéciale au scénario : Johanne Harrelle et Victor Désy
Version anglaise (*Take It All*) : Leonard Cohen

MUSIQUE
Indicatif
Jean Cousineau

Les chœurs
Maurice Blackburn

Le jazz
Serge Garant

Directeur de production
Robert Hershorn

Ont collaboré
Anne Claire Poirier, Walter Schluep, René Bail, Gilles Groulx, Eric de
  Bayser, Arnold Gelbart, Camil Adam, Pierre Bernard, Werner Nold,
  Marcel Carrière, Pierre Savard, Marcel Laurencelle et les chœurs des
  Jeunesses Musicales Canada.

Remerciements
Onyx Films, AGEUM, le ministère des Affaires culturelles du Québec,
  Banque canadienne nationale, Laboratoire Mont-Royal, Chez Carmen,
  Chez Stien, Hermès Building, Brisson et Brisson.

Sélectionné au Festival du cinéma canadien (une section compétitive du
  IVᵉ Festival international du film de Montréal), la projection a lieu le

10 août 1963, en première mondiale, au Cinéma Loew's. Le 15 mai 1964, au Théâtre St-Denis, une première de gala marque la sortie du film en salle.

Grand Prix du cinéma canadien, 1963.
Prix de la Radio Télévision belge, 1963.
Prix de la Presse internationale (Knokke-Le-Zoute), 1963.

Il était une fois dans l'Est © 1974, Canada (Québec), français, 101 minutes. Couleur, 35 mm.

Réalisation
André Brassard

Scénario
André Brassard et Michel Tremblay

Dialogues
Michel Tremblay

Images
Paul van der Linden

Musique
Jacques Perron

Direction artistique
François Laplante

Costumes
Louise Jobin, François Laplante, Luc Le Flaguais, Jacqueline Rousseau, Denis Sperdouklis

Décors
Michel Proulx

Coiffure
Pierre David

Assistant réalisation
Christian Rasselet

Scripte
Monique Champagne

Prise de son
Jacques Blain

Montage images
André Corriveau

Mixage
Guy Rophé

Photographe de plateau
Attila Dory

Producteur délégué
Pierre Lamy

Direction de production
Luc Lamy, René Pothier, Normand Sarrazin

Sociétés de production
Productions Carle-Lamy (Québec), Société Nouvelle de Cinématographie, (Montréal)

Financement
Société de développement de l'industrie cinématographique canadienne (Canada)

Distribution

Hélène	Denise Filiatrault
Pierrette	Michelle Rossignol
Lise Paquette	Frédérique Collin
Carmen	Sophie Clément
Sandra	André Montmorency
Hosanna	Jean Archambault
Cuirette	Gilles Renaud
Germaine Lauzon	Manda Parent
La duchesse de Langeais	Claude Gai
Manon	Rita Lafontaine
Robertine	Béatrice Picard
Bec-de-lièvre	Amulette Garneau
Maurice	Denis Drouin
Linda Lauzon	Mireille Rochon
Le p'tit	Johnny Pothitos
L'homme de ménage	Jean-Pierre Bergeron
Belinda Lee	Mario Angers
Henri	Patrick Peuvion
Don Arrès	Le cuisinier
Francine	Sophie Lorain
Ti-Guy, un musicien	Gerry Bianchi
Ti-Cul, un musicien	Denis Lepage
Gaston, un musicien	Richard Patry

La barmaid	Mimi de Paris
Une belle-sœur	Anne-Marie Ducharme
Une belle-sœur	Pauline Lussier
Une belle-sœur	Monique Mercure
Une belle-sœur	Ève Gagnier
Une belle-sœur	Sylvie Heppel
Une belle-sœur	Mireille Lachance
Une belle-sœur	Thérèse Morange
Une belle-sœur	Denise Morelle
Manon, la danseuse	Jacques Frigon
Le gérant de finance	Paul Moreau
Le jeune marié	Serge L'Italien
La jeune mariée	Yolande Michot
Un Cléopâtre	Daniel Laforge
Un Cléopâtre	Jean Lapointe
Un Cléopâtre	Robert Lavoie
Un Cléopâtre	Ross Mitchell
Un Cléopâtre	Denis Nuckle
Un Cléopâtre	Stephen Searle
Un Cléopâtre	Danny Solari
Un client de Chez Sandra	Armand Laroche
Un client de Chez Sandra	Normand Morin
Une cliente de Chez Sandra	Marcelle Pallascio
Un client de Chez Sandra	Réjean Roy
Un client de Chez Sandra	Val de Val
Une cliente de Chez Sandra	Suzanne Versailles

Première
27 février 1974

En compétition pour la Palme d'or au Festival de Cannes et pour le Gold Hugo au Festival international de Chicago en 1974.

À tout prendre
et
Il était une fois dans l'Est

Introduction
Du macrocosme au microcosme

Vos idées à propos de qui vous êtes ne proviennent
pas uniquement de l'intérieur de vous, mais aussi de la culture.
Et dans notre culture, elles viennent surtout des films.
Nous apprenons donc, du cinéma, ce que ça signifie d'être
un homme ou une femme, d'avoir une sexualité.
Les films nous ont présenté une certaine histoire ou, du moins la façon dont
la société pensait que les homosexuels étaient[1].
Richard Dyer, *The Celluloid Closet*

Si, en Occident, l'homosexualité semble avoir quitté le placard où l'on confinait naguère les tabous des civilisations dites judéo-chrétiennes, cet amour jadis tu et occulté témoigne, depuis les dernières décennies, d'une parole féconde et d'une présence manifeste. Propulsée par la naissance de vastes mouvements sociaux, culturels et politiques qui ont incontestablement contribué à transformer les idéologies séculaires quant à cette sexualité marginale, la représentation de l'homosexualité et des enjeux LGBTQI2+ émerge dans diverses sphères culturelles, dont le septième art.

Dans l'histoire du cinéma, la réalité homosexuelle a longtemps été abordée de manière oblique, voire indirecte. Tantôt amères, désolantes ou prévisibles,

les représentations de l'homosexualité furent nécessairement liées à la stagnation, puis aux fluctuations des normes sociales et idéologiques, lesquelles influencèrent le médium cinématographique. D'ailleurs, maints ouvrages ont offert des études de la représentation de l'homosexualité dans le cinéma américain, dénonçant le placard de celluloïd que proposait jadis Hollywood. Par exemple, à l'époque du muet, le sous-entendu homosexuel était abordé par des transformations résolument burlesques et vaudevillesques, tels les premiers films de Charlie Chaplin ou encore ceux d'Alice Guy, qui jouaient sur une certaine ambiguïté sexuelle et de genre à l'aide de costumes et de déguisements. Dans les années 1930, Marlene Dietrich, avec son allure vestimentaire parfois masculine et le premier baiser lesbien dans *Morocco*, sera pour plusieurs une des premières icônes lesbiennes du septième art. Cela dit, l'homosexualité ne sera pour autant jamais nommée ou montrée explicitement, mais plutôt relayée au rang des spéculations, des sous-entendus et des non-dits, puisque réglementée par la censure, celle du *Motion Picture Production Code* implanté par William Hays.

Ce silence, engendré par cette occultation cinématographique qui, disons-le, constitue une forme de discrimination, sera enfin brisé dans les années 1960, où l'on verra apparaître des représentations plus explicites de l'homosexualité au cinéma. Certes, encore faut-il suivre la règle du jeu, ou plutôt jouer le jeu, celui de la reproduction des codes hétéronormatifs (à travers des stéréotypes homosexuels) grandement trahis par un maniérisme ou une théâtralité flamboyante, pensons à *Staircase* (1969, Stanley Donen), *The Gay Deceivers* (1969, Bruce Kessler) ou encore à *The Boys in The Band* (1970, William Friedkin). Cependant, au-delà de la comédie, le prix à payer sera élevé ; l'homosexualité sera condamnée directement ou indirectement par la représentation des homosexuels comme des êtres suicidaires, malades, pervers ou même meurtriers. Mentionnons les célèbres *The Children's Hour* (1961, William Wyler) et *The Killing of Sister George* (1968, Robert Aldrich). Or, à l'aube des mouvements de libération (sexuelle, homosexuelle et féministes) et lorsque la place de l'homosexualité sera revendiquée dans l'espace public, nous verrons apparaître des représentations de l'homosexualité plus nombreuses, plus diversifiées et souvent plus positives. Loin de la prolixité, ces représentations ne feront pas disparaître l'homophobie et les préjugés qui subsistent, mais proposeront l'émergence cinématographique importante d'une tangente sociale, propulsée par les événements sociopolitiques.

Quoique succincte, cette brève introduction de la représentation de l'homosexualité dans l'histoire du cinéma est primordiale et permet de mener la discussion du général au particulier. On ne peut étudier le cinéma canadien en vase clos, sans considérer l'impact du cinéma étatsunien, au même titre qu'on ne peut négliger l'influence de la colonisation française au Québec dans une étude portant sur le cinéma québécois. À l'intérieur d'un Canada majoritairement anglophone, le Québec fait son propre cinéma. De cette situation géolinguistique unique émerge une voix cinématographique tout aussi unique, à la frontière des Anglais et des Français qui l'ont vue s'affirmer. Ce cinéma, qui parle une autre langue, saura certes produire une cinématographie nationale qui laissera son empreinte au sein du cinéma mondial. D'ailleurs, l'anthropologue montréalais Ross Higgins soutient que le contexte culturel à l'intérieur duquel un individu vivait son homosexualité était très différent du fait qu'il était francophone ou anglophone[2]. Si le procès et la mort d'Oscar Wilde hantaient les anglophones, l'homosexualité se situait dans une tradition littéraire fort différente pour les francophones, alors que plusieurs grands auteurs français avaient contribué à édifier ou, du moins, « depuis les années 1840, avaient défendu ouvertement un principe de tolérance à l'égard de comportements sexuels divers, comme l'illustre par exemple l'histoire d'amour bien connue entre Verlaine et Rimbaud[3] ». Bien sûr, d'autres champs culturels renverront aux personnes homosexuelles montréalaises, un reflet d'elles-mêmes, s'inspirant d'œuvres mondialement connues. On pense notamment à la pièce *Les Innocentes*, présentée au Théâtre du Rideau Vert en 1949, une traduction de la pièce *The Children's Hour* de Lilian

Hellman. Cette œuvre connaît un vif succès dans sa mise en scène originale sur les planches new-yorkaises en 1934, puis à Paris, deux ans plus tard, avant de faire l'objet d'une célèbre adaptation cinématographique éponyme dans les années 1960, mettant en vedette Audrey Hepburn et Shirley MacLaine. Au Québec, « il faudra cependant attendre le théâtre de Michel Tremblay, à la fin des années 60, pour assister au début d'une autoaffirmation collective des gais en littérature[4] ».

C'est notamment avec leur ancrage sociopolitique que les deux classiques queers choisis pour ce livre, soit deux longs métrages de fiction francophones[5] produits au Québec, se répondent. Ce choix émerge d'un désir d'explorer les corrélations entre les mouvements nationaux québécois ainsi que gais et lesbiens (au Québec, comme à l'international) avec la représentation de l'homosexualité dans les œuvres de fiction. Ainsi, la représentation pionnière et laconique de l'homosexualité qu'est *À tout prendre* (1963) de Claude Jutra, sera analysée en lien avec les mouvements sociaux des années 1960, tandis qu'*Il était une fois dans l'Est* (1974), réalisé par André Brassard et coscénarisé par Michel Tremblay, sera étudié de concert avec la décennie 1970 et les représentations de l'homosexualité, du lesbianisme et de la transsexualité. Ces deux œuvres se veulent des films qui pourraient appartenir à la sous-catégorie des « films gais[6] ». Si cette classification semble *a priori* proposer une ségrégation, et même une ghettoïsation du cinéma homosexuel, elle s'impose plutôt comme une définition puisque ces films ont des caractéristiques communes. Un « film gai » réfère avant tout à un type de cinéma qui aborde au premier plan les enjeux et les désirs des personnes LGBTQI2+, et ce, sans recourir à une histoire hétéronormative ou à des clichés hétérocentrés.

C'est pourquoi, alors que plusieurs pourraient attribuer la première représentation du lesbianisme dans le cinéma québécois à un film comme *Valérie* (1969), nous ne le retiendrons pas comme œuvre pertinente à notre étude, puisque ce film, au contraire d'*Il était une fois dans l'Est*, propose la représentation lacunaire d'un personnage lesbien, empreinte d'hétérosexisme et construite d'un point de vue hétérosexuel. Réalisé par Denis Héroux, *Valérie* s'inscrit dans la lignée des « films de fesses » québécois et a même déclenché cette vague de films érotiques commerciaux (suivra *L'initiation* en 1970). Malgré une remarquable affirmation d'elle-même qui tranche avec les stéréotypes, soit un « je suis une lesbienne » affirmé par Andrée (l'amie lesbienne de Valérie), la représentation du lesbianisme apparaît là où l'on s'y attendait, à savoir dans un film érotique hétérosexuel. En abordant le lesbianisme dans le contexte de l'érotisme, *Valérie* poursuit donc cette vieille tradition hétérosexuelle associant lesbianisme et pornographie. Même si le voyeurisme et la sexualité lesbienne sont latents (Valérie repousse les avances d'Andrée), la lesbienne est ici représentée comme une séductrice, une recruteuse et une danseuse nue à gogo qui exploite son érotisme. Ainsi, « les spectatrices lesbiennes qui espèrent voir des images non pornographiques d'elles-mêmes doivent se contenter de nuances, d'insinuations et de sous-textes[7] », comme le veut la tradition du placard de celluloïd. De fait, ce type de représentation renvoie à l'invisibilité du lesbianisme par la visibilité du cliché hétérosexuel, voire de l'univers chimérique du fantasme hétérosexuel.

Dans le même ordre d'idées et en écho à la représentation pornographique de l'homosexualité féminine, le cinéma québécois (hétérosexuel) présentera l'homosexuel (masculin) comme un prédateur gai dans *Trouble-fête*, réalisé par Pierre Patry en 1965, soit deux ans après la sortie d'*À tout prendre*. L'homosexuel, défini comme tel au générique, est dépeint sous les traits d'un homme dans la quarantaine qui séduit les jeunes étudiants hétéros. Ainsi, le jeune Lucien sera la « victime innocente » du « prédateur/pervers gai » lorsque ce dernier lui demandera du feu pour allumer sa cigarette. Lucien, sous l'emprise de la panique, « se défendra », et l'homosexuel finira sous les roues d'une voiture… Bref, ce genre de représentation de l'homosexualité qui engendre des images méprisantes ou accentue les stéréotypes à l'endroit des personnes LGBT propose, en fait, des conceptions hétérosexuelles de l'homosexualité. Inextricablement, des décennies antérieures durant, les homosexuels et les lesbiennes ont eu à subir cette « déviation », car « ce sont toujours les autres, les hétérosexuels mâles, qui les ont définis selon leurs propres critères[8] ».

A contrario, les œuvres analysées dans cet ouvrage ont ce point commun de rendre visible les réalités LGBT et les enjeux qui s'y rattachent, de proposer des voix ou des voies, des corps, des lieux qui défient les codes de visibilité et d'invisibilité. Ces films offrent également un regard kaléidoscopique, puisqu'ils sont liés aux décennies explorées, au contexte sociopolitique, aux différentes stratégies de représentation ainsi qu'au contexte cinématographique. Au sein du cinéma québécois francophone, *À tout prendre* et *Il était une fois dans l'Est* offrent une définition des débuts du « cinéma gai », voire du « cinéma queer » au Québec ou, du moins, de son émergence. Il ne s'agit pas d'affirmer que ces deux films sont emblématiques des réalités LGBT, mais ils contribuent certainement à sensibiliser, ou à les rendre visibles. Bien sûr, les hommes homosexuels sont plus visibles que les femmes lesbiennes, bisexuelles, ou encore que les personnes trans, ce qui demeure, dans une certaine mesure, exemplaire de leur invisibilité sociale à l'époque. Malgré leurs oppressions communes (d'où la présence de l'acronyme parapluie LGBTQI2+[9] qui tente d'englober toutes les identités de la diversité sexuelle et de genre), les gais et les lesbiennes forment bel et bien deux communautés distinctes, au même titre que les personnes trans, ce qui résulte de plusieurs facteurs, notamment la place des femmes dans la société patriarcale et dans le milieu cinématographique, les divers stéréotypes associés à l'orientation sexuelle et à l'identité de genre, etc. De plus, les représentations « préfilmiques » de l'homosexualité féminine et masculine, soit les *lesbian pulps* et la photographie homoérotique (sans oublier celles des personnes trans ; des représentations scéniques de l'identité de genre qui flirtent avec le travestisme), seront bien différentes, d'abord par leurs propriétés artistiques respectives. Les différences seront également notables pour les premières représentations filmiques, mais aussi en ce qui concerne leur réception critique, leur année d'impression sur pellicule et, bien sûr, la censure imposée. Tous ces facteurs se répercutent de plusieurs façons sur les premières émergences cinématographiques québécoises de l'homosexualité.

Ainsi, *À tout prendre* et *Il était une fois dans l'Est* naissent tous deux d'une nécessité pour leurs auteurs (Jutra, ainsi que Brassard et Tremblay) de se définir selon leur propre perception et leur écriture cinématographique ou, du moins, de définir leur environnement, leur (homo)sexualité et la marginalité explorée, qu'elle soit liée au sexe, à l'identité de genre, à la classe sociale ou linguistique, ou encore à l'ethnicité et à des tabous tels que l'avortement et les couples interraciaux. Il s'agit donc pour ces artistes homosexuels (ou se définissant plus largement dans l'éventail de la diversité sexuelle) de modifier l'imaginaire social, de proposer un « imaginaire homosexuel [...,] une modification d'ensemble, une modification globale de la définition amoureuse et donc aussi des valeurs, des conduites, des représentations sociales[10] ». D'où la nécessité pour plusieurs « films gais » de se (re)construire un langage, une image, voire une écriture cinématographique propre, afin de contrer l'invisibilité ou encore les stéréotypes hétérosexistes et clichés en tous genres. Ces cinéastes et scénaristes, qui sont des pionniers quant à la représentation de l'homosexualité dans le cinéma de fiction québécois, se veulent des artistes et auteurs engagés, puisqu'ils refusent les idéologies dominantes et revendiquent légitimement leur présence. Ils établissent ainsi leur rapport à l'histoire en revendiquant leur liberté d'être et de s'exprimer ; ces derniers ont probablement appris à leurs dépens que « la liberté n'est pas une marchandise garantie, pas même par une collectivité. La liberté se prend, elle ne se donne pas, elle ne s'inscrit pas dans une constitution, un contrat, une charte. C'est une question à débattre avec soi-même[11] ». En ce sens, des films comme *À tout prendre* et *Il était une fois dans l'Est* « éclairent notre lutte qui, autrement, serait sans histoire[12] ».

Nous considérons le médium cinématographique comme pouvant participer à la réalité historique et inversement, puisque « la sociologie du cinéma continue à établir des rapports d'homologie entre les films et le milieu où ils naissent. Elle envisage une sorte de va-et-vient entre le cinéma et la société : la société impose un cadre, elle est une contrainte qui pèse sur les réalisateurs ;

les cinéastes ne tentent pourtant pas de "copier" cette réalité ; ils la transposent, ils en donnent une vue en perspective, qui en dévoile les mécanismes et en éclaire les arrière-plans[13] ». D'ailleurs, si jusqu'à un certain point le film se veut un reflet, un miroir social, il n'est pas innocent, mais souvent truqué, et propose une « mise en scène sociale[14] » où « il y a des images historiques, mais le cinéma n'est pas le reflet de l'histoire, il est tout au plus historien : il raconte des histoires que l'on prend pour l'Histoire[15] ». L'imaginaire social dépeint dans les films de fiction analysés propose des représentations pionnières de l'homosexualité qui se veulent donc des agents d'histoires, des schémas représentationnels qui informent la société sur des enjeux méconnus, mais qui sont aussi influencés par les contextes sociaux et historiques, donc qui réagissent à l'histoire, se voulant par surcroît des reflets sociaux. Ainsi, « on se doit corollairement de mettre en lumière le fait que le cinéma québécois a su [...] participer à l'évolution de l'imaginaire social du Québec contemporain[16] ».

Puisque la réalité homosexuelle, comme toute réalité sociale, est particulièrement sensible à la culture dans laquelle elle est ancrée, il est fondamental de situer diverses manifestations sociales, politiques, économiques et idéologiques ayant caractérisé la société québécoise des années 1960 et 1970, notamment la Révolution tranquille et la révolution sexuelle, les mouvements de libération gaie et celui des femmes, puis l'état de la question nationale jusqu'à l'échec référendaire sur la souveraineté en 1980, afin d'en dégager les possibles influences sur les représentations cinématographiques de l'homosexualité. Mettre au jour les émergences cinématographiques de l'homosexualité permet de mieux cerner les mentalités et, pour ce faire, nécessite une connaissance accrue des goûts et des couleurs des époques dans lesquelles les films s'inscrivent. C'est pourquoi situer l'homosexualité et analyser son inscription dans le contexte social donné, qu'il soit politique, économique ou culturel, est primordial à l'étude qui nous concerne. À travers une démarche analytique, qui se pose au carrefour du cinéma et de la sociologie, il s'agira de démontrer comment des réalités sociales sont transposées ou encore influencent l'univers et l'imaginaire filmique d'*À tout prendre* et d'*Il était une fois dans l'Est.* Évidemment, une telle méthodologie, comme les corrélations qui en découlent, revendique le droit à la souplesse, à l'interprétation et à la subjectivité, voire à l'incertitude. Qui plus est, il faut tenir compte d'un fait indéniable : le regard se façonne et s'ajuste au fil des générations et des enseignements. Certes, « ce n'est pas en biffant l'Histoire qu'on résoudra des problèmes historiques. Chassez le passé, il revient au galop, comme l'inconscient refoulé par le conscient. Certaines traditions conservent toute leur influence sur les peuples alors même qu'on les croit effacées de leur conscience[17]. » Apprendre à voir son cinéma et croire en son regard, c'est aussi valoriser son histoire. En ce sens, l'analyse de la question nationale en lien avec le cinéma québécois et la représentation des personnes LGBTQI2+ au sein même de ce cinéma est plus que pertinente. De ce fait, le rapport entre présence homosexuelle et société québécoise sera doublé d'une réflexion sur la question nationale en lien avec la représentation et la réception critique de l'homosexualité dans ces films. Cela permettra, finalement, de dégager et d'interpréter ces affiliations entre sexualité, identité et nation, qui apparaissent comme le fruit défendu[18]. Il sera ainsi pertinent de constater jusqu'à quel point le microcosme qu'est le cinéma québécois est représentatif du macrocosme qui l'a engendré, et de rappeler, voire de repositionner la devise « Je me souviens » qui, pour le Québécois, fait plutôt office d'amnésie antérograde. En ce sens, en seconde partie du manuscrit, retrouver l'Est de Tremblay et ses influences contemporaines au-delà de la Belle Province, au même titre que le legs d'*À tout prendre* et l'exploration de « l'affaire Jutra », s'imposait comme une évidence pour raconter et réfléchir l'histoire, d'hier à aujourd'hui, comme une occasion inéluctable de procéder à ce devoir de mémoire envers les artistes pionniers que sont Jutra, Brassard et Tremblay, afin de fournir un « Je me souviens » nécessaire à deux films phares de la cinématographie québécoise et mondiale.

Chapitre 1
À tout prendre

Nul ne peut nier que ces deux décennies
[1960 et 1970] furent la clé de la
transformation des sentiments nationaux,
des sexualités et des cinémas au sein de l'État appelé Canada[1].

Décennies 1960 et 1970 : la culture queer sort du placard, dans la rue et sur pellicule

Au Québec, les années 1960 et 1970 apportent un vent de fraîcheur dans toutes les sphères sociales, politiques, économiques, culturelles et idéologiques. Dans le milieu du septième art, le cinéma direct propose un renouveau des discours présentés, tant sur le plan formel que sur celui des idées véhiculées. Pour ce qui est de la sphère politique, la montée des sentiments nationalistes dans les années 1960, la fondation du Mouvement Souveraineté-Association en 1967 et la prise du pouvoir par le Parti québécois en 1976 ne sont pas à négliger quant à la modification des idéologies dominantes et à la réappropriation du

Québec par les Québécois ; les Canadiens français sont devenus des Québécois, avec leur identité propre et leur langue (le français et la façon québécoise de parler cette langue, soit le joual[2]), ce qui influença de surcroît la cinématographie nationale. Ainsi, *À tout prendre* et *Il était une fois dans l'Est* s'inscrivent dans cette lignée de films uniques où apparaissent des renouveaux en ce qui a trait à la technique – le cinéma direct – (*À tout prendre*), à la langue – le joual – (*Il était une fois dans l'Est*), comme à la thématique homosexuelle qu'ils présentent. Ces opus viennent inévitablement souligner et mettre en scène des composantes identitaires québécoises émergentes, doublées de celles propres à la diversité sexuelle et de genre. Elles seront revendiquées, cette fois, lors de la révolution (homo)sexuelle, débutant en 1969 avec les événements de Stonewall, puis au Québec avec les lois canadiennes concernant le *bill omnibus* (projet de loi C-150). *À tout prendre*, réalisé en 1963 à l'aube de la Révolution tranquille, et *Il était une fois dans l'Est*, en 1974, en pleine révolution sexuelle, sont donc séparés par cette date charnière, celle de 1969[3]. *À tout prendre* et *Il était une fois dans l'Est* répondent, dans leur représentation de l'homosexualité, aux idéologies et aux mouvements dominants des décennies 1960 et 1970, à savoir la Révolution tranquille et la révolution sexuelle. Ces œuvres tentent à leur façon de souligner et de mettre en scène les oppressions dénoncées par les discours sociohistoriques et politiques.

À tout prendre, la Révolution tranquille : jeux de miroirs et d'échos

Avant de procéder à une analyse plus approfondie des thématiques, du style et de la réception d'*À tout prendre*, qui rappelons-le fut réalisé par Claude Jutra de 1961 à 1963, il nous incombe de procéder à un bref historique du contexte social et cinématographique dans lequel le film s'inscrit et prend forme. Ainsi, dans une société préalablement régie sur tous les plans (social, économique, culturel, idéologique) par la religion catholique et les figures de proue cléricales, le Québec des années 1960 amorce des changements et se distancie de ces acteurs ecclésiastiques. Comme le disait le slogan de la campagne électorale de Jean Lesage en 1960 : « C'est l'temps qu'ça change ! » (Voir photo 4). Ce slogan sera d'ailleurs adopté par le peuple québécois ou, du moins, par son gouvernement de l'époque ; ce sera l'antinomie du régime duplessiste, voire l'ouverture aux élans et aux formes multiples de la modernité caractérisée par la sécularisation de la société. Conséquemment, la révolution s'effectue tranquillement (mais sûrement) dans plusieurs secteurs de la société qui se modernisent. Diverses réformes voient le jour, notamment dans le secteur de l'éducation (décléricalisation au profit de la responsabilité de l'État), de l'économie (nationalisation des grandes compagnies d'électricité confiées à Hydro-Québec, création de plusieurs sociétés d'État, comme la Société générale de financement, la Caisse de dépôt et placement) et dans le secteur de la santé et des services sociaux (l'État prend le contrôle du système de santé, donc des hôpitaux jusqu'alors majoritairement administrés par les communautés religieuses, puis instaure l'assurance maladie). De nouveaux ministères se créent (comme celui des Affaires culturelles), et on réforme la fonction publique (afin de créer de nouvelles possibilités de carrière pour les jeunes Québécois francophones[4]) et finalement le syndicalisme se développe considérablement pour veiller à la bonne réalisation de ces réformes, tout en contrant les idéologies conservatrices et cléricales qui persisteraient. Bref, c'est la naissance de l'État providence, et « s'ensuit un nouveau nationalisme, canalisé non plus par la "survivance" de la race, mais par un avenir à bâtir[5] ». À juste titre, le slogan de la campagne électorale de 1962 de Jean Lesage, deviendra « Maîtres chez nous[6] » (voir photo 5). Dans la foulée de ces changements économiques, politiques et sociaux, le terme *Révolution tranquille* vient désigner « cette gerbe symbolique qui rassemble tous les changements profonds de la société québécoise pendant la décennie 60 »[7], donc les principales idéologies qui en découlent. Il s'ensuit « une revalorisation de soi, la réapparition d'un esprit d'indépendance et de recherche, qui avait gelé au cours du long hiver qui a duré plus d'un siècle. Les Québécois acquièrent la certitude qu'ils peuvent changer beaucoup de choses s'ils le veulent vraiment[8] ». Bref, dans l'ère postcoloniale qui caractérise cette époque, bon nombre de Québécois ne veulent plus croire qu'ils sont « nés pour un p'tit pain ! »

Certes, cette « révolution » amorcée par le gouvernement Lesage ne plaît guère à tous les Québécois. La résistance au changement s'illustre notamment en 1966, par le retour au pouvoir de l'Union nationale, le parti à l'idéologie nationaliste et conservatrice fondé par Maurice Duplessis, et pour cause. D'un côté, de jeunes indépendantistes considèrent Jean Lesage (un ancien membre du gouvernement fédéral) comme un laquais d'Ottawa élaborant des stratégies de modernisation pour mieux faire vibrer le Québec au diapason des autres provinces canadiennes. D'un autre côté, ce mouvement vers la modernisation sera perçu négativement par certains Canadiens français plus âgés d'esprit et conservateurs, résidant principalement (mais pas exclusivement)

Photo 4
« C'est l'temps qu'ça change ! » Un véhicule publicitaire affiche le slogan du Parti libéral du Québec pendant la campagne électorale du printemps 1960. Parti libéral du Québec, image tirée du site web de Radio-Canada.

Photo 5
« Maîtres chez nous », 1ᵉʳ juin 1962. Slogan électoral apparaissant sur un dépliant du Parti libéral du Québec en vue de la deuxième élection du gouvernement Lesage en 1962. Wikimedia Commons.

dans les zones rurales. Il suffit de penser à certaines fictions du corpus filmique québécois au tournant des années 1950. Mentionnons *Le Père Chopin* (1945, Fedor Ozep), *Le Gros Bill* (1949, René Delacroix), *Le Curé de village* (1949 Paul Gury), *La Petite Aurore, l'enfant martyre* (1952, Jean-Yves Bigras), *Un homme et son péché* (1949, Paul Gury), *Séraphin* (1950, Paul Gury), *Tit-Coq (1953, René Delacroix),* dans lesquels nous pouvons constater plusieurs similitudes au regard des valeurs plus conservatrices. Au centre de ce système de valeurs, une forte présence de la religion catholique passe par un membre du clergé et ses fervents croyants. Si la présence de la figure ecclésiastique est notable dans ces films, elle est cependant moins autoritaire, moralisatrice ou influente que ce à quoi on pourrait s'attendre[9]. Bref, malgré leur présence à l'écran, c'est plutôt leur impuissance qui est traduite par la trame narrative. Néanmoins, l'influence de la religion catholique, comme celle des traditions, demeure. Au même titre que les discours et valeurs qui opposent ruralité (conservatisme) et urbanisme (modernisation), tel un duel à finir. Dans *Les Lumières de ma ville* (1950, Jean-Yves Bigras), cette dualité se retrouve au sein même des personnages, où Monique, la fille de la ville, incarne le vice, alors qu'Hélène, la campagnarde, est pratiquement synonyme de vertu. Puisqu'elle correspond à une modification des enjeux patrimoniaux, la grande ville moderne ne peut qu'être l'étrangère et l'aliénation. Une œuvre qui représente admirablement cette idée, au point de devenir un classique du cinéma québécois faisant l'objet de nombreuses adaptations, est *Maria Chapdelaine*, d'après le roman éponyme de 1913, de l'écrivain français Louis Hémon. De l'adaptation du réalisateur français Julien Duvivier de 1934, à celle de Marc Allégret en 1950, puis à celle de Gilles Carle en 1983, pour terminer avec celle de Sébastien Pilote en 2021, *Maria Chapdelaine* met en scène cette jeune Canadienne française dans le Québec rural des années 1910, qui tombe en amour avec le coureur des bois François Paradis. Si d'un printemps à l'autre Maria, pure comme neige vierge, prie Dieu d'exaucer ses chastes vœux et se réserve, en vain, pour le valeureux chevalier des bois, elle se fait courtiser par Lorenzo, l'homme de la ville qui ne croit pas au vent de liberté qu'offre la campagne : « Icitte, c'est pas une place pour vous Maria ! » dit-il à sa prétendante avant de lui demander sa main. Certes, cette dualité n'en est pas une pour Maria, puisque sa vertu la veut fidèle à sa campagne, à l'image de sa mère qui y poussera son dernier souffle après avoir affirmé : « Y a pas de plus belle vie que celle d'un habitant qui a une bonne terre[10]. »

Bref, qu'ils habitent la ville ou la campagne, plusieurs Québécois s'accrochent aux valeurs catholiques malgré la sécularisation moderne des années 1960. Héritage d'une « famille tricotée serrée » et d'une omniprésence des institutions religieuses, cette Sainte Famille, qui se veut le refuge à une réalité politique et sociale de plus en plus insaisissable, perd tranquillement son caractère sacré alors que plusieurs vont « rejoindre la Révolution ». En ce sens, *La Vraie Nature de Bernadette* (1972, Gilles Carle) est exemplaire. Si Bernadette, symbole de la contre-culture hippie, quitte son mari pour partir vivre à la campagne avec son fils, le mythe du retour à la terre est rapidement déconstruit. La société moderne et ses valeurs ont également envahi les espaces ruraux. À propos de cette résurrection écologiste, l'essayiste et activiste politique Pierre Vallières plante à point nommé son argument : « Et, à défaut de changer la vie, ils cultivèrent l'illusion narcissique qu'ils pouvaient trouver ou retrouver leur identité dans une prétendue continuité de celle-ci avec la nature originaire[11]. » Cette réalité finit par anéantir le rêve utopique de Bernadette et la force à trouver sa « vraie nature ». À la fin du film, la révolte-révolution de Bernadette vient mettre un point d'orgue à ses désillusions[12]. Bref, changer un système de valeurs ne se fait pas sans heurt ou sans opposition, et comporte son lot de nuances, s'inscrivant sur cette mince ligne qui sépare rupture et continuité, aussi « tranquille » que soit la Révolution ...

Sans surprise, la Révolution tranquille sera marquée par des changements moraux, antinomiques, qui s'opposent aux valeurs de l'Église, par des mouvements libertaires dans la veine de la contre-culture californienne et du mouvement hippie. « Juste renversement de l'histoire, la nouvelle morale cogne le plus fort là où les tabous avaient été les plus contraignants : le domaine de la sexualité[13]. » De fait, au tournant de la révolution sexuelle, virginité, chasteté et fidélité deviennent des tabous à transgresser, facilités par l'émergence de la pilule contraceptive, du divorce, des couples non mariés, des relations sexuelles avant le mariage et des relations interraciales qui ne constituent plus des « péchés » aux yeux de la majeure partie de la population. D'ailleurs, « il est presque impossible d'exagérer l'impact de la pilule sur la culture américaine. [...] L'invention la plus révolutionnaire des années 1960 était une minuscule, timide, petite pilule, dont l'attrait provenait principalement du fait qu'elle pouvait être cachée dans un sac à main ou un portefeuille sans que personne le sache [14] ». Certes, ce n'est pas l'ensemble de la population, aussi progressiste soit-elle, qui sera *a priori* en faveur de la pilule, à commencer par l'écrivain québécois d'origine française Patrick Straram, un intellectuel affectionnant le jazz, se réclamant du situationnisme, qui publie dans la revue politique et culturelle de gauche *Parti pris*[15] un virulent commentaire anti-pilule alors qu'il est annoncé que les épouses des militaires américains pourront recevoir gratuitement des moyens anticonceptionnels dès 1967 : « Une femme qui sait convaincre son homme d'aller au Viêt-nam [*sic*] peut s'envoyer tous ceux qu'elle veut ensuite. Et pourquoi pas s'ils ne sont pas tous expédiés les premiers, quelques Noirs, qu'on pourrait alors ensuite lyncher ?! Pas d'enfant, mais ce serait faire d'une pilule deux coups[16]. » Si on croit les hommes assez intelligents pour aller au front, il en est de même pour les femmes, quant à leur procréation. Si ce commentaire d'un jeune intellectuel « branché » reflète en partie l'état d'esprit de la jeune masculinité de l'époque, il convient ainsi d'affirmer qu'elle n'était guère prête à abandonner son pouvoir sur les femmes et leurs corps. Notons que Patrick Straram, évoluant dans le cercle intellectuel de Claude Jutra, fera sa première et brève apparition au grand écran dans *À tout prendre*, dans le rôle de Nicolas, avant de s'afficher aux côtés de Geneviève Bujold dans *La Terre à boire* (1964, Jean-Paul Bernier), où il cosigne ce scénario qui met en scène les errances de jeunes Montréalais de l'époque.

Au-delà des errances, tant physiques qu'intellectuelles, une partie importante de la jeunesse de l'époque se situe dans la révolte, parfois par peur du changement, mais surtout pour forcer celui-ci. Diverses protestations étudiantes prennent forme, tant à Montréal qu'aux États-Unis, comme les manifestations contre la guerre du Vietnam ou encore celles pour la régulation de l'avortement : « La fin des années 1960 fut marquée, en quelque sorte, par une masse critique de pulsions de reproduction, une sorte de surcharge libidinale collective. Mais la révolution sexuelle a également une intéressante composante intellectuelle. Les étudiants ne recherchaient pas seulement des expériences sexuelles ; ils parlaient, écrivaient et lisaient à propos du sens de la liberté sexuelle[17]. » Si l'homosexualité était encore jugée sévèrement (elle était considérée, à l'époque, comme une maladie mentale), les premiers couples homosexuels, comme les manifestations sociales et culturelles liées à l'homosexualité, s'affichent timidement jusqu'aux protestations de Stonewall qui constituent un moment charnière. En pleine Révolution tranquille et à l'aube de la révolution (homo)sexuelle, pluralisme et tolérance étaient donc à l'ordre du jour, comme le souligne Fernand Dumont : « Nous étions alors heureux de clamer à tous les vents les bienfaits du pluralisme. Ce nous paraissait tout simple que les individus et les groupes puissent proclamer au grand jour leurs idées religieuses, artistiques, sociales, politiques. Nous étions devenus, du moins nous aimions à nous le redire, tolérants[18]. »

Durant la Révolution tranquille, les Québécois revendiqueront plusieurs idéologies libérales dites de « tolérance », par des thèmes postcoloniaux authentifiant la reconnaissance de leur identité propre et leur système de valeurs. Le cinéma québécois se retrouve au cœur de cette rétrospective des préoccupations canadiennes-françaises.

Dans les films produits pendant la Révolution tranquille, aucun aspect [...] des valeurs, attitudes et luttes traditionnelles n'a été ignoré. Mécontentement individuel, conflit de groupe, valeurs urbaines versus rurales, l'évolution des rôles de l'Église, de l'économie, du sexe et de l'amour et, au milieu de tout cela, les nouveaux *dramatis personae*, c'est-à-dire les Canadiens français émergent enfin comme Québécois[19].

Cela dit, avec les idées libérales de tolérance amenées par la Révolution tranquille, la jeunesse québécoise semble perdre ses points de repères identitaires. Entre l'effondrement (draconien) des structures et des valeurs cléricales rigides et l'émergence de grands idéaux libertaires, la transition crée un vide certain qui entraîne la recherche de nouveaux dieux et la quête d'une identité nouvelle.

Les transformations qu'avait subies la société québécoise dans le tournant des années 60 (la « Révolution tranquille ») avaient créé un climat d'incertitude pour une jeunesse en quête de son identité. La fameuse phrase de Claude Godbout dans *Le Chat dans le sac* : « Je suis Canadien français [*sic*], donc je me cherche » illustre bien à elle seule toute la vivacité du thème de la jeunesse en mal d'identification dans les films de l'époque[20].

En pleine Révolution tranquille, nul doute que le constat ici proposé soit une jeunesse en mal-être identitaire est présent dans *À tout prendre* à travers les confessions et les agissements de Johanne et de Claude. Tous deux avouent leur identité véritable ; Johanne révèle sa québécitude, son origine haïtienne n'étant qu'une façade, un côté exotique qu'elle veut bien montrer et auquel elle voudrait bien appartenir, tandis que Claude avoue son homosexualité, alors que son hétérosexualité n'est en fait qu'un faux-semblant, une façon de jouer le jeu de la « normalité », voire une façon d'appartenir à ce concept de « l'hétéronormativité ». Dans les deux cas, leur identité « adoptée » (Johanne et son autre culture, Claude et son autre orientation sexuelle) n'est qu'une façade et, de surcroît, une fuite de leur identité véritable, faute de l'accepter. En mal-être identitaire, différents des autres, ils se cherchent et adoptent deux identités, à la manière du Canadien français devenu un Québécois. Entre le désir et la raison, entre les idéologies libérales et celles du clergé, entre leurs propres sentiments et ceux qui leur ont été inculqués par la génération précédente, leurs identités tiraillées se cherchent.

Si la recherche identitaire qui caractérise la jeunesse de la Révolution tranquille est applicable à cette même jeunesse qui se fait son cinéma, il est nécessaire, dans une discussion sur le cinéma québécois de cette époque, de prendre en considération la notion d'auteur et les techniques du cinéma direct, puisque l'identité de l'industrie cinématographique de cette époque est redevable et structurée par ces éléments : « Ces films étaient accompagnés de déclarations hautement individualistes d'un nombre croissant "d'auteurs" tentant de définir leurs paramètres esthétiques par rapport à la vie et aux considérations environnementales des Québécois au Canada[21]. » Il est ici pertinent d'ouvrir une parenthèse sur le financement du film, puisque, pour être diffusé, l'art doit inévitablement être financé. Rappelons que, pendant la Deuxième Guerre mondiale, la production de l'Office national du film du Canada est en grande partie consacrée au « soutien de la participation militaire canadienne », voire à une certaine propagande de guerre. Par souci d'accessibilité au plus grand nombre de Canadiens, son fondateur, John Grierson, ne juge pas nécessaire de réaliser des films en français. Si en 1943 est constitué Studio 10, la première équipe francophone de production, cette dernière se démantèle rapidement puisqu'on juge ses films trop chers pour un public si restreint. Bref, au début des années 1950 à l'ONF, les francophones sont en position d'assimilation. Une situation qui mènera néanmoins au changement, puisqu'en 1963 est proposée au gouvernement une structure qui permet à l'ONF d'être plus représentative de la réalité biculturelle canadienne. En 1964, aidée des pressions des mouvements nationalistes de la Révolution tranquille, la production française entre en service à l'ONF, avec d'un côté un programme anglais et, de l'autre, un programme français. Les deux sections sont autonomes avec leur propre budget. On considère enfin que les voix des Canadiens francophones valent la peine de se faire entendre au grand écran. Le cinéma direct, né à la fin des années 1950, se fait l'écho de l'éveil de la société québécoise. À l'image du peuple québécois, le direct met en scène la notion de langue et de pays, et s'ouvre aux nouveaux enjeux sociaux et politiques. Ce type de cinéma non scénarisé désire capter sur le terrain la parole et le geste de l'humain en action, et ce, à l'aide d'un équipement léger et synchrone afin de donner la primauté à ce contact « direct » établi avec le sujet filmé. Mentionnons l'impact considérable du court métrage *Les Raquetteurs* (1958, Gilles Groulx, Michel Brault) qui annonce la venue du cinéma direct avec le court métrage *La Lutte* (1962), coréalisé par Michel Brault, Marcel Carrière, Claude Fournier et Claude Jutra. Ces derniers investissent le milieu de la lutte professionnelle à Montréal, sur le terrain, afin de « capter le réel ». Libérés de la lourdeur des équipements studio, ils désirent démontrer le mécanisme de la lutte, le réel derrière sa mise en scène, en utilisant les techniques du direct afin de capter sur le terrain la parole, les sons et les gestes des lutteurs en action. Parmi les pionniers du cinéma direct, mentionnons également le court métrage *Les Bûcherons de la Manouane* (1962, Arthur Lamothe) ainsi que le moyen métrage *À Saint-Henri le cinq septembre* (Hubert Aquin, 1962). Enfin, le premier long métrage et porte-étendard du cinéma direct au Québec est *Pour la suite du monde* (Michel Brault, Pierre Perrault, 1963). Ce documentaire poétique et ethnographique qui met de l'avant la parole et le quotidien des habitants de L'Isle-aux-Coudres est le premier film canadien à se retrouver en compétition au Festival de Cannes. Ironiquement, le premier film canadien à se retrouver à Cannes est en français. Au contraire de ce que Grierson prônait *a priori*, le cinéma québécois franco-phone peut également s'exporter et répondre au mandat initial de l'ONF, qui vise notamment à faire connaître le Canada aux Canadiens et au reste du monde.

Ainsi, vers la fin des années 1950 et au début des années 1960, plusieurs productions de cinéastes francophones obtiennent le financement de l'ONF, tandis que d'autres financent leurs films de façon indépendante, ce qui a par-tiellement été le cas de Claude Jutra avec *À tout prendre*. Il emprunte quinze mille dollars à la Banque canadienne nationale avec des cautions fournies notamment par son père, le Dr Albert Jutras, et son beau-frère, le Dr Guy Duckett. Par la suite, d'autres sources de financement[22] viendront se greffer à cette somme de départ, comme le confirme une note sur le projet du film[23] (voir annexe) sous le titre de travail *Le Tout pour le Tout*, qui devait aider à la recherche de financement. Jutra écrira même à François Truffaut, nourrissant l'espoir d'un financement : « Il serait formidable que le film puisse être consi-déré comme français, autant que canadien[24]. » La correspondance amicale de l'illustre cinéaste français avec Jutra, qui débute à la mi-vingtaine, atteste d'ail-leurs d'une vision similaire et d'un respect mutuel (voir annexe).

Il est primordial de noter que si Jutra envisage cette modique somme, au départ, c'est avant tout parce que ce scénario financier est rendu possible grâce au travail non rémunéré de plusieurs : « Brault, Labrecque, Gosselin, Carrière, Nold, Adam et plusieurs autres, dont la majorité des comédiens, de-viennent en quelque sorte les coproducteurs du film[25]. » Cela souligne toute l'effervescence artistique et culturelle de l'époque, où le cinéma, comme nom-bre d'autres médiums artistiques, participe au changement social et à son dialogue plus libéral et libéré de la rigidité des conventions d'antan. Comme le souligne Philip Reines : « D'autres cinéastes ont rapidement suivi l'exemple de Jutra, et un nouveau cinéma québécois francophone contemporain a évo-lué, indépendamment de l'Église catholique et de la rigidité gouvernementale, avec des thèmes et des techniques contemporaines. Le cinéma québécois émergeait enfin[26]. »

Photo 6
Michel Brault et la caméra, [196?]. Collection de la Cinémathèque québécoise
1995.0352.PH. La caméra utilisée par Michel Brault est une Arriflex.

Cette évocation d'une émergence du cinéma québécois, voire cette recherche d'une esthétique nouvelle, passe, pour Jutra, par la création d'une
technique cinématographique expérimentale qui vient inévitablement mettre
en scène symboliquement la quête identitaire (et sexuelle) qu'il poursuit dans
À tout prendre. Au début du film, la dédicace à Jean Rouch (associé au cinéma-
vérité[27]) et à Norman McLaren (reconnu pour son imagination dans les films
d'animation) en dit long sur la double filiation du style cinématographique
d'*À tout prendre*, qui oscillera entre réel et fantaisie, entre « la vérité » du cinéma direct et l'imaginaire de la fiction. Ainsi, Jutra s'approprie la technique
du cinéma direct à travers une recherche personnelle et esthétique, combinant

Photo 7
Préparation d'une prise. Claude Jutra et Johanne Harrelle. Michel Brault à la caméra [196?]. Collection de la Cinémathèque québécoise 2013.0514.PH.06.

styles et méthodes jusqu'alors en expérimentation. Pour ce faire, il recréera des épisodes autobiographiques en les reconstituant devant la caméra et en mettant en scène ceux et celles qui les ont vécus quelques années plus tôt. Comme le souligne le cinéaste dans son manifeste[28], ce n'est pas un documentaire, mais plutôt une restitution de souvenirs sous forme dramatique, qui emprunte les méthodes de tournage du cinéma direct. L'esprit du direct viendra transformer le long métrage de fiction, en le « pollinisant[29] » d'un surplus de réalité, notamment par les techniques elles-mêmes, propres au direct, qui ont été adoptées dans *À tout prendre* ; improvisation des dialogues, imprécision du scénario, utilisation de certains comédiens amateurs ou non professionnels, rapport direct au vécu, caractère autobiographique, utilisation d'un équipement léger et mobile, son synchrone direct et sans éclairage artificiel, tournage hors studio et finalement la mise en évidence du langage visuel « s'inspirant des audaces de la Nouvelle Vague française et cherchant une sorte de distanciation dans l'esprit du théâtre de Brecht[30] ».

> Claude Jutra, qui avait participé à toutes les étapes de l'évolution de notre cinéma dans les années 1950, a tourné la caméra sur lui-même en réalisant *À tout prendre*, à la fois une autobiographie et une étude psychologique […] Nous étions à un million de kilomètres des dieux qui nous avaient dominés : tout à coup, tout se passait sur le plan des témoignages authentiques transmis en mots et en images […] Une nouvelle forme d'esthétique naissait, et elle se répandait, petit à petit, dans le reste du monde du cinéma[31].

Si cette citation du cinéaste Jean Pierre Lefebvre démontre un intérêt certain pour un type de cinéma « autre », un cinéma qui se dégage de l'esthétique hollywoodienne qui dominait le marché dans les années 1950 pour suivre les traces des Truffaut, Godard et autres réalisateurs influents de la Nouvelle Vague, il demeure clair que certains critiques n'ont pas apprécié ce type d'esthétisme. Ces critiques[32] voyaient dans la distanciation et la mise en évidence du langage visuel des tensions provoquées par les techniques du direct appliquées à une œuvre de fiction. D'ailleurs, Jutra soulignait que réaliser un film au Québec était, en tant que tel, un acte politique[33] et, en ce sens, « les stratégies formelles d'*À tout prendre* impliquent donc que les tensions et les contradictions de la culture québécoise contemporaine ne peuvent tout simplement pas s'exprimer à travers les conventions du cinéma narratif classique[34] ».

D'ailleurs, il semble évident, à la manière des interprétations de Jean Basile[35] et de Gilles Marsolais[36], que la forme peu commune et novatrice appuie le discours non conventionnel et les idées nouvelles apportées par la Révolution tranquille. Dans *À tout prendre*, la forme est au service du propos, et le

contenu comme le contenant se détachent des conventions du cinéma hollywoodien (présenté dans les années 1950 et jusqu'au début des années 1960)
et des idéologies conservatrices de ces années. Cela fait inévitablement d'*À
tout prendre* un cinéma politique qui traite des enjeux d'actualité de la culture
québécoise[37]. Par exemple, prenons la séquence où Claude se rend dans une
banque du centre-ville de Montréal afin d'effectuer un emprunt pour l'avortement de Johanne.

Cette séquence de la banque est rythmée par une musique percussive
(djembés et congas, associés au caractère exotique de Johanne), tandis que
plusieurs prises de vue en contre-plongée de la banque sont présentées à
l'écran, ce qui souligne le caractère dominant et l'emprise économique de ces
institutions financières, dirigées par le pouvoir anglophone, sur le Canadien
français. D'ailleurs, lorsque Claude pénètre à l'intérieur de la banque, on le
sert dans la langue de Shakespeare. Le dialogue est présenté en voix hors
champ, alors que la caméra demeure stable, cadrant la façade de la banque
qui dissimule presque entièrement l'église de l'autre côté de la rue. On peut
ainsi apercevoir, à l'arrière-plan, une église (protestante, certes, mais elle demeure visuellement associée au pouvoir clérical, à l'histoire chrétienne). Or,
comme cette dernière est en grande partie obstruée par l'édifice de la banque,
cela suggère symboliquement la diminution de l'influence (économique et
idéologique) du pouvoir clérical. Le dernier plan, où la façade de la banque
reflète le passage des automobiles, annonce le pouvoir et le rôle que la banque
exerce comme moteur de la nouvelle gestion (économique) établie par l'État,
où l'église, au parvis vide de gens, figure en arrière-plan. Cette image d'une
Église dépouillée, affaiblie et dominée en dit long sur le pouvoir clérical de
l'époque, précaire et en perte de vitesse, par rapport à l'État providence qui
prend le contrôle économique et idéologique. Cela dit, « le fait de garder la
caméra à l'extérieur de la banque pendant que Claude est à l'intérieur suggère
également que Claude est étranger au pouvoir anglophone même lorsqu'il
est physiquement à l'intérieur des murs, mais le détachement de la caméra
de la position de Claude invite aussi le spectateur à considérer les implications

Photos 8 à 10 Ci-dessus et en face
La séquence de la banque.

qu'évoque l'idée de la "banque comme temple" pour la société québécoise moderne[38] ». Symboliquement, cette séquence viendrait souligner les oppressions vécues par le Canadien français (sur les plans de la langue et de l'économie), mais aussi tous les changements possibles opérés par la Révolution tranquille. Après avoir consulté un prêtre, Claude s'apprête à financer un avortement grâce à une banque anglophone ! De fait, et puisque l'image scinde en deux parties l'église et la banque, nous pourrions également considérer que, même si l'Église est en perte de vitesse (puisque au second plan), elle collabore avec les institutions financières afin de maintenir sa domination sur la population canadienne-française. À l'image de la Conquête, religion catholique et pouvoir économique anglophone perpétuent leur alliance. Néanmoins, ce besoin d'expier l'histoire de la Conquête, comme on expie un péché, se fait sentir lors de la Révolution tranquille. Une période de rupture et de continuité, une ambivalence qui se fait sentir dans l'analyse de la séquence de la banque. À n'en point douter, Jutra « développe une approche complexe et ludique des contradictions de l'expérience culturelle québécoise et des conventions du réalisme cinématographique[39] », et son traitement de l'image (sa relation au direct, la reconstitution d'événements autobiographiques) devient la clé pour souligner les oppressions antérieures comme les changements apportés par la Révolution tranquille. « *À tout prendre* témoigne de l'immense volonté de son auteur de transformer le monde québécois avec une caméra. Il y a dans ce film une soif de prendre possession de notre histoire qui rompt avec la tradition d'un imaginaire en garde à vue », explique Stéphane Albert-Boulais dans son essai *Le Langage de l'inexprimable*, alors qu'il qualifie ainsi l'œuvre de Jutra, dans cette « façon polyphonique d'écrire avec une caméra et une voix qui n'obéissent à aucune règle », où « danse, musique, regards, fantasmes d'une écriture globale fusionnant les forces vives du "je" et du "il". » Enfin dans ce « rêve d'un cinéma qui n'est pas au service d'un pouvoir institutionnel », l'auteur compare Jutra au peintre québécois Paul-Émile Borduas, connu entre autres pour ses œuvres abstraites et le manifeste *Refus global* [40], puisqu'il « rompt radicalement » avec « la tradition d'un imaginaire en garde à vue » et « nous lance dans l'illimité [41] » ! Sans conteste, à travers ce langage de l'inexprimable, Jutra utilise les images gelées, les zooms fréquents, les voix hors champ qui s'adressent à l'auditeur, puis aux acteurs, des techniques réflexives qui veulent faire prendre conscience au spectateur qu'il regarde un film. C'est aussi un film qui répond aux préoccupations intérieures de Claude, le personnage principal, le réalisateur, le Canadien français-Québécois qui se cherche ; le jeune homme de trente ans qui confesse son homosexualité. Bref, l'esthétique filmique va de pair avec le caractère psychanalytique du propos, la recherche psychologique de Claude et ses questionnements identitaires. Nul doute que la forme éclatée du film supporte le propos jusqu'à son dénouement, où perte et abstraction caractérisent les sentiments intérieurs de Claude, comme si les questions posées tout au long de sa « psychanalyse filmique » n'avaient pas servi à répondre à ses attentes, à combler son vide identitaire. D'ailleurs, n'oublions pas que l'homosexualité était encore considérée à cette époque comme une maladie mentale par l'American Psychiatric Association, ce qui ajoute à la complexité de la confession de Claude, la recherche de son identité sexuelle et de son appartenance. Cela dit, malgré le caractère tabou du sujet, la littérature française s'y était déjà attardée au début du XXᵉ siècle. À commencer par André Gide avec *L'Immoraliste*, mais surtout son récit autobiographique *Si le grain ne meurt*, sans oublier *Corydon*, un essai portant sur l'homosexualité et la pédérastie. Citons également Marcel Proust avec son autobiographie fictive d'un éveil sexuel dans *À la recherche du temps perdu* ou encore *Le Mystérieux correspondant et autres nouvelles inédites* publié seulement très récemment, en 2019, malgré le fait que l'écrivain couche sur papier ses éloquentes réflexions homosexuelles dans sa jeunesse. Enfin, nous pourrions également citer l'œuvre de l'écrivain Jean Genet ou du poète et cinéaste Jean Cocteau. D'ailleurs, Jutra s'inspire ouvertement de l'œuvre filmique et poétique de Jean Cocteau, de son texte anonyme *Le Livre blanc*, au film *Le Sang d'un poète*, où thèmes homosexuels et surréalisme sont au rendez-vous. Si la vie artistique et personnelle des deux hommes propose des corrélations, il semble pertinent de souligner l'admiration que Jutra portait au poète français. À la suite de la réalisation de son premier court métrage, *Le Dément du Lac Jean-Jeunes* (1948), Jutra tourne l'année suivante, *Mouvement perpétuel* (1949) qui, en plein *Refus global* s'inspire, selon ses dires, du film de Jean Cocteau, *Le Sang d'un poète*, ainsi que de *Fireworks* de Kenneth Anger. D'ailleurs, Jutra s'est aussi inspiré du texte de Cocteau *Anna La Bonne* pour réaliser un court métrage éponyme, en 1959, en France, qui sera produit par François Truffaut. Ce dernier fera d'ailleurs un caméo dans *À tout prendre*, évoquant une désormais célèbre scène de *Jules et Jim* (1962).

Mise en scène de l'homosexualité : recherche de l'identité nationale et sexuelle

Le personnage de Claude représente donc l'état du jeune Canadien français colonisé, devenu nouvellement un Québécois dans une ère aux idéologies postcoloniales et nationalistes, et « cet acte de prise de possession du territoire s'accompagne d'une quête d'identité. Le personnage type de ce cinéma est

Photo 11
François Truffaut fait un caméo dans *À tout prendre*, où Johanne lui demande
de faire la locomotive comme dans son film *Jules et Jim*.

un jeune homme, étudiant, artiste ou intellectuel, vivant une errance phy-
sique, psychologique et/ou éthique[42] ». Bref, Claude représente le héros (voire
l'antihéros) type du cinéma de cette décennie, soit « un être en perpétuel
questionnement sur son identité, qui désire le changement, mais constate finalement son impuissance[43] », caractérisée d'ailleurs dans *À tout prendre* par
le dénouement du film lui-même. De plus, « l'aliénation de ces personnages,
thème central dans la cinématographie québécoise de cette période, reflète,
en quelque sorte, l'aliénation économique, politique et culturelle du Québec
face au Canada anglais et aux États-Unis[44] », ce que nous constatons jusqu'à

un certain point dans l'analyse de la scène où Claude se rend à la banque. Ainsi, le cinéma québécois s'inscrit sous la bannière du réformisme et du nationalisme de la Révolution tranquille, où « filmer devient une profession de foi dans ce pays à nommer, un acte de prise de possession tout comme le territoire institutionnel est vierge, le territoire symbolique est à repeupler. On veut rompre avec les anciennes figures pour mieux y installer les jalons d'une nouvelle société[45] ».

Dans *À tout prendre*, les thématiques abordées, comme la façon de les mettre en scène, viennent indubitablement rompre avec les idéologies ancestrales, particulièrement en exposant des sujets jusqu'alors tabous, car le cinéaste « parle pour tous ceux que l'on avait fait taire. Et sa parole est ouverte sur le monde[46] ». D'abord, Jutra n'hésite pas à évoquer l'ailleurs et à donner le rôle principal à une femme noire, une première au Québec ; le film constitue, en ce sens, la première tentative substantielle d'exploration et de représentation raciale dans la cinématographie québécoise, puisque, « avant *À tout prendre*, les sujets noirs étaient quasiment absents du cinéma québécois et rarement présentés comme membre du corps politique national[47] », selon Gregorio Pablo Rodriguez-Arbolay Jr. D'ailleurs, ce dernier cite l'auteur Scott Mackenzie qui identifie *À tout prendre* comme étant la première « scène de lit » filmée entre un homme blanc et une femme noire en Amérique du Nord.

Quant à l'avortement, il n'est pas uniquement évoqué, mais l'intention de le réaliser semble bien réelle[48], et l'institution du mariage est bafouée[49]. En plus de l'avortement, Jutra fait mention de l'homosexualité, soit deux sujets risqués, que l'on préfère éviter[50]. Par conséquent, le caractère flou avec lequel est abordé l'avortement[51] – comme l'homosexualité, d'ailleurs – n'est guère étranger à l'illégalité de l'acte (criminel à l'époque). Dans ce contexte, il semble d'ailleurs pertinent de prendre en considération la similitude des confessions (voire des *coming out*) de Johanne et Claude, car le traitement de l'ethnicité de Johanne et la façon dont il est articulé (sur le plan formel) en lien avec les autres discours (national, de genre, sexuel) sont certainement, comme le souligne Bill Marshall, les meilleures illustrations de la complexité des identités

Photo 12
Claude et Johanne au lit dans *À tout prendre*. Collection de la Cinémathèque
québécoise 1995.0352.PH.01.

québécoises et des dilemmes politiques engendrés[52], puisque « les films des
années 1960 déplacent l'homoérotisme sur l'exotisme érotique de l'ethnicité,
sur l'altérité comme espace de libération sexuelle[53] », comme le note Thomas
Waugh. Ainsi, la confession hésitante de Johanne et son besoin identitaire (et
celui de dévoiler son identité cachée) ne peuvent que révéler à Claude sa propre étrangeté, car « la confession de Johanne déclenche l'aveu de Claude, l'aveu
de Claude s'imbrique dans la confession de Johanne, le retour infini des
images fait éclater le miroir des identifications[54] ». Qui plus est, « l'altérité ra-
cialisée de Johanne renforce la masculinité de Claude et détourne initialement

l'attention de son altérité implicite[55] », ajoute Rodriguez-Arbolay Jr. D'ailleurs, si la confession de Johanne prépare celle de Claude, c'est avant tout la question de cette dernière qui viendra mettre des mots sur son identité – « Mamour, aimes-tu les garçons ? » –, dont l'écho souligne la gravité de la phrase. À ce moment, un zoom avant plonge en gros plan sur le front de Claude, caressé (agressé ?) par les doigts amoureux de Johanne. En voix hors champ, un miroir brisé accompagne la réponse de Claude et sa délivrance intérieure :

> Je ne dis pas oui, pas plus que je ne dis non. Ainsi s'échappe le secret que je séquestrais depuis des temps plus lointains que mes premiers souvenirs. Johanne a fait cela, de ses mains de femme, elle a ramassé le plus lourd de mon fardeau. Elle m'a fait avouer l'inavouable, et je n'ai pas eu honte, et je n'ai pas eu mal. Et maintenant, tout a changé, car cette impérieuse aspiration jamais assouvie, de tourment qu'elle était, a pris la forme d'un espoir.

À la suite du *coming out* de Claude, plusieurs références (subtiles) à l'homosexualité seront présentées[56], et les conséquences de cet aveu seront palpables : « Dans les années 1960, le rêve de briser les chaînes de la répression anime les films et offre la possibilité d'exploiter ce que Claude appelle le fardeau de sa honte et de sa douleur, ce qu'[Eve Kosofsky] Sedgwick nomme comme étant des possibilités métaphoriques puissamment productives et puissamment sociales de la honte[57]. » Après la révélation de son identité homosexuelle (bisexuelle ?[58]), le personnage de Claude multipliera ses paranoïas, caractérisées par des fantaisies masochistes, des rêves de suicide et des événements chimériques violents[59]. Par exemple, Claude se fait poursuivre dans la ville par des hommes qui veulent le tuer, un enfant dans la rue lui tire dessus alors qu'il est dans son appartement[60], il est poursuivi par un motard, fusillé lorsqu'il se trouve sur le mont Royal, tandis qu'à la fin un chasseur l'abat comme un pigeon, etc. D'ailleurs, le fait que cette action se déroule sur le mont Royal, le lieu « clandestin » de Montréal où les homosexuels pouvaient s'adonner à des échanges sexuels, est particulièrement pertinent et évocateur[61]. Comme l'affirme Denis Bellemare, « toute cette agressivité versée à son compte le place dans une situation désirante masochiste » où l'amour comme les caresses de Johanne lui font mal, l'abîment et se transforment en douleur, et où « l'élaboration et la liquidation des identifications [...] passent par des pulsions de destructivité pour conduire à une certaine libération, délivrer Claude de toutes ses images[62] ». D'ailleurs, ces images, ces fantasmes masochistes et la représentation de cette violence ne sont guère étrangers à la stigmatisation de l'homosexualité, qui engendrera la violence faite contre des gais (à Montréal comme ailleurs) dans cette période pré-Stonewall. Par conséquent, la représentation (troublée) de l'homosexualité dans *À tout prendre* est liée aux événements et aux discours sociopolitiques dans lesquels s'inscrit le film, puisque les personnes vivant leur homosexualité occupent « un espace social où elles doivent composer avec leur orientation de diverses façons : la nier, la refouler, la camoufler, la révéler ou encore en faire un élément constitutif de leur identité. Dans tous les cas, l'individu vivant l'homosexualité doit opérer une conciliation souvent difficile de sa sexualité avec sa vie affective et sociale[63] ».

De fait, se retrouver dans un environnement avec peu d'informations relatives à son identité (dans le cas qui nous concerne, l'orientation sexuelle) peut avoir des conséquences néfastes sur l'évolution d'un individu comme sur sa perception de la place qu'il occupe en société[64]. En ce sens, il convient d'aborder brièvement l'homosexualité et le suicide en lien avec le discours social de l'époque et la mise en scène de ces réalités. Dans *À tout prendre*, être différent du modèle social dit hétéronormatif engendre chez Claude une série de questionnements identitaires, de souffrances indicibles (véhiculées par ses fantaisies, ses univers chimériques et torturés). Pour plusieurs jeunes homosexuels, cette même souffrance indicible, accentuée par l'incompréhension sociale et doublée d'un manque d'écoute, rend le suicide envisageable comme seule solution possible. Il convient de souligner que les jeunes gais et bisexuels présentent des risques de six à seize fois plus élevés d'avoir des idées suicidaires ou de faire des tentatives de suicide que les jeunes hétérosexuels[65]. Si dans *À tout prendre* l'homosexualité est confinée au narcissisme (par certains critiques et théoriciens ; nous y reviendrons), le suicide et la mort de Claude dans le film (comme sa mort réelle[66]) sont tus, mais surtout le lien entre le suicide et l'orientation sexuelle est pratiquement nié, « car toutes ces morts, ou ces intentions de mourir, sont tues quant à leurs causes, comme si le double tabou de l'homosexualité et du suicide faisait office d'étau[67] ».

D'autre part, une certaine incompréhension de l'homosexualité en général est perceptible dans la réception critique du film, puisque plusieurs associeront l'orientation homosexuelle au narcissisme. De surcroît, accentué par son caractère autobiographique, le film sera confiné au rang de délire égocentrique d'un jeune bourgeois. Ainsi, quelques critiques de l'époque reconnaîtront le caractère autobiographique et authentique de l'œuvre tout en la trouvant complaisante et suffisante, comme le note Gérald Godin[68]. Certains comme Alain Pontaut[69] hésiteront entre courage et narcissisme, libération et complaisance, tandis que Robert Daudelin soulignera qu'« à force de se vouloir sincère l'auteur y est souvent complaisant[70] ». Pour ce qui est de l'Office catholique national des techniques de diffusion, il inscrira (sans surprise) dans son appréciation morale que « ce film malsain fait complaisamment étalage des dérèglements de ses héros. À proscrire[71] ». D'ailleurs, dans *Copie Zéro*, James Brady a publié une étude plutôt intéressante sur le narcissisme et l'homosexualité dans *À tout prendre*, ce qui nous permettra de mettre le doigt sur cette association homosexualité et narcissisme : « L'introduction du miroir joue le rôle de relais dans le dispositif. S'y contemplant, Claude est devenu l'Autre que le miroir fait de lui, en l'occurrence une image inversée – le terme *inversion*[72] étant employé par Freud pour désigner l'homosexualité[73]. » Si Brady s'inspire de Freud pour illustrer cette association narcissisme et homosexualité, il mentionne également dans un passage de son texte que, en fragmentant et en figeant le corps de la femme, Jutra libérera un autre corps, « celui potentiel, fantasmé du désir narcissique et homosexuel, celui du repli sur soi[74] ».

Ainsi, l'homosexualité sera tour à tour reliée à une inversion (ce qui suppose un renversement par rapport à ce qui est « normal ») et au repli sur soi (ce qui implique un recul sur soi, mais aussi un renoncement aux autres). De tels arguments sont nécessairement empreints de préjugés, aussi subtils soient-ils, qui tendent à stigmatiser l'homosexualité et à l'occulter comme pratique sexuelle valable, existant pour elle-même. Des critiques ont d'ailleurs répondu férocement à de telles allégations, notamment en contrant l'argument freudien de Brady ; par exemple, Bill Marshall souligne que l'adéquation de l'homosexualité et du narcissisme proposée par Freud est franchement discutable[75] ; selon le « bon sens », les gais et les lesbiennes sont des gens narcissiques, car ils préfèrent les gens du même sexe, un argument plutôt faible et contestable ! D'ailleurs, la recherche identitaire de Claude n'a rien à voir avec le narcissisme, mais plutôt tout à voir avec le contexte social et les préjugés qui se rattachent à l'homosexualité. Claude découvre que l'identité, sexuelle ou autre, ne peut être homogène, d'où les nombreuses personnifications présentées dans la séquence du miroir au début du film.

Ainsi, Claude s'habille devant le miroir, où divers personnages prennent vie ; un jeune fumeur à la James Dean, une figure d'autorité, un clown, un voyou qui tire un coup de fusil dans le miroir qui s'effondre avant que Claude revienne devant le miroir, finalement habillé. Ces personnages sont tous des variations d'un même être, des parcelles de lui-même qu'il découvre, revêt, rejette ou accepte. Comme il le dit lui-même, il veut se débarrasser de tous ces personnages en lui, d'où l'introduction d'une quête identitaire. C'est d'abord une recherche identitaire qui souligne l'impossibilité d'une identité entièrement homogène et où les tensions identitaires, comme les forces homogènes et hétérogènes qui la composent et la construisent, sont tangibles,

Photos 13 à 19 En face et page 40
La séquence du miroir au début du film.

et « ce film de Claude Jutra illustre brillamment ce qui réfère à l'autre face du miroir où se trame une image non conforme, inversée, souvent "plus vraie que vraie", en se jouant des codes établis du documentaire ou de la fiction[76] ». D'ailleurs, Alain-Napoléon Moffat, dans son texte *À tout prendre de Claude Jutra : pour une rhétorique de l'homosexualité*, souligne que les allégations freudiennes de Brady démontrent « des manifestations profondes d'incompréhension des structures représentationnelles et textuelles d'*À tout prendre*[77] ». Pour ce faire, l'auteur analyse les scènes fantasmatiques qui succèdent à l'aveu d'homosexualité de Claude et le montre agressé par des voyous, ce qui témoigne de cette pression du monde extérieur et de la violence de sa découverte identitaire :

Les rapports fantasmatiques que Claude entretient [...] éliminent d'*À tout prendre* tout rapport spéculaire. Ce n'est pas le miroir qui vient marquer ici les liens d'altérité ; c'est la violence et la violence des contradictions. Contradictions qui s'imposent un peu plus dès l'aveu d'homosexualité. Ce n'est pas Narcisse, c'est Prométhée mal enchaîné (pour paraphraser Gide), dévoré par les passions. Ce sont des passions qui font apparaître un personnage pour un autre, brisent l'unité ou plutôt le désir d'unité chez Claude, des passions qui troublent le reflet et amènent chez lui une conscience qui renvoie à tout sauf à elle-même, une conscience non spéculaire[78].

Ainsi, les rapports fantasmatiques se veulent un exutoire, puisque le cinéaste (comme son personnage), à travers diverses mises en abîme, se libère de sa violence et de ses passions qui caractérisent son identité. De fait, comme le mentionne Jutra dans son manifeste, ce film se veut une cérémonie sur la place publique pour conjurer ses démons personnels : « Comment ne pas voir, pourtant, que cette entreprise en était une de libération ? J'organisais un spectacle, et ils croyaient m'épier. En me voyant devant mon miroir, ils ont cru surprendre Narcisse en proie à la passion. Ils me privaient du droit au jeu, ils m'imposaient cette morale primaire qui condamne tout libertin à la vérole[79]. » D'ailleurs, le narcissisme implique un repli sur soi, alors que le geste est ici fortement collectif, car « les voies du narcissisme ne se limitent pas qu'à un trajet, celui d'une fixation pathologique sur soi, elles remplissent des fonctions dynamiques et économiques diverses d'un retour par soi, d'un passage obligé dans et par la pluralité des fondations identificatoires[80] ». Cela passe non seulement par le propos du film, mais aussi par la forme cinématographique (probablement incomprise par certains, comme le notait Alain-Napoléon Moffat). Par exemple, le montage utilisé dans la séquence du miroir traduit parfaitement le questionnement identitaire de Claude : quelle image de moi est la bonne ? D'ailleurs, la narration à la première personne du singulier, comme le caractère autobiographique, « révèle une réelle volonté de rupture avec le discours plus collectif des décennies précédentes[81] », aspects qui influencent nécessairement une lecture du film en lien avec le narcissisme. Or, « défendre la part individuelle de soi-même ne signifie pas que l'on rompe tous les liens avec son peuple[82] » ! D'ailleurs, les techniques du cinéma direct dans la fiction, c'est-à-dire la recherche formelle en écho à la recherche identitaire de Claude, participent à cette appropriation collective de la société (et de son cinéma) et, de ce fait, on reste frappé aujourd'hui par l'autocritique (collective) qu'il y a dans *À tout prendre*. Ce qui a passé pour un aveu à l'époque se révèle certainement comme une revendication[83]. Voilà qui souligne une fois de plus le caractère avant-gardiste de cet opus de Jutra.

Opiniâtreté des critiques de l'époque, ou le refus de lier le personnel au politique

Au Québec, si les décennies 1950 et 1960 ont été des périodes où l'homosexualité était associée au crime, au péché et à la maladie (selon qu'elle était jugée du point de vue législatif, ecclésiastique ou scientifique), les années 1960, avec les valeurs plus libérales de la Révolution tranquille, amorcent un certain changement. Mais ledit changement, dans cette période transitoire (voire obscure) qui précède Stonewall, n'est pas pour autant favorable à l'homosexualité, ce qui est d'ailleurs palpable dans la réception critique du film. Il sera donc intéressant de constater des dichotomies flagrantes (quant à l'homosexualité et à l'appréciation du film) entre les critiques de l'époque (1964) et celles des années suivantes (le film est aujourd'hui un classique de la cinématographie québécoise). D'emblée, l'exemple qui mérite qu'on s'y attarde est certainement la critique (désormais célèbre) de Denys Arcand publiée en 1964 dans *Parti pris,* revue politique et culturelle de gauche, élaborée autour de trois mots d'ordre : indépendance, socialisme et laïcisme[84]. Une revue qui incarne de manière exemplaire les aspirations de la jeunesse en révolte, selon Marcel

Rioux, sans compter que de toutes les publications de gauche de l'époque elle aurait eu « la plus grande audience et le plus grand impact sur la société québécoise[85] ». D'ailleurs, avant de s'attarder plus précisément au texte de Denys Arcand, il convient d'ouvrir une parenthèse sur le désormais non moins célèbre texte de Pierre Maheu, intitulé *L'Œdipe colonial* qui paraît également au sein de ce numéro qui brosse le portrait du Québécois colonisé. Ainsi, pour Maheu, « au profit de cet immobilisme, de ce système désincarné, l'homme québécois se sacrifie lui aussi, à l'égal de sa femme, et tous deux y sacrifient leur sexualité », ce qui permet à l'auteur d'introduire le complexe d'Œdipe, où tout Québécois « finit par épouser sa mère : l'homme d'ici est impuissant ou hanté par l'impuissance parce qu'il est le fils de sa femme, et la femme, dans la mesure même ou elle refuse toute rencontre authentique avec la masculinité en châtrant ses fils et son époux est elle-même abandonnée à la frigidité ». Maheu conclut en se disant « persuadé qu'il n'y a qu'une faible proportion de nos mères qui aient [*sic*] éprouvé un orgasme »[86]. Cette dernière ligne, malheureusement certainement véridique, est plutôt attribuable au fait que la sexualité féminine n'avait guère été enseignée (à l'homme, ou à la femme) comme une authentique source de plaisir pour la femme, mais plutôt un devoir de procréation soutenu par une domination du patriarcat sur le corps de la femme[87]. Enfin, pour revenir au texte de Maheu, il est évident que la figure du père ne correspond pas unanimement à cette personnalité dépressive[88] d'époux ratés qui n'expriment leur nature virile qu'à la taverne[89], puisque dominés au quotidien par leur femme castratrice qui ne représente nulle autre que leur (sainte) mère. Certes, dans cette relation, informée du complexe d'Œdipe, le fils canadien-français cherche à avoir un enfant avec sa mère, pour combler les désirs de Dieu le Père. Cette métaphore conjugale incestueuse traduite par une vision masculiniste et misogyne est valable jusqu'à un certain point, puisque informée par le système hétéronormatif et le discours catholique dans lesquels elle s'inscrit. D'ailleurs, pour Maheu, l'omniprésence de la « Mère castratrice » est « la conséquence normale de la Conquête, l'état normal d'un peuple dépossédé de son avenir », où notre culture est désintégrée par la dépersonnalisation, qui « menace de nous engloutir dans les sables mouvants de la Mère[90] ».

Certes, lorsque conjuguée au discours nationaliste par plusieurs « partipristes », cette vision homme-femme ne semble que positionner le mâle hétérosexuel blanc dans le rôle de la victime qui pourtant aspirera au rôle du « révolutionnaire » (tranquille), et ce, comme si les femmes, les personnes homosexuelles et les minorités visibles et culturelles n'avaient pas participé à cette réforme sociale de la société québécoise. Ainsi, *À tout prendre* présente tout ce que la vision œdipienne coloniale de Maheu occulte : une femme noire libre sexuellement et qui dispose de son corps comme elle l'entend, dans une relation interraciale hors mariage avec un homme blanc qui avoue son homosexualité. Johanne n'a rien d'une sainte et Jutra n'a rien d'un homme des tavernes[91].

Au sein du même numéro de la revue *Parti pris*, l'article de Denys Arcand, intitulé *Cinéma et sexualité*, débute avec un propos pertinent en affirmant que notre cinéma (en empruntant le chemin de l'aliénation suivie de la révolte, puis de la révolution) a désormais entrepris sa marche vers la liberté, et que cette liberté passe par toutes les sphères sociales, et particulièrement par la sexualité[92]. Là où le propos devient plus étroit est certainement lorsqu'il critique la liaison de Claude avec une femme noire : « Pourquoi Claude ne peut-il avoir de liaison valable qu'avec cette étrange Johanne qu'il veut rendre encore plus étrange ? Il y a pourtant des Québécoises "quotidiennes" autour de lui[93] ? » Mais qu'est-ce qu'une « Québécoise quotidienne » ? Une Canadienne française pure laine, à la peau blanche, qui chante en joual ? Ici, les idées de « tolérance » dont parlait Fernand Dumont, si caractéristiques de la Révolution tranquille, semblent oubliées. Si Arcand voit le choix de la partenaire féminine de Claude comme un refus de coïncider avec son « moi collectif », une impossibilité d'atteindre une « sexualité quotidienne » en lien avec un complexe d'Œdipe non résolu, son propos sur l'homosexualité sera encore moins judicieux :

Il est d'ailleurs remarquable que Claude qui réclame pourtant sa liberté à grands cris tout le long du film, au moment où ses difficultés l'assaillent et où il lui faut prendre une décision, ne songe qu'à chercher refuge auprès de sa mère et d'un curé. Rien d'étonnant à ce qu'alors le film semble réclamer le droit à l'homosexualité. De toute manière, notre littérature avec Jean-Charles Harvey l'avait déjà réclamé avant la dernière guerre. Rien de très nouveau ni de très immoral là-dedans. La seule question est de savoir jusqu'à quel point l'homosexualité est une forme solide d'activité sexuelle et de quelle manière sa pratique pourrait être liée à un état spécial d'affirmation de soi-même, compte tenu de notre contexte global d'existence en regard de l'expression artistique[94].

La première partie du propos d'Arcand est pertinente, puisque, en effet, Claude réclame le droit à la liberté ; comme il est homosexuel, cette liberté se traduit par un détachement par rapport à l'autorité et aux normes « hétérosexuelles », mais il y trouve refuge. Cela dit, un tel argument pourrait aussi être facilement contré, puisque les homosexuels, après leur *coming out* (qui soit dit en passant n'est jamais facile), s'inspirent des modèles qu'ils connaissent et qui sont visibles autour d'eux. Inévitablement, ces modèles sont presque tous hétérosexuels sur le plan familial, tandis que, sur le plan social, la prédominance des modèles hétérosexuels supplante carrément la minorité homosexuelle (encore plus marginalisée et moins visible en 1960). Finalement, les questions que pose Arcand, à savoir « jusqu'à quel point l'homosexualité est une forme solide d'activité sexuelle et de quelle manière sa pratique pourrait être liée à un état spécial d'affirmation de soi-même, compte tenu de notre contexte global d'existence en regard de l'expression artistique », sont manifestement le fruit de l'aveuglement hétérosexuel, d'un cinéma national qui se regarde le nombril et refuse d'ouvrir ses horizons. Il semble d'ailleurs aberrant qu'Arcand remette en question l'homosexualité comme pratique sexuelle valable ! « Qu'est-ce qu'une forme solide d'activité sexuelle ? demande Thomas Waugh. Est-ce que l'affirmation de soi consiste à se mettre en accord avec le "moi collectif" » au détriment de sa propre personnalité sexuelle et de son sens de la dignité[95] ? » D'ailleurs, il convient d'ajouter que si une personne se met au diapason de la collectivité, malgré

ses points de vue divergents, la révolte n'est plus ! D'ailleurs, lors de son *coming out*, Jutra « ne met-il pas le doigt sur un principe politique fondamental
que le consensus nationaliste n'a pas encore intégré, à savoir que le personnel
est politique, que la libération collective est inséparable de la libération
personnelle[96] » ? Ce principe, revendiqué par les féministes, sera d'ailleurs
l'occasion de contrer davantage les propos nombrilistes, nationalistes, hétérosexuels et patriarcaux d'Arcand. (Si l'on peut être tenté d'attribuer ses dires
publiés dans *Parti pris*, en 1964, aux mœurs de l'époque[97], force est de constater que le cinéaste n'hésitera pas à publier de nouveau ladite critique en
2005 ![98]) D'ailleurs, il semblerait que d'autres critiques de l'époque n'associent
pas le « personnel au politique ». Léo Bonneville, par exemple, parle d'*À tout
prendre* comme d'une révolte avortée, car « toute la révolte qui bout dans ce
film reste au niveau individuel[99] ». Gilles Marsolais formule quant à lui un
propos beaucoup moins radical, mais influencé par le contexte de l'époque :
« Dans ce film, trop centrifuge, trop polarisé sur Jutra, rien, tout compte fait,
ne débouche pratiquement sur notre réalité. Nous sommes loin du cinéma
anthropologique[100]. » Ce type d'affirmation met donc le doigt sur l'incompréhension de certains critiques devant l'aveu d'homosexualité de Jutra et du
concept du personnel qui devient politique. Cette réalité dont parle Marsolais
est celle de l'hétérosexualité, en lien avec le discours national. À en juger par
la réception critique, c'est uniquement cette réalité qui peut aspirer à représenter la collectivité, et ce, même en cette période de Révolution (bien) tranquille des idéologies, laquelle aspirait prétendument à des discours de
pluralisme et de tolérance… Pourtant, avouer son homosexualité à l'époque
qui nous concerne est, en soi, un *statement*, un geste politique. Comment ne
pas voir le caractère pionnier de cet aveu d'homosexualité ? D'ailleurs, quand
on compare le film aux autres longs métrages québécois de l'époque, cette
audace s'impose avec évidence. « Ni le Pierre Patry de *Trouble-fête*, ni le Denis
Héroux de *Valérie* oseront aller aussi loin, affirme Marcel Jean, les deux films
s'accrochant au canevas mélodramatique hérité des fictions catholiques du
passé pour juger et ramener à l'ordre leur héros. Et pourtant, nous avons là

deux films à propos desquels on a beaucoup insisté sur leur potentiel de rupture d'avec la tradition et même d'avec la morale, ce qui est assez paradoxal[101]. »
Ce paradoxe dans la réception d'À tout prendre, puis de la (non-)reconnaissance du caractère pionnier du film, de sa prise de parole (réellement) libérée… (comparativement au film Valérie, où la protagoniste n'est libérée que
dans les carcans du fantasme hétérosexuel), semble ramener la question de
la réception nationaliste et hétérosexuelle de l'œuvre. D'ailleurs, dans son
essai Fear of Federasty: Québec's Inverted Fictions, publié en 1991, Robert
Schwartzwald souligne la formulation dévalorisante adoptée par Arcand
quant à l'homosexualité, tout en résumant judicieusement sa critique essentiellement politique à l'égard de Jutra : « Autrement dit, l'homosexualité est
admise comme une compensation face à l'incapacité du cinéma québécois à
représenter sans gêne l'érotisme hétérosexuel, mais elle reste une déviation,
ou un "détour" au sens propre[102]. » De fait, force est de constater que, même
si les prémices d'une « révolution » se dessinent, sans surprise, l'homosexualité n'existe pas pour elle-même. Ironiquement, lorsqu'elle apparaît à l'écran,
elle ne fait que souligner à grands traits les tabous judéo-chrétiens d'un érotisme hétérosexuel non assumé.

Démagogies nationales et hétérosexuelles

On ne peut nier que le paysage politique québécois influe inévitablement sur
la production cinématographique et que la question nationale, objet principal
des débats politiques entre 1960 et 1980, et même encore aujourd'hui, occupe
une place privilégiée dans l'idéologie québécoise, ce qui se reflète dans son cinéma. Il n'est donc pas étonnant de constater qu'À tout prendre a été mal reçu
par les critiques, en raison de la thématique nationaliste, car malgré l'idéologie
de la Révolution tranquille, les critiques comme les historiens prônent une
révolution des mœurs hétérosexuelles, où la relation entre nationalisme et
hétérosexualité demeure prédominante.

En réaction à ce qu'ils percevaient comme la « féminisation » de la nation sous le pouvoir colonial et clérical, les discours d'affirmation nationale émergeant autour de la Révolution tranquille de 1960 s'affichent au contraire comme ceux, phallocentriques, d'une « remasculinisation » du national à travers les schèmes, idées et techniques de la modernité et du libéralisme. Contre l'impotence des « pères en jupe » du catholicisme et contre l'association entre l'homosexualité et discours fédéralistes canadiens [...], la définition de la nouvelle nation québécoise se voulut d'abord celle d'une remise en scène du récit œdipien patriarcal appliqué au développement et à l'imaginaire d'une communauté[103].

Ainsi, pour accéder à sa pleine identité personnelle et nationale, l'homme hétérosexuel colonisé, né pour un petit pain, dominé par sa mère, par son épouse, par l'Église, et victime de féminisation, se doit de devenir dans cette ère postcoloniale un homme viril, réaffirmant son pouvoir et son hétérosexualité. Le désir hétérosexuel devient donc une expression centrale et nécessaire à l'accomplissement de l'identité québécoise : « Pendant la Révolution tranquille dans les années 1960, ce lien entre expression nationale et expression hétérosexuelle a persisté, l'État étant devenu le principal instrument de promotion du pouvoir hétérosexuel masculin (Schwartzwald 1993)[104]. » Ainsi, l'affirmation hétérosexuelle (mâle) est liée à la « libération » nationale, et « la Révolution tranquille est alors devenue le moyen par lequel l'homme, la nation féminisée, émasculée et "homosexualisée" pouvait réaffirmer son hétérosexualité[105] ». En ce sens, nous pouvons légitimement avancer que le consensus nationaliste renforce indéniablement la tradition du placard, pour reprendre l'expression de Thomas Waugh, à travers « le mythe de la collectivité nationale homogène, au centre du cinéma québécois des années 60[106] », où les gais (et à un degré plus élevé les lesbiennes) sont bien sûr maintenus à l'écart. De fait, la réception négative de la majorité des critiques de l'époque est assurément empreinte d'une certaine démagogie nationale et hétérosexuelle, pour laquelle l'homosexualité est une expression individuelle (et narcissique) antinomique au bien de la collectivité québécoise pendant cette Révolution tranquille.

Ironiquement, dès la deuxième minute du film, s'inspirant du poème de Rimbaud *Le Bateau ivre*[107], Claude mentionne « le fleuve m'a laissé descendre où je voulais », une phrase qui évoque la soif de liberté dans un Québec des années 1960 qui commence à se dégager des idéologies coloniales. Ainsi, comme le souligne Jean Chabot : « Jutra se réclame du territoire. Et c'est du fleuve qu'il parle, comme il se doit, dès qu'il est question du Québec[108] », ce qui d'ailleurs sera applaudi à la même époque dans *Pour la suite du monde*, de Pierre Perrault et Michel Brault ou encore dans *Ode au Saint-Laurent*, une expression exemplaire de la poésie du pays[109] de Gatien Lapointe, publiée en 1963.

D'autre part, une des références politiques disséminées dans *À tout prendre* est ce graffiti *Québec libre* sur le mur d'une rue, devant lequel Claude déambule, après avoir affirmé dans la scène d'avant « qu'il est temps de passer à autre chose[110] ». Comme si Jutra réaffirmait lui-même que la nation québécoise devait s'identifier à autre chose que ce désir d'indépendance et d'hétérosexualité pour définir son unicité et son identité, mais surtout pour « libérer le Québec » de cette emprise nationaliste et hétérosexuelle qui empêchait la réalisation des désirs de pluralisme et de tolérance propres à la Révolution tranquille : « La caméra nous détache du point de vue de Claude comme pour nous rappeler la nécessité d'un Québec libre pour éviter que les enfants qui maintenant passent en courant ne soient guère confrontés aux dilemmes qui ont empêché Claude d'assumer les responsabilités de l'âge adulte[111]. » Ces dilemmes, caractérisés par des remises en question identitaires, sont indéniablement liés à son identité culturelle et sexuelle. D'ailleurs, l'éclat de rire moqueur à la toute fin du film pourrait être interprété comme la libération de Claude de toutes ses identités fausses (l'emprise nationaliste du Québec, l'hétérosexualité) pour aspirer à sa « vraie » identité (culturelle et sexuelle).

Photos 20 et 21
Une des références politiques disséminées dans *À tout prendre* est ce graffiti
Québec libre sur le mur d'une rue, devant lequel Claude déambule.

Pour qu'une énonciation fonctionne, il faut qu'elle puisse s'effectuer sous un régime qui lui donne un sens. Je ne crois pas que le contexte social et politique permettait au film de Jutra de libérer tout le potentiel qu'il contenait. C'est parce que Jutra fait de la torture identifiante une amère bouffonnerie qu'il n'est pas entendu. On n'était peut-être pas encore tout à fait prêt, dans le Québec de ces années-là, à une attitude aussi joyeusement métaphysique à l'égard de la question de l'identité. C'est sous un angle presque unanimement politique que cette question était soulevée et envisagée[112].

Comme le souligne Michèle Garneau, le manque de soutien collectif, accentué par le contexte politique, n'était pas favorable à une bonne réception du film par les spectateurs et critiques de l'époque. Cela n'est d'ailleurs pas étranger aux nombreux tabous et désirs informulés que Jutra venait transgresser, tant sur le plan des thématiques sociales abordées, que sur celui de l'esthétique (postcoloniale), de la revendication d'une écriture cinématographique nouvelle et « décolonisée ». De fait, et « pour ce seul rayon de lumière qui filtre à travers la porte du placard, six ans avant Stonewall, cet unique moment de lucidité dans les années de notre oppression et de notre auto-oppression, notre dette envers Jutra est immense[113] ». Sans conteste, *À tout prendre* est une œuvre phare de la Révolution tranquille, une œuvre isolée et pionnière qui, par le fait même, devance les idéologies de ladite révolution.

Chapitre 2

Il était une fois dans l'Est

Révolution (homo)sexuelle et avancées historiques : Stonewall et le *bill omnibus*

Force est de constater que la Révolution tranquille, avec ses idéologies nou-velles, n'est pas incompatible avec l'avènement de la révolution sexuelle et les changements qui s'opèrent vers la fin des années 1960 et tout au long de la décennie 1970. La Révolution tranquille n'a pas de fin précise, mais prend part à un mouvement de contestation par le changement, qui prône une redéfini-tion des idéologies, renversant ainsi certains idéaux sociaux préétablis, ce qui est tout à fait applicable à la révolution sexuelle. D'ailleurs, cette époque de « l'amour libre » est tout aussi difficile à périodiser. Pour l'étude qui nous in-téresse, la révolution (homo)sexuelle sera temporellement située de 1969, date historique avec les événements de Stonewall et le projet de loi omnibus, à la fin des années 1970, avec l'arrivée des années 1980 dites individualistes et l'échec référendaire de la souveraineté.

L'événement québécois qui reflète à merveille le caractère particulier de ces deux révolutions, dans cette ère des baby-boomers, est certainement l'Expo-sition universelle de 1967 à Montréal, qui se voulait une célébration de la fra-ternité entre les peuples. Elle ouvre ses portes sur l'île Sainte-Hélène, le 27 avril 1967, pour six mois ; plus de cinquante millions de visiteurs ont exploré les pavillons de plus de soixante-deux pays. Expo 67 fut aussi l'occasion de créer

Photo 22
L'effervescence d'Expo 67. Photos d'Expo 67 et Passeport jeunesse
pour la Terre des Hommes, par la Compagnie canadienne de
l'Exposition universelle de 1967. Collection de l'auteure.

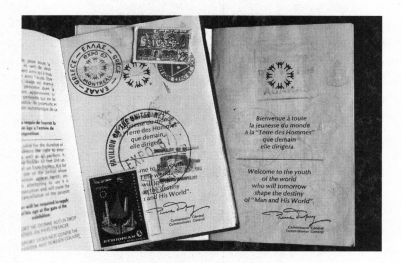

Photo 23
Symbole d'un Québec qui s'ouvre sur le monde. Timbres de
collection et intérieur du Passeport jeunesse d'Expo 67 avec le
slogan de Terre des Hommes et son ouverture sur le monde.
Collection de l'auteure.

de nouvelles infrastructures montréalaises (métro, autoroute Décarie, pont-tunnel Louis-Hippolyte La Fontaine, site de l'île Notre-Dame, Habitat 67, etc.), illustration parfaite des idéologies sociétales soulevées par la Révolution tranquille, comme celle de grandeur dans un Québec tourné vers l'avenir[1]. Expo 67, qui a symbolisé toute l'effervescence des années 1960, est un événement qui a marqué l'imaginaire québécois en plus d'inscrire la province dans « l'universel » en la faisant connaître, symbolisant du même coup un Québec qui s'ouvre sur le monde et au pluralisme des cultures. C'est un événement qui illustre aussi à merveille les idéologies de la révolution sexuelle[2]. Cette Terre des Hommes (thème de l'Expo 67), Michel Tremblay s'en souvient : « Je dis toujours que le plus beau "party" de ma vie a été l'Expo 67. C'est la seule fois de ma vie où j'ai baisé avec toutes sortes de gens de partout, de toutes les couleurs. D'un côté, il y avait les restaurants de La Ronde et le parc d'attractions Expo, et de l'autre, le sexe. Vous pouviez essayer toutes les différentes "saveurs" pendant six mois[3]. » Finalement, Charles de Gaulle, en prononçant sa désormais célèbre phrase « Vive le Québec libre ! », répondait aux rêves nationalistes et libertaires auxquels bon nombre de Québécois aspiraient.

En mai 1969, avec l'adoption de la loi omnibus, le regard sociétal sur l'homosexualité au Québec semble, *a priori*, beaucoup plus rose. En effet, cette loi, adoptée sous le gouvernement de Pierre Elliott Trudeau, décriminalise les actes homosexuels commis en privé par deux adultes consentants et, en ce sens, « le *bill* ouvre un espace de tolérance sociale envers l'homosexualité[4] » en soulignant implicitement que des relations homosexuelles consensuelles et « non dangereuses » pour la société existent. Or, si l'acceptation de l'arc-en-ciel semblait vouloir se dessiner dans le paysage politique québécois, le mirage n'était pas bien loin… En rendant légales uniquement les relations homosexuelles en privé, la loi rend illégales celles se déroulant dans des lieux publics (bars, parcs, etc.)[5]. La décriminalisation devient donc partielle et la visibilité de l'homosexualité et sa conquête de l'espace social public demeurent ainsi une lutte constante[6]. Cette décriminalisation partielle, amorcée par des « politiciens homophobes et paternalistes, dans une imitation coloniale[7] » du

Sexual Offenses Act adopté en Angleterre en 1967, soit deux ans plus tôt (!), propose avec le *bill omnibus* des modifications qui « selon l'esprit du gouvernement qui les a soumises au Parlement [...] n'ont pas été introduites uniquement pour apporter des changements. Au contraire, dans bien des cas, elles correspondaient au désir collectif des Canadiens qui aspiraient à faire disparaître du Code criminel une certaine part d'hypocrisie qui existait[8] ».

En 1969, chez nos voisins du sud débute une révolution (un peu moins tranquille). Le 28 juin, la police s'introduit dans le bar gai new-yorkais le Stonewall Inn, majoritairement fréquenté par des drag queens, situé dans Greenwich Village. Ce qui semblait une descente de police habituelle, chose commune dans les bars gais de l'époque aux États-Unis comme au Québec, prit de fait une tournure de révolution ; les gais, les drag queens (de même que les personnes trans et les lesbiennes qui le faisaient davantage dans l'ombre) ainsi que les patrons du bar combattirent avec force les policiers, ce qui marqua le début des émeutes.

C'est dans ce contexte que le mouvement de libération homosexuelle est né. [...] Les émeutes ont continué pendant les deux nuits suivantes et sont devenues un symbole de résistance gaie proactive. Ce nouveau sentiment d'autonomisation et d'autonomie individuelle combiné avec le sentiment d'éveil à la liberté pour ceux en dehors du système dominant ont conduit à la formation du mouvement de libération homosexuelle[9].

Cet acte révolutionnaire[10] engendrera donc le début de la libération homosexuelle[11], qui connaîtra dans les années suivant les événements de Stonewall un regain de vitalité au sein des mouvements homophiles américains (organisation du Gay Liberation Front, de la Gay Pride Week, etc.). Au Québec, dans la foulée des mouvements étatsuniens, des groupes (beaucoup moins radicaux) verront le jour. C'est notamment avec le Front de libération homosexuel (de mars 1971 à août 1972) que débute formellement l'histoire du militantisme gai montréalais, sinon québécois[12]. Cette organisation, dont l'émergence est liée à la revue contre-culturelle *Mainmise*[13], voulait offrir des lieux d'échange aux homosexuels, que ce soit par des activités socioculturelles ou par la mise sur pied de groupes d'entraide. S'ensuivra le Groupe homosexuel d'action politique (GHAP), qui malgré une existence d'à peine quatorze mois (de mars 1975 à mai 1976) fut aussi partie prenante de cette évolution. Comme le souligne Ross Higgins dans son ouvrage *De la clandestinité à l'affirmation* au sujet de ce groupe à l'orientation anticapitaliste, « le GHAP a tenté au cours d'un an et demi de discussions d'analyser l'oppression des homosexuels sur une base matérialiste, en mettant l'accent sur les liens avec le mouvement féministe et les syndicats[14] ». Formé d'universitaires, d'étudiants, de travailleurs et de syndicalistes, le groupe s'affaire à l'étude des causes de l'oppression homosexuelle, notamment dans le but d'élaborer un manifeste de libération gaie[15]. Cela dit, ces groupes étaient beaucoup moins enclins à adopter une perspective politique radicale, leurs idées de la libération homosexuelle étant différentes de la conception étatsunienne[16].

Pour le mouvement contre-culturel québécois, la libération sexuelle ne vise pas uniquement les homosexuels, mais tous les membres de la société, alors que la liberté individuelle est plus importante que toute action à caractère collectif. Un exemple illustre bien cette position : le slogan « Pas de libération du Québec sans libération sexuelle ». Calquée sur le slogan du Front de libération des femmes « Pas de libération du Québec sans libération des femmes », la devise cherche à sensibiliser les indépendantistes de la nécessité d'inclure la libération sexuelle des Québécois dans le projet de construction d'un État national[17].

Par conséquent, 1969 demeure un moment salutaire pour la communauté homosexuelle et annonce une période charnière, où se confrontent les mentalités conservatrices et libérales de l'époque en ce qui a trait à l'homosexualité, et il est clair que la révolution sexuelle « a ouvert la voie à la libération homosexuelle en forçant les hétérosexuels à remettre en question leurs propres hypothèses à propos de la moralité sexuelle[18] ». Pourtant, même si toutes ces transformations sociales contribuent progressivement à un changement des mentalités, elles n'effacent pas la stigmatisation, l'occultation de l'homosexualité et l'homophobie dans la sphère publique : « L'hostilité envers les homosexuels s'est probablement intensifiée dans les années 1960, parce que les hommes et les femmes gais devenaient plus visibles[19]. » Malgré les idéologies libérales de la Révolution tranquille et « même s'ils étaient censés être déterminés à éliminer l'hypocrisie, l'ignorance, la superstition, la peur et la honte, les révolutionnaires hétérosexuels ne pensaient pas nécessairement que soutenir l'homosexualité aiderait la cause[20] ». Ainsi, l'homosexualité sera l'objet de débats sociaux lors de tribunes téléphoniques et d'émissions d'informations publiques. Cela dit, même si cette sexualité marginale sera vivement contestée par la majorité de la population, le militantisme tentera de contrer cette négation de l'homosexualité tout au long de la décennie 1970, et ce, par divers événements et à divers degrés. Dans le même ordre d'idées, mais sur un plan plus personnel et symbolique, Michel Girouard, personnalité médiatique bien connue à l'époque, et son conjoint Réjean Tremblay décideront de se « marier » en 1972 pour « éveiller l'esprit des gens au phénomène de l'homosexualité[21] ». Si l'avocat Claude Archambault les unit civilement, les deux hommes se font refuser un service religieux ; ils s'envolent alors deux semaines plus tard vers Los Angeles pour faire bénir leur union par le révérend Troy Perry de la Metropolitan Community Church. Un an plus tard, en 1973, un changement de mentalité majeur sera apporté lorsque l'American Psychiatric Association retirera l'homosexualité de sa liste de maladies mentales[22]. Finalement, l'Association pour les droits des gai(e)s du Québec, qui entrera en scène en 1976, revendiquera la défense des droits des homosexuels et la reconnaissance de leurs droits civils afin de contrer la discrimination.

Si la Révolution tranquille et la révolution sexuelle annoncent la libéralisation des mœurs sexuelles et le *bill omnibus* la « décriminalisation » des actes homosexuels, la majorité des débats de l'époque négligent grandement le désir homosexuel. Il suffit de regarder « la production artistique et intellectuelle qui a animé le mouvement anti-censure de cette époque qui est constituée uniquement d'hymnes à l'hétérosexualité[23] ». Or, force est de constater que l'acceptation de l'homosexualité, par l'opinion publique, n'est pas toujours aussi rose que les avancées politiques semblent l'annoncer, ce qui aura des ré-percussions sur la mise en scène et la réception des représentations homo-sexuelles des années 1970.

Ainsi, en 1974, soit dix ans après le *coming out* de Claude dans *À tout prendre*, *Il était une fois dans l'Est* marquera la plus importante manifestation de l'ho-mosexualité dans le cinéma québécois. Malheureusement considérée comme « une anomalie, plutôt que le début d'une tradition, dans l'histoire du cinéma québécois, mais néanmoins une étape importante dans l'histoire des images de nous-mêmes au cinéma[24] ». Le film est certainement représentatif de la transition des décennies 1960 à 1970, voire caractéristique des changements sociaux en lien avec la représentation de l'homosexualité : « De l'isolement du placard à la collectivité [...], des moments intenses de confession aux spec-taculaires passages à l'acte en public[25]. » Alors que le geste de Claude dans *À tout prendre* était isolé et intime, *Il était une fois dans l'Est* met en scène l'ho-mosexualité au sein d'une petite collectivité de marginaux habitant les quar-tiers populaires francophones de l'est de Montréal. Si le film constitue un acte isolé quant à la représentation de la thématique homosexuelle, il demeure ancré dans l'esprit du cinéma québécois de l'époque. « Parallèlement à la vie politique, le cinéma québécois des années 1970 se caractérise par la volonté d'intervention sociale de plusieurs cinéastes : l'objectif est de susciter les chan-gements sociaux par la conscientisation[26]. » Afin de traduire l'esprit d'éman-cipation politique et économique, les films québécois préfèrent les milieux populaires et les marginaux aux héros intellectuels de la décennie précédente. Si on remplace la réflexion angoissée de l'intellectuel par l'existence quoti-dienne du monde ordinaire, il n'en reste pas moins que « ces petites gens ap-paraissent trop souvent inconscients [*sic*] de leur condition d'exploités et d'aliénés, incapables de changements[27] ». Au final, c'est dans cette incapacité d'intervention concrète sur le réel que l'aliénation du monde ordinaire rejoint celle du héros intellectuel des années 1960.

L'univers Tremblay-Brassard : folklore marginal ou la mise en scène d'un milieu donné

Il était une fois dans l'Est met en scène plusieurs marginaux et des gens du monde ordinaire vivant bonheurs et désillusions lors d'une journée dans l'est de Montréal. C'est le cas de Germaine Lauzon, une ménagère d'un certain âge qui gagne un million de timbres et qui invite ses voisines (hypocrites) à les coller. C'est aussi le cas de Lise, serveuse dans un resto, qui subit un avortement qui tourne mal. Pour se payer cet avortement qui lui sera mortel, Lise (comme Claude dans *À tout prendre*) se rend dans un *bureau de finance* (ainsi écrit dans le scénario) et demande cinq cents dollars pour « s'acheter un *pickup!* » Son amie Linda lui fera la morale, ce qui est d'ailleurs fort révélateur des mœurs de l'époque : « C'est contre la nature, ces affaires-là pis c'est défendu… L'Église, là, ça j'm'en sacre pas mal, mais c'est défendu par la loi ! C'est un meurtre, Lise ! » En effet, à l'époque, seul l'avortement thérapeutique était légal[28]. Cela dit, mentionnons que la diégèse du film se situe en 1965, soit avant l'adoption de cette loi. *Il était une fois dans l'Est* propose également une rarissime mise en scène du lesbianisme, avec le personnage d'Hélène, l'ex-collègue de travail de Lise, qui fréquente avec son amante Bec-de-lièvre le club nocturne de la *Main* Chez Sandra. Enfin, le film présente aussi les destins croisés d'Hosanna, un coiffeur qui, lors d'un concours de drag queens[29] se fait trahir (par Sandra et son amant Cuirette), de Carmen, une chanteuse western qui doit faire son tour de chant lors de cette soirée, et de la duchesse de Langeais, un homosexuel qui arrive d'un long séjour au Mexique et qui ne suscite (à son grand désarroi) que du désintérêt.

Réalisé par André Brassard et coscénarisé par Michel Tremblay, qui signe également les dialogues, *Il était une fois dans l'Est* met donc en scène plusieurs personnages et thématiques de l'univers théâtral de Tremblay[30], ce qui fera dire à plusieurs que ce film constitue une anthologie cinématographique de l'univers tremblayien : « C'est la synthèse attendue d'un travail de création extrêmement fécond dans l'histoire culturelle du Québec. C'est un film qui permet aux deux premiers intéressés et au public de boucler la boucle[31]. » Ainsi, la thématique de l'homosexualité demeure au centre du film. Pour la première fois dans le cinéma québécois, on donne la parole à une diversité de personnages de la faune homosexuelle, ce qui en fait une œuvre cinématographique unique et primordiale, une fresque mythologique de la société québécoise, révélant des traces de la socialité homosexuelle du Québec de l'époque : « L'écriture à la fois imaginaire et hyperréaliste de Tremblay, en l'absence d'enquêtes ethnographiques plus systématiques, livre déjà quelque chose de fort précieux sur ces *berdaches* : sur leur manière d'être et leurs "styles de vie", leur "vocation" parfois, leur mode d'insertion dans la société de leur époque, les règles et les rituels, les cruautés et les plaisirs, les possibilités et les limites de leur propre socialité[32]. » Notons que Brassard participe également à l'écriture du scénario, tel qu'il est précisé au générique. En 2017, il se confie dans une entrevue quant au processus d'écriture : « C'était dans une inconscience la plus totale, je crois. Je ne peux même plus dire ce qui vient de lui, ou de moi […] C'était normal et naturel[33]. » D'ailleurs, si plusieurs personnages homosexuels étaient déjà présents dans l'univers théâtral de Tremblay (Hosanna, Cuirette, la duchesse de Langeais, Sandra, Hélène), certains font leur entrée dans l'univers du dramaturge par le cinéma. Tel est le cas de Bec-de-lièvre, la lesbienne *butch*, conjointe d'Hélène. Tremblay articule ses motivations :

> Bec-de-lièvre est un personnage que j'ai créé à l'occasion du film *Il était une fois dans l'Est* pour le personnage de Thérèse (Hélène) qui avait besoin d'un « sidekick » […] Pour commencer, c'était juste une espèce de souffre-douleur d'Hélène-Thérèse. Je voulais aussi parler du lesbianisme non assumé du personnage. Il y avait beaucoup de femmes qui, à l'époque, s'adonnaient au lesbianisme par choix politique ou par écœurement des hommes. J'avais envie de le suggérer dans le film. C'est là qu'Hélène dit qu'elle est tellement écœurée des hommes qu'il n'y aura plus dorénavant un écœurant qui va la toucher. Et lorsqu'elle va visiter sa famille, Bec-de-lièvre est laissée seule sur le balcon en arrière, tous ces non-dits, je voulais les montrer sans les expliquer[34].

La relation de ces amantes lesbiennes est rafraîchissante par son authenticité, sa tendresse et son dynamisme, mais surtout par le simple fait de les mettre en scène (chose rare dans le cinéma québécois), et ce, malgré la représentation *butch*-femme et les stéréotypes codifiés qui en découlent. Bec-de-lièvre pourrait être définie comme étant une *butch*, une lesbienne d'allure masculine[35]. D'ailleurs, lorsque Sandra lui demandera si elle se déguise pour l'événement en soirée, elle lui répondra : « Tu folle, toé ? Chus pas assez déguisée d'même ? J'avais ben pensé, un moment donné, de m'habiller en femme, moé aussi... j'étais trop gênée... » Ainsi, à ladite soirée, elle sera vêtue d'un chic veston-cravate, au bras d'Hélène habillée d'une robe de gala blanche.

D'ailleurs, leur relation souligne les préjugés et l'ostracisme social de l'époque envers le lesbianisme. La scène la plus marquante à ce sujet est certainement celle où Hélène rendra visite à sa famille pour le souper, accompagnée de Bec-de-lièvre. D'abord, l'arrivée d'Hélène et de Bec-de-lièvre, bras dessus, bras dessous, suscite le regard inquisiteur des voisines. Puis Bec-de-lièvre se retrouvera ostracisée sur le balcon, pendant qu'Hélène mangera avec le reste de sa famille à l'intérieur de la maison. À la manière du maître qui vient porter la gamelle à son chien (puisqu'il ne peut pénétrer dans la cuisine), Robertine (la mère d'Hélène) apportera à Bec-de-lièvre son repas sur le balcon, et ce, sans même la regarder. Sous le regard inquisiteur et les commérages des voisines (l'une d'entre elles s'exclamera : « Que c'est ça, c'te bébitte-là[36] ? »), Bec-de-lièvre mangera son repas avec le peu de dignité qu'il lui reste. Par cette scène marquante, force est d'admettre que « même dans les années 1970, quand tout le monde est déjà *out*, l'acte de sortir du placard, de faire son *coming out*, nécessite sa mise à jour quotidienne de "hontes et d'humiliations conscientes et créatives"[37] » pour reprendre l'expression d'Eve Kosofsky Sedgwick. Un autre exemple est celui de l'arrivée d'Hélène et de Bec-de-lièvre où, « malgré tout, les deux femmes refusent avec défi le secret du placard [...] ce qui constitue pratiquement un acte de courage suicidaire[38] », un acte politique pour contrer les oppressions. Lorsque le cuisinier de Chez Nick's traitera Hélène de *butch* en lui disant de s'occuper de ses clients, sa riposte sera

Photos 24 et 25
L'arrivée d'Hélène et de Bec-de-lièvre, bras dessus, bras dessous, suscite le regard inquisiteur des voisines.

Photos 26 et 27
Bec-de-lièvre ostracisée sur le balcon, pendant qu'Hélène mange avec le reste
de sa famille à l'intérieur de la maison.

féroce, allant jusqu'à sa démission ! Finalement, que dire de Sandra qui affirme, avec ses vêtements et son allure féminine, son identité de genre différente et les oppressions qui en découlent ; en arrêtant le trafic de la *Main*, elle n'hésite pas à s'afficher et à prendre le contrôle de la place publique, à la manière des militantes trans et drag queens[39] de Stonewall.

Outre les personnages et les thématiques, les leitmotivs les plus représentatifs de l'univers de Tremblay sont certainement l'utilisation du joual et la géographie urbaine montréalaise, qui font d'ailleurs partie intégrante de l'écriture cinématographique de Brassard. La langue et les lieux ont beaucoup en commun avec ces personnages marginaux, homosexuels et opprimés. Rappelons que le joual, qui souligne la phonétique des accents populaires, est une variété du français québécois. Il est caractérisé par des écarts phonétiques et syntaxiques, puis identifié au parler des classes populaires. Comme le souligne l'Office québécois de la langue française, en 2015, « après avoir fait l'objet d'une longue polémique de plus de vingt ans, appelée la *querelle du joual*, le terme *joual* est maintenant généralement perçu comme péjoratif, sauf lorsqu'il est utilisé de manière didactique pour parler par exemple du français d'une certaine littérature québécoise des années 1970[40] ». C'est notamment le cas d'*Il était une fois dans l'Est*, où le joual revêt un fort symbolisme identitaire. À savoir que le joual apparaît dès 1964 dans des romans comme *Le Cabochon* d'André Major, ou encore *Le Cassé* de Jacques Renaud, et qu'il est entendu au cinéma dans plusieurs films du cinéma direct, faisait l'apogée de l'oralité, notamment *Pour la suite du monde* (1963) de Pierre Perrault et Michel Brault.

Le joual a été entendu pour la première fois sur la scène d'un théâtre en 1968 dans la pièce *Les Belles-Sœurs* de Michel Tremblay, mise en scène par André Brassard au Théâtre du Rideau Vert. Pionnière, cette œuvre théâtrale souligne un événement marquant pour la langue québécoise, et comme l'indique Tremblay : « Toute nouveauté est une réaction à une chose ou un ordre existant. En ce sens, *Les Belles-Sœurs* était en réaction aux films où les personnages canadiens-français, parlaient une langue invraisemblable, une sorte de français que personne sur terre n'avait jamais parlé, une sorte de français du

Photo 28
« Reine de la *Main*. » Sandra n'hésite pas à s'afficher et à prendre le contrôle
de l'espace public.

milieu de l'Atlantique. Je me suis dit que je devrais l'écrire comme j'entendais
les gens le parler[41]. » Cette langue de la classe ouvrière canadienne-française,
révélatrice de la colonisation (amalgame de français et d'anglicismes), se veut
aussi une réappropriation vernaculaire de la langue française par les Québécois pour souligner leurs spécificités nationales (vis-à-vis du français de France
ou du français international). Le fait de l'inclure dans des manifestations culturelles (théâtre, cinéma, littérature) souligne un désir culturel de l'époque
des années 1960 et 1970, soit celui d'afficher son identité propre, de souligner
les particularités et l'authenticité d'un peuple par le langage. Par conséquent,
le joual n'est pas un territoire neutre, puisque le parler populaire conjugue
chaque énoncé sur le mode collectif. Ainsi, l'utilisation du joual, au cinéma
comme au théâtre, doit être vue comme « une solidarité naturelle, une réaction à un ordre linguistique et social qui tend à occulter les fonctions primaires, essentielles, du langage[42] ». D'ailleurs, la force d'*Il était une fois dans*

l'Est est de mettre cette langue dans la bouche de personnages marginaux souvent réduits au silence dans l'histoire du cinéma. L'utilisation du joual devient donc un moyen de contrer la domination, un outil postcolonial pour dénoncer et mettre en scène les oppressions de personnages marginaux et sexuellement hétérodoxes. Ces gens que le clergé et l'esprit colonial ont longtemps contraints au silence ont maintenant un langage, et la diffusion de ce dernier est certainement un acte révolutionnaire en soi : on leur donne la parole et ils n'hésitent pas à la prendre !

Ces gens marginaux, défavorisés et francophones viennent de l'est de Montréal, en opposition aux quartiers plus riches (et anglophones) de l'ouest de l'île. Par la référence évidente au titre du western *Il était une fois dans l'Ouest* (1968) de Sergio Leone, *Il était une fois dans l'Est* est aussi l'opposition à l'Ouest cinématographique américain où légendes épiques et héros glorieux se côtoient. Dans l'est de Montréal, il sera question de milieux modestes et urbains, du refus des mirages ; la conquête de l'Est n'est guère glorieuse, mais plutôt une misère quotidienne et constante. Si l'œuvre de Tremblay l'illustre à merveille, il en est de même pour le célèbre poème de Michèle Lalonde *Speak White* (1968) :

ah ! speak white
big deal
mais pour vous dire
l'éternité d'un jour de grève
pour raconter
l'histoire d'un peuple-concierge,
mais pour rentrer chez nous le soir
à l'heure où le soleil s'en vient crever au-dessus des ruelles,
mais pour vous dire oui que le soleil se couche oui
chaque jour de nos vies à l'est de vos empires
rien ne vaut une langue à jurons
notre parlure pas très propre
tachée de cambouis et d'huile[43]

Dans ce poème engagé, « l'est de vos empires » vient incontestablement mettre en scène l'est de Montréal et la condition de ses habitants. Dans cette faune montréalaise, l'Est de Tremblay, ce sont deux milieux : celui de la classe ouvrière, la rue Fabre, ses ruelles, arrière-cours et cordes à linge, les cuisines familiales, le resto pop du coin (le *snack-bar*, la binerie[44]), ainsi que celui du boulevard Saint-Laurent, de la *Main* avec ses travestis, ses drag queens, ses prostituées, ses strip-teaseuses. De fait, les personnages du film, comme le soulignent Brassard et Tremblay, « appartiennent à deux mondes distincts : la famille (ceux qui ne s'en sont pas sortis) et le Club (ceux qui croient s'en être sortis)[45] ». Outre la référence au film de Leone, le titre était également une façon de donner un statut mythologique, une certaine mythologie à la *Main*, explique Brassard en entrevue.

Il y avait deux mondes, la cellule familiale, assez fermée, étouffante, et il y avait des personnages qui avaient envie de se sortir de ça, pour devenir quelqu'un d'autre. Ils s'en allaient sur la *Main* déguisés, ou pour devenir chanteurs [sortir d'un] milieu qui n'est pas capable de considérer les choses qui ne lui ressemblent pas. La *Main* était un lieu plus ouvert, en tout cas plus sympathique à une envie de théâtralité, mettons ? Parce que j'étais à New York, sur Christopher Street, au moment de la fameuse révolte du Stonewall Inn, et j'ai vu de mes yeux vus une folle [drag], en mauve, détourner un autobus en disant : va-t'en sur l'autre rue ![46]

D'ailleurs, cette anecdote n'est pas sans rappeler la scène préalablement évoquée où Sandra arrête le trafic de la *Main*. Pour Brassard, l'émotion principale qui se dégage du film en est une de solidarité, « une solidarité entre ces fuckés-là de toute nature, de tous genres, de tous milieux, des fuckés qui se retrouvent entre fuckés, car dans ces temps-là, les milieux gais étaient pas tant généreux, les uns envers les autres ; tsé, l'humour tapette, qui est souvent très drôle, mais pas très généreux[47] »… En situant l'action dans un quartier donné à l'intérieur d'une journée, les destinées de ces gens issus de ces deux milieux et unis par des liens familiaux ou de voisinage se croisent et se ressemblent :

c'est le visage d'une collectivité dépeint par-delà les destins individuels. Dès lors, il n'est plus uniquement question de l'humiliation de Germaine ou de celle d'Hosanna, mais bien de l'humiliation collective. Il n'est plus exclusivement question de la marginalité (l'avortement) de Lise, ou encore de celle des drag queens, mais bien de tout un secteur de la collectivité en situation de désavantage, de marginalité et de misère. De ce fait, « qu'est-ce que les clubs de la *Main* ont en commun avec les cuisines du Plateau ? Beaucoup, et le génie fondamental de Tremblay c'est de reconnaître, peut-être inconsciemment, instinctivement, les éléments communs, l'oppression partagée par les folles et les gouines d'une part et par les serveuses et les ménagères d'autre part. [...] Sa reconnaissance des liens entre les deux univers d'oppression est un premier pas important[48] ».

Il était une fois dans l'Est, réalisé au tournant des deux révolutions, tranquille et sexuelle, affiche donc les idéologies de l'époque par les personnages mis en scène et les valeurs qu'ils prônent. L'exemple le plus frappant de l'exploration du conflit idéologique (par exemple celui de la génération des baby-boomers avec celle qui la précède) apparaît dans la scène entre Carmen et sa sœur Manon, son aînée de quelques années, mais de la même génération. Les fréquentations de Carmen, soit les bars de la *Main*, et leurs protagonistes (sexuellement) marginaux, sont antinomiques aux valeurs religieuses de Manon. Avant d'embrasser son chapelet, elle injurie sa sœur :

J'y ai jamais été te voir chanter dans ton cabaret de bandits, Carmen, pis j'irai jamais, non plus ! Entends-tu ? Jamais ! Chus même pas jamais allée sus c'te rue-là, moé, Carmen ! [...] Tu devrais te cacher ! T'as pas honte de te promener de même su'a rue ! Maudite guidoune ! Tu l'as choisi, ton monde, Carmen ben restes-y donc, dans ton monde ! [...] Ça fait dix ans que j'te dis que t'es pus ma sœur, Carmen, vas-tu finir par comprendre ? Reste avec tes guidounes, tes tapettes, ton maudit monde sale ! T'aimes ça l'enfer, Carmen, ben brûle ! Roule-toé dans crotte si tu veux, mais laisse le monde propre avec le monde propre !

Les propos xénophobes et homophobes de Manon (magnifiquement criés par l'actrice Rita Lafontaine) sont certainement caractéristiques d'une génération de Québécois restés attachés aux discours catholiques et pour qui le changement idéologique, entraîné par les valeurs libérales de la Révolution tranquille et de la révolution sexuelle, est aux antipodes de leurs croyances. Manon s'accroche aux valeurs catholiques traditionnelles malgré la sécularisation et la modernité des années 1960, alors que Carmen emprunte la voie du changement. Il faut savoir que les sœurs Manon et Carmen se retrouvent dans la pièce *À toi, pour toujours, ta Marie-Lou*, écrite par Michel Tremblay et mise en scène en avril 1971 par André Brassard sur les planches du Quat'Sous, à Montréal. Tremblay y dénonce le manque d'éducation et plus particulièrement le manque d'éducation sexuelle d'une société trop longtemps aveuglé par le puritanisme catholique : « Je voulais montrer deux parents ignorants et deux enfants, dont un se révolte et l'autre pas. C'était comme deux projets de société : garder le *statu quo* ou faire comme Carmen, qui a choisi de se lever et devenir quelqu'un d'autre[49]. »

À l'image des pièces de Tremblay, le film présente des gens de deux univers, ceux du Plateau et ceux de la *Main*, partageant des oppressions communes, sans que lesdits personnages soient nécessairement conscients de ce lien : « Autrement dit, personne, dans cet univers, ne partage la même question herméneutique. Dans la deuxième partie du film, on assiste, en toute logique, à l'accentuation du malheur des personnages et à l'échec de leurs espoirs[50]. » D'ailleurs, la mise en scène de l'humiliation d'Hosanna comme celle de la trahison de Germaine par ses voisines se ressemblent grandement, ce qui sera accentué par un montage parallèle particulièrement prenant et inventif.

Si Germaine se fait humilier dans sa propre cuisine par celles qu'elle croyait être ses amies et qui, au final, lui volent ses timbres, il en va de même pour Hosanna qui, suivant la trahison de son amant Cuirette, se fait humilier sur « sa » scène, où toutes les autres drags lui volent la vedette, habillées, comme elle, en Cléopâtre (passage inspiré du film éponyme de 1963, où Elizabeth Taylor joue le rôle). Puis, adressé à la reine déchue de la *Main*, un

Photos 29 à 32 Ci-dessus et en face
« Reines déchues. » Humiliations et trahisons, mises en parallèle.

« [H]ose-anna, ose ! » se fera entendre de la salle, véritable clou du spectacle !
S'ensuivront les révoltes de celles qui osent, soit d'Hélène et de Pierrette
Guérin (une des belles-sœurs dans la pièce éponyme de Tremblay) contre
l'hypocrisie et le rejet, dont la similarité sera, elle aussi, mise en évidence par
le montage ; si la révolte d'Hélène se situe par rapport au système hétéronormatif, celle de Pierrette est similaire, dans la mesure où elle ose s'affirmer
et, par exemple, dire à Maurice, « le roi de la *Main*, anciennement le roi de
la patate», ses quatre vérités, même si elle s'est fait briser le cœur par la trahison du beau Johnny[51]. D'ailleurs, au moment de l'irruption de Pierrette
dans le *party* de collage de timbres de Germaine, sa sœur, le parallèle entre
l'univers de la *Main* et celui des cuisines du Plateau devient évident. Il est
clair que ce procédé de montage parallèle est efficace et vient souligner le fait
que la trahison, l'hypocrisie, la jalousie et la méchanceté sont nécessairement
semblables, que vous soyez des hommes gais de la *Main* ou des femmes hétéros du Plateau ; peu importe votre âge, votre sexe ou votre orientation
sexuelle, la bêtise humaine n'épargne personne, sans discrimination.

Travestissements identitaires, ou la représentation d'une identité en crise

L'aliénation historique, politique, culturelle du Québécois francophone, liée
à sa recherche identitaire, n'est pas étrangère aux représentations filmiques
du tandem Tremblay-Brassard, et ce, que les personnages soient homosexuels
ou non, puisque comme le dit lui-même l'auteur : « J'ai utilisé ma famille de
la *Main* pour illustrer un pays qui est lui-même en crise d'identité en mettant
en scène des individus qui éprouvent des problèmes d'identité. Ces personnages projettent de sortir de "leur maudite vie plate". Ils veulent fuir[52]. » Ces
fuites, ces travestissements sont présents à divers degrés chez les personnages
hétérosexuels ; par exemple, Germaine met une perruque, s'habille chic, bref
elle travestit sa réelle identité de la classe ouvrière lorsqu'elle invite ses voisines

à coller des timbres. Quant à Maurice, tenancier du bar Chez Sandra, il gagne sa vie avec la clientèle homosexuelle, alors qu'il tient des propos homophobes. C'est ironique, puisqu'il fait également des avances à l'un des jeunes habitués du bar, « le p'tit », comme on l'appelle. Serait-ce de l'homophobie intériorisée ? Cela dit, ce sont les personnages homosexuels qui représentent symboliquement l'état de travestissement et l'aliénation nationale des Québécois, comme le confirme Tremblay : « Je me suis toujours servi du monde homosexuel pour dire autre chose, soit l'état de travestissement d'un pays voulant donner l'illusion d'être différent de ce qu'il est[53]. » D'ailleurs, l'utilisation de personnes trans[54], de lesbiennes et d'homosexuels pour souligner une identité en crise est une stratégie particulièrement efficace et métaphorique, mais qui n'est pas sans soulever les passions. D'abord, l'ambivalence de l'homosexualité et de l'identité de genre vient secouer les normes (hétérosexuelles), voire la lecture « spectatorielle » du désir au cinéma. De plus, cette approche peut renforcer les stéréotypes de l'hétéronormativité en lien avec la question nationale, puisque « l'usage de la rhétorique prescrit un *nationalisme genré*, dans lequel la nation imaginée ne peut qu'être composée d'hommes masculins et de femmes féminines ; ainsi qu'un *genre nationalisé*, dans lequel les individus transsexuels et transgenres ne peuvent jamais être citoyens de la nation, mais doivent plutôt seulement représenter sa crise identitaire[55] ». De surcroît, la drag queen, considérée par préjugé comme un homme manqué[56] en raison de sa féminité, devient représentative de la stigmatisation attachée à tous les hommes gais ou efféminés, voire de l'efféminophobie.

La drag queen est une figure ambivalente dans le monde gai. La drag queen symbolise tout ce que les homosexuels disent craindre le plus en eux-mêmes, tout ce dont ils se sentent coupables ; en fait, c'est le symbole de la stigmatisation. [...] Ceux qui ne veulent pas penser par eux-mêmes ou ne jamais être identifiés comme drag queen tentent de se dissocier complètement de la « drag, du travestissement, de la performance ». Ces homosexuels déplorent les spectacles de drags et en professent leur total désintérêt. Leur attitude envers les drag queens en est une de condamnation, combinée à l'expression d'une grande distance sociale entre eux et la drag queen[57].

Et cette ambivalence de la drag queen n'est certainement pas étrangère à la réception négative du film par certains critiques du milieu gai, plusieurs ayant remis en question la représentativité des « folles » qui se haïssent et se trahissent. Or, *Il était une fois dans l'Est* devait originellement se situer en 1965, mais son inscription temporelle fut laissée imprécise pour des raisons budgétaires, rappelle Thomas Waugh : « Les personnages sont tous résolument de la période pré-Stonewall dans leurs attitudes politiques et culturelles, leur refus d'envisager toute solution ou tout recours collectif. À la fin du film, la plupart des personnages hurlent leur défi amer dans la nuit pluvieuse – individuellement[58]. »

Cela dit, tout au long du film, les homosexuels et les lesbiennes sortent résolument du placard, ce qui est une première étape nécessaire vers la dénonciation des oppressions. Et lesdites oppressions sont dénoncées par Tremblay-Brassard, non seulement en montrant comment les oppressés se persécutent entre eux (forcément mal à l'aise avec leur identité, ils persécutent les leurs), mais aussi en présentant le tout avec un amour des personnages (et non un dédain constant et ridiculisant), comme le note le tandem : « Ce film est dur, violent, implacable, mais une très large part est accordée par nous aux relations de tendresse, d'amour qui existent malgré tout entre les personnages[59]. » D'ailleurs, ces personnages, malgré leur détresse incessante, avec leur côté débrouillard, enjoué et curieux, sont à contre-courant et éloignés des nombreux personnages ternes et si peu enthousiastes du cinéma québécois. Même s'ils sont aliénés par la culture étrangère ou opprimés en tant que conjoints, citoyens ou membres d'une famille désorganisée, ils ont du cran, ils sont attachants et rarement ennuyeux[60]. Bref, l'autorépudiation des personnages est plus symptomatique de l'époque où se déroule le film, soit la période pré-Stonewall, qu'à un choix de ton de film purement esthétique et spécifique à une minorité. « Leurs maniérismes sont des détails dans un complexe de relations interpersonnelles et politiques et non une définition. Leur oppression est visible et concrète. Elle est vue de l'intérieur et ne sert pas de prétexte au spectacle et à la farce[61]. » Si la représentation des drags et leur autorépudiation font parfois rire (jaune) ou en choquent d'autres, c'est parce qu'elle met dramatiquement en scène des réalités tangibles, influencées par le contexte économique, sexuel et politique d'une époque. C'est notamment cette dimension sociopolitique, selon Waugh, qui distingue les folles de Tremblay-Brassard des bouffons de Fournier et Forcier dans *Les Chats bottés* (1971) ou *L'eau chaude, l'eau frette* (1975).

Hosanna et l'allégorie de l'oppression nationale

Il était une fois dans l'Est, à l'image de l'œuvre théâtrale de Tremblay, fait de ses personnages des métaphores, voire des allégories de la société québécoise, de son aliénation historique et politique, et de sa quête identitaire indéniablement liée à la fameuse question nationale. En ce sens, force est de constater que « Tremblay et Brassard portent sur le Québec un jugement que l'Histoire considérera sans doute comme celui de toute une génération. Ces personnages englués dans leur quotidien et expérimentant l'échec, chacun à son niveau respectif, nous replongent finalement de plus belle au cœur même de la problématique d'une nation qui continue à vivoter au prix d'un avortement quotidien[62] ». Et ces avortements, voire ces fuites (identitaires) sont symbolisées par le travestissement de l'identité du Québécois colonisé, lui-même influencé par ses relations périphériques et géographiques (les colonisateurs, soit la France et l'Angleterre, et la proximité de la culture américaine et canadienne-anglaise). Le Québécois tentera, et ce, même à l'heure de la décolonisation, de ressembler aux colonisateurs, puis de se rêver autre que ce qu'il est vraiment. C'est ici qu'entre en jeu l'homosexualité comme étant un enjeu fécond du discours national et de ses singularités[63]. Ainsi, plusieurs théoriciens interpréteront le personnage d'Hosanna comme une allégorie de l'oppression nationale. D'emblée, il semble nécessaire de préciser que ce lien entre le personnage d'Hosanna et la nation québécoise a d'abord été attribué à l'œuvre éponyme de Tremblay, présentée sur les planches du Théâtre de Quat'Sous, à Montréal, en mai 1973. À l'époque, les tensions nationalistes étaient au cœur des discours et accentuées par les actions du FLQ[64] et la crise d'Octobre 1970, puis par la Loi sur les mesures de guerre dont le déploiement militaire dans la métropole avait marqué les esprits[65] : « Les notions d'illusion, de trahison et de duperie, associées au sujet subsidiaire des travestis, sont subséquemment élargies au sujet principal du Québec. À travers la métaphore, Tremblay soulève ainsi des questions sur le projet politique de la souveraineté québécoise, se demandant dans quelle mesure la nation québécoise peut être une illusion, se dupant elle-même par son autoreprésentation[66]. » Si cette interprétation de Namaste, influencée par le contexte sociopolitique de l'époque et alimentée par la duperie et la désillusion, favorise cette métaphore, elle ne reflète certainement pas l'intention première ou, du moins, le questionnement central du Tremblay de l'époque, celui qui a écrit *Hosanna* à la fin des années 1960. La métaphore véhiculée par l'auteur suggère davantage de convaincre les Québécois d'assumer leur différence en tant que nation distincte ou pays en devenir. Pour Tremblay, s'assumer à travers l'indépendance ne signifie pas la disparition des sexualités marginales, mais plutôt que le Québécois cesse de rêver de grandeur hollywoodienne (ça, c'est l'illusoire !) et qu'il affiche sa vérité, sa singularité, embrasse son statut de « marginal », c'est-à-dire un pays non hégémonique, une nation qui se doit d'être célébrée et reconnue de façon distincte. De la pièce au film, cette allégorie de l'oppression nationale sera toujours aussi tangible, mais non pas sans ambivalence, comme le souligne Robert Schwartzwald.

Le travesti, selon le Tremblay de cette époque-là, est « celle » qui a mal dans sa peau et qui veut être un autre, alors qu'il s'agirait plutôt de « s'assumer ». Quand Hosanna se déshabille et se démaquille, « elle » abandonne son masque pour se rapprocher de son « essence », de sa vérité homosexuelle. Évidemment, on a perçu en même temps dans le personnage d'Hosanna une allégorie de l'oppression nationale ; allégorie qui fut reçue de manière ambivalente dans la mesure où la défense du « droit à la différence » homosexuelle semblait du même coup proclamer le caractère éternellement marginal du Québécois/Hosanna. L'« authenticité » proposée ne promettait aucune « normalité » pour autant ; au contraire, elle excluait le Québécois d'une adhésion éventuelle à la grande famille des nations « modernes »[67].

Évidemment, comme le note Schwartzwald, l'association entre l'homosexuel hétérodoxe et le Québécois marginal semble perpétuellement confiner ces individus à des identités marginales. Force est d'admettre qu'en 1974 de telles identités sont malheureusement encore en marge de la société. Cette « normalité » dont parle Schwartzwald semble bien représenter le caractère « hétérosexuel » de la question nationale, comme nous l'avons déjà souligné lors de l'analyse d'*À tout prendre*. D'abord, l'auteur souligne que « le travesti, selon le Tremblay de cette époque-là » n'a qu'à « s'assumer », alors que nous savons très bien que s'assumer en période pré-Stonewall[68] n'était pas chose facile et que cette sortie éventuelle du placard passe inévitablement par des remises en question identitaires, d'où le « mal-être » avec soi-même. Ensuite, Schwartzwald souligne qu'Hosanna, en enlevant son masque (en se déshabillant), abandonne son identité de « travesti » (nous dirons « drag queen » ici puisqu'il s'inscrit dans un contexte de performance) pour atteindre sa « vérité homosexuelle ». Or, selon Viviane Namaste, il semblerait qu'un tel argument fausse ou, du moins, nie l'identité trans, invalidant ainsi les questions liées à l'identité de genre. Rappelons que ces hommes éprouvent le besoin de vivre dans le sexe opposé et que leur identité trans est valable et entière au même titre que lorsqu'ils s'affichent comme « gai », sans leurs vêtements de femme. Toujours selon Namaste, une interprétation qui tend à examiner les relations entre le « vrai » homosexuel et ses représentations figuratives présuppose que les personnes transgenres ne savent pas qui elles sont[69]. Bref, pour résumer la réflexion de Namaste, valider perpétuellement cette conception du trans-sexualisme-travestissement comme étant une constante quête (ou fuite) identitaire semble erronée. D'ailleurs, dans son essai *Fear of Federasty: Québec's Inverted Fictions*, Schwartzwald explore « les tragiques conséquences des tropismes homophobes » en lien avec « le processus de subjectivation nationale[70] », en rappelant que « l'angoisse sexuelle homophobe accompagne ce nouveau projet nationaliste qui souhaite opérer une rupture radicale avec le nationalisme conservateur[71] ». Dans cet environnement anxiogène, « ceux qui sont reconnus comme des traîtres ou des vendus à la cause de la révolution nationale sont considérés comme des hommes passifs ou séducteurs[72] », explique Schwartzwald, ou encore, question de vulgariser grossièrement, comme des « pédales confédérées[73] » pour reprendre l'expression de la rubrique des « vulgarités » dans *Parti pris*. Ainsi, comme le conclut Schwartzwald, « les éléments homophobes du discours identitaire au Québec seraient non seulement symptomatiques de certains concepts de la nation, mais aussi pleins de conséquences dilatoires pour la conjugaison de l'identitaire avec l'hétérogène[74] ». De fait, au cœur de ces débats partipristes et homophobes, informés par l'hétéronormativité, les identités trans s'en trouvent également niées. Pourtant, l'identité trans de ces individus fait partie intégrante de leur identité homosexuelle ; elle n'est pas une façade du « gai » en eux.

Hosanna, même costumée en Elizabeth Taylor dans le rôle de Cléopâtre, n'est plus Claude, mais bien Hosanna ; pour elle « c'est la plus grande transformation de l'histoire » et, comme elle le dit à Cuirette : « Si tu savais comme Claude est loin à soir ! » Ainsi, selon Viviane Namaste, de telles interprétations[75] à l'endroit des personnes transgenres tendent à leur effacement, à leur invisibilité dans la culture populaire[76]. Il faut noter que dans la pièce originale, du moins dans sa première mouture, la préoccupation principale n'est pas la diversité des orientations (homo)sexuelles et l'identité de genre. Si le texte semble y référer, les personnages homosexuels dans les pièces de Tremblay « servent » la cause, comme l'explique l'auteur : « Je me suis toujours servi du

Photo 33
« La plus grande transformation de l'histoire. » Hosanna, même costumée
en Cléopâtre-Elizabeth Taylor, n'est plus Claude, mais bien Hosanna.

monde homosexuel pour dire autre chose, soit l'état de travestissement d'un
pays voulant donner l'illusion d'être différent de ce qu'il est[77]. » Dans la préface
du programme de la pièce de 1973, Tremblay précise sa pensée en ce sens.

> Jusqu'ici, mes personnages ont toujours rêvé « d'avoir été » autre chose,
> « d'être » autre chose, ou de « devenir » autre chose. Dans *Hosanna*, ils
> « sont » autre chose. Les deux personnages ont en quelque sorte réalisé
> leurs rêves. Leurs réalités et leurs prises de conscience n'en sont que plus
> brutales. Mais cette fois-ci, je crois bien qu'elles sont très saines ! Tout ce
> que j'espère, c'est qu'après *Hosanna* Claude Lemieux et Raymond Bolduc
> ne se remettent pas à rêver[78]…

Ainsi, lorsque Raymond-Cuirette s'interroge sur l'identité de Claude-Hosanna, en confrontant sa « masculinité/féminité » à maintes reprises, la réponse claire et authentique de Claude se fera entendre à la toute fin de la pièce, alors qu'il s'est déshabillé et qu'il se trouve nu devant Cuirette : « R'garde, Raymond, chus t'un homme[79] ! » Comme l'indique la dernière didascalie de la pièce, qui suit cette fameuse réplique, il n'est désormais plus question d'Hosanna ni de Cuirette : ce sont Raymond et Claude qui se trouvent sur scène[80]. Cette mise à nue met inévitablement en scène la caractéristique déterminante de son paysage corporel : son pénis, son « pays » exposé aux regards. « Est-ce que cela fait de lui un homme pour autant ? » est la question qui demeure, tant au sens propre que figuré, du moins selon les politiques contemporaines liées aux diverses identités de genre. C'est sans oublier la remise en question de la notion de « pays » aujourd'hui, dans une optique contemporaine de la nation québécoise... Il faut savoir que de nombreuses mises en scène de la pièce *Hosanna* auront cours au fil des ans et que Tremblay collaborera à imaginer de nouveaux dénouements de la pièce qui mettront l'accent sur l'identité de genre, la fluidité des genres et la performativité de l'identité sexuelle soient des « articulations distinctes et générationnelles des questions identitaires[81] », conclut Schwartzwald. Bref, ce sont là autant de variantes de l'homme, bien que la femme occupe une place de choix dans l'œuvre de Tremblay. D'ailleurs, lorsque Tremblay sera interrogé au sujet de l'absence de personnages masculins dans ses pièces, il répondra « parce qu'il n'y *a* pas d'hommes au Québec », rapporte Schwartzwald, en affirmant judicieusement que « c'est peut-être la déclaration qui représente le mieux la provocation à laquelle de nombreux nationalistes révolutionnaires, mais pas Tremblay lui-même, se sont sentis obligés de répondre[82] ».

Tel un point d'orgue, le dénouement du film met l'accent sur la performance de drag d'Hosanna et sur l'humiliation qui en découle : une différence cruciale avec l'œuvre originale, puisque le film montre littéralement ce que la pièce décrit. Si parfois, à l'image de la tragédie grecque, « une scène est plus

pathétique encore de n'être pas directement montrée »[83] », il convient de considérer les différences fondamentales imputables aux deux médiums. Dans *Il
était une fois dans l'Est*, en montrant l'humiliation d'Hosanna sur scène, devant
ses consœurs costumées, le film permet à ces marginaux d'investir l'espace
public, à ces drags de monter sur la scène, de proclamer, mais surtout d'afficher leur différence au grand jour. Ironique à souhait dans cette mer de
Cléopâtre, la similitude des costumes vient noyer la différence d'Hosanna :
visuellement violente, la mise en scène de l'humiliation d'Hosanna dans le
film est en ce sens primordiale. Certes, que ce soit au grand écran ou sur les
planches, dans les deux cas, on assiste à la « disparition » d'Hosanna, à son
« meurtre » prémédité. Si la pièce procède à l'introspection de Claude à travers
ses témoignages rétrospectifs sur les événements, le film met efficacement en
scène, telle une gifle, la conjugaison de l'éphémère succès de la scène artistique
et la violente hypocrisie du milieu drag. D'ailleurs, en lien avec la question
nationale, Namaste vient aussi contrer la vision des personnages transgenres
de Tremblay et l'utilisation de ces derniers comme métaphores, car, au final,
l'identité trans n'existe pas pour elle-même, mais uniquement pour souligner
les défaillances des homosexuels et de la cause nationale : « Dans une telle
version du genre nationalisé, les personnes transgenres (d'homme à femme)
peuvent représenter la crise du Québec, mais ils ne peuvent pas être ses citoyens[84]. » Ironiquement dans notre analyse d'*À tout prendre*, les critiques re-
fusaient de lier l'homosexualité d'un individu (le personnel) à la cause
nationale (le politique). Ici, avec *Il était une fois dans l'Est*, le discours est antinomique ; la majorité des critiques voient les habits de ces drag queens
comme étant un « travestissement » du Québécois, une illustration de sa marginalité (historique, politique, culturelle, etc.) Cela pose inévitablement la
question de la négation de l'identité trans existant pour elle-même, mais nous
pouvons aussi nous demander si « l'hétérosexualité de la question nationale »
n'est pas ici encore une valeur immuable, puisque si l'on finit par lier la cause
nationale à l'homosexualité, c'est par une (trans)identité qui est considérée

par plusieurs critiques comme une « fausse » identité, versus la vraie (l'homosexualité). Ainsi, nous pourrions émettre l'hypothèse que « l'hétérosexualité de la question nationale », ou plutôt l'homophobie et la transphobie (sans oublier la phallocratie) liées à celle-ci subsistent, et ce, par la négation de la diversité des orientations (homo)sexuelles et de l'identité de genre[85].

D'autres critiques feront aussi preuve d'une homophobie ou transphobie (sous-entendue, détournée et subtile), mais cette fois en niant complètement l'identité transgenre et homosexuelle comme pouvant être représentative du peuple québécois. C'est d'ailleurs le cas de Jean Leduc, dont la critique publiée dans *Cinéma Québec* pose des questions problématiques, similaires à celles soulevées par Denys Arcand avec *À tout prendre*.

> Le milieu des travestis de la *Main* est-il fort représentatif de la réalité canadienne, québécoise, montréalaise ? Quel infime pourcentage de cette réalité représente-t-il ? [...] Et la réalité des travestis de la *Main* diffère-t-elle sensiblement de celle des travestis de Londres, Hambourg, Berlin, Rome ? *Il était une fois dans l'Est* donne l'impression d'être principalement axé sur cet univers des travestis même si d'autres éléments puisés dans d'autres pièces de Tremblay y jouent un rôle. [...] Est-ce bien là une image fidèle de la réalité québécoise ou serait-ce une image analogue à celle que privilégient certains intellectuels qui ont besoin de cette caution pour masquer leur inaptitude à exercer une emprise réelle sur la réalité québécoise[86] ?

Cette critique de Leduc est nécessairement déformée par un discours « hétérosexuel ». D'abord, pourquoi le milieu présenté par Tremblay, soit majoritairement celui des personnes trans, aussi « microsociologique » soit-il dans les termes de Leduc, ne peut-il pas être représentatif de la réalité québécoise ? Même si le film met en scène des individus dits « marginaux », cette marge fait pourtant partie d'un peuple et de ses réalités macrosociologiques, et ce, même si elle diffère de la prétendue « norme ». D'ailleurs, la question posée par Leduc au sujet des différences entre les travestis de la *Main* et ceux des grandes métropoles mondiales est insignifiante. Il est clair que les réalités des personnes trans sont à la fois distinctes et analogues, en fonction des implications socio-économiques, politiques et culturelles. Par exemple, la compréhension ou la condamnation des réalités LGBT, comme l'homophobie ou la transphobie, n'est pas la même dans tous les pays ; certains voient l'homosexualité et la transsexualité comme étant des « pratiques sexuelles[87] » plutôt « normales », alors que d'autres les condamnent par la loi, par la religion, etc. D'ailleurs, suivant la logique de Leduc, nous devrions donc exercer le même type de raisonnement sur divers films en nous questionnant : est-ce que la réalité du Québécois francophone blanc pure laine, ou encore celle de la femme québécoise diffère sensiblement de celle des grandes villes du monde ? De plus, toujours selon Leduc, axer le film sur la réalité des travestis semble constituer un défaut, alors que c'est un choix, un droit tout à fait légitime des auteurs dans le cinéma de fiction de choisir leur sujet et d'y faire valoir leur point de vue ! D'ailleurs, Tremblay et Brassard n'ont pas la prétention de représenter le milieu en proposant, à la manière d'un documentaire, une étude anthropologique et comparative des personnes trans du Québec et des autres grandes villes du monde. L'univers de Tremblay est à la fois personnel et politique puisqu'il présente la réalité (aussi critiquable soit-elle) d'un milieu donné et surtout bien réel de Montréal. D'ailleurs, lorsque Leduc demande « dans quelle mesure une œuvre de fiction peut-elle représenter une réalité nationale avec son réseau d'implications socio-économico-politiques[88] ? », il souligne par le fait même sa profonde incompréhension du film de fiction. Une œuvre d'art n'est jamais créée dans le vide. Les manifestations culturelles sont souvent représentatives de la société dans laquelle elles prennent forme, ce qui est le cas de l'œuvre de Tremblay. Les personnages dépeints dans le film (qui s'inscrivent d'ailleurs, pour la majorité, dans la continuité de son œuvre dramaturgique) sont indubitablement liés aux contextes sociopolitique et économique dans lesquels ils évoluent. Leur oppression découle de ces facteurs, et les diverses manifestations homosexuelles et trans sont des

identités qui font partie de la nation, au même titre que celles de leurs conci-
toyens hétérosexuels. D'ailleurs, dans l'univers de Tremblay, comme nous
l'avons précisé précédemment, les cuisines du Plateau ont beaucoup en commun avec les clubs de la *Main*. Mais il semblerait que lier les oppressions homosexuelles et hétérosexuelles de la nation québécoise au sein de la même
diégèse n'a pas été une évidence pour la majorité des critiques, ce qui est (disons-le) déplorable. Alors que le film dénonçait ces oppressions communes,
la nation québécoise était enfin représentée, non pas uniquement par la
« marginalité sexuelle », mais plutôt par la « marginalité culturelle et sociale »
de l'est de Montréal. Ainsi, en liant cette dernière affirmation au discours nationaliste (au lieu de le lier à Hosanna et à son travestissement), nous aurions
évité d'associer une fois de plus l'homosexuel qui « travestit » son identité au
Québécois qui se cherche. Nous aurions aussi évité une lecture « hétérosexuelle » de la question nationale, qui est forcément problématique, car elle
implique que lorsque le Québécois aura trouvé son identité propre – qu'il ne
sera plus « marginal » et qu'il atteindra son « indépendance » – la sexualité
marginale disparaîtra. Cela est bien sûr une hypothèse tout à fait dérisoire,
sans compter qu'elle nie en plus l'orientation homosexuelle comme identité
propre ! En ce sens, « la libération nationale ne peut donc être considérée que
comme un moyen d'enraciner les hiérarchies sexuelles traditionnelles et de
réaffirmer une virilité masculine qui fait défaut. Ce faisant, l'expression hétérosexuelle se naturalise parallèlement à l'accession à l'indépendance du
Québec[89] ». Ainsi, force est d'admettre que la révolution sexuelle, malgré les
idéologies libératrices amenées par la Révolution tranquille, n'a pas vraiment
remis en question les attitudes traditionnelles vis-à-vis de la sexualité, mais
plutôt réintroduit un nouvel ensemble de règles conçues pour répondre aux
besoins hétérosexuels[90]. D'ailleurs, cet argument de Jeffery Vacante se vérifie
dans la réception des œuvres jusqu'ici étudiées.

Le fait que les deux films québécois [*À tout prendre, Il était une fois dans
l'Est*] aient été considérés négativement comme nationaux par les critiques

nationalistes, c'est-à-dire comme nationalement non représentatifs, indique deux choses : d'abord, la façon dont les questions problématiques concernant la sexualité et les classes sont reportées ou tablettées par le consensus nationaliste [hétérosexuel] de l'intelligentsia et, deuxièmement, la façon dont le cinéma était présumé être un moyen d'expression nationale privilégié dans les années 1960 et 1970 prépéquistes[91].

Il était une fois dans l'Est a été choisi pour représenter le Canada en sélection officielle au Festival de Cannes de 1973. Évidemment, ce choix a soulevé les passions ; certains critiques de la presse anglophone[92] qui lui préféraient le film de Ted Kotcheff *The Apprenticeship of Duddy Kravitz* (la recommandation officielle du bureau des festivals) ont attribué le choix du film de Tremblay-Brassard à la réputation de Tremblay[93], à la popularité internationale de sa pièce de théâtre *Les Belles-Sœurs* et au caractère exotique du joual pour nos cousins français. D'ailleurs, nul doute que le joual a alimenté la controverse dans la presse française ; alors que *Le Figaro* qualifiait le film de pittoresque en raison de l'accent, *Le Quotidien de Paris* notait que ces « intonations musicalement disgracieuses devenaient lassantes à la longue[94] ». Si certains critiques remarquent que le film a une aptitude réelle à reconstruire un milieu (*L'Humanité*), d'autres dénonceront une impossibilité de s'identifier à ces marginaux (*France Soir, Le Soir, L'Aurore*) et Henry Rabine dans *La Croix*, un journal catholique, ira jusqu'à dire que le film « mérite purement et simplement la poubelle[95] ». Pourtant, au-delà de la réception critique, le public, lui, sera au rendez-vous dans les salles de cinéma du Québec comme de Paris.

Dans la presse québécoise, déjà au fait des œuvres littéraires et théâtrales de Tremblay, certains affirmeront que l'on nous sert du réchauffé et qu'ils n'ont rien appris de ce qu'ils ne savaient déjà sur l'univers de Tremblay[96], que l'on présente la vision subjective d'un auteur[97], alors que la recherche formelle se veut davantage du théâtre filmé que du cinéma[98]. Évidemment, sur le plan de la forme, ce premier long métrage de Brassard n'est guère parfait ou novateur. Cependant, la volonté de filmer en plusieurs plans-séquences était au cœur de ses préoccupations ; une façon d'être fidèle aux méthodes de direction d'acteurs au théâtre, et un choix esthétique qui s'apparente au cinéma de l'époque (celui des Godard, Groulx, Lefebvre) qui privilégiait les plans-séquences. Si pour certains, pour qui l'œuvre théâtrale de Tremblay est familière, le film peut sembler une simple anthologie de personnages et de thématiques « réchauffées » et décevoir quelques cinéphiles sur le plan formel[99], on ne peut nier son apport au cinéma québécois. « Ne serait-ce que pour ce rassemblement de personnages québécois et pour leur entrée dans l'album de famille du cinéma, c'est un film qu'il valait la peine de faire et qu'il faut voir[100]. » C'est un film qui, pour la première fois, donne la parole en joual à ces marginaux et laissés-pour-compte de la classe ouvrière de l'est de Montréal, à ces femmes comme à la diversité (homo)sexuelle et de genre, ces personnes lesbiennes, homosexuelles et trans à qui nous avions longtemps dénié le droit de parole et de représentation dans notre espace cinématographique. Elles ne sont peut-être pas parfaites, avec leurs désillusions et leurs malheurs, mais elles sont enfin visibles et loquaces ! C'est peut-être d'ailleurs ce qui a fait courir les foules dans les cinémas québécois, mais également parisiens[101]. D'ailleurs, le caractère pionnier des œuvres n'a d'égal que leur diffusion, sans compter que l'industrie cinématographique québécoise de l'époque plaide en faveur d'un changement grâce à un « projet de souveraineté culturelle », obtenu en juin 1975, par la mise en application d'une loi-cadre, qui vise à « décoloniser[102] » le cinéma québécois. Parmi les organisations du secteur cinématographique québécois faisant pression sur les gouvernements provincial et fédéral depuis plus d'une décennie, notons le premier groupe d'intérêt à se constituer au sein du secteur cinématographique québécois, soit l'Association professionnelle des cinéastes en 1963, dont Claude Jutra est le premier président.

En somme, *Il était une fois dans l'Est* et *À tout prendre* mettent en scène des réalités marginales qui étaient au cœur de la Révolution tranquille et de la révolution sexuelle, notamment l'avortement et l'homosexualité. Ces réalités sont abordées dans des contextes de production hétéroclites et en fonction des idéologies de chaque décennie.

[Dans les deux films,] les mythologies et les matérialités respectives du désir et de l'identité sont distinctes, surdéterminées par les sensibilités de leurs auteurs et de leur héritage cinématographique, de même que par leurs environnements sociopolitiques, culturels et spatiotemporels. Entre autres, ces films sont également lisibles, rétrospectivement, comme les origines de deux trajectoires historiques ambulantes dans lesquelles le cinéma queer montréalais explorerait, un jour, plus précisément les périls de l'intimité privée[103].

C'est cette intimité qui sera explorée dans les films de Léa Pool réalisés au cours de la décennie 1980, où l'influence d'*À tout prendre*, du caractère autobiographique d'un univers intime et privé, n'est pas à négliger. D'ailleurs, *Il était une fois dans l'Est* pourrait certainement être considéré comme le pionnier de ces œuvres théâtrales homosexuelles adaptées pour le grand écran, telles que *Being at Home with Claude* (Jean Beaudin, 1992) et *Les Feluettes* (John Greyson, 1996), qui émergeront au fil des décennies suivantes. Nul doute qu'*À tout prendre* et *Il était une fois dans l'Est* sont des œuvres pionnières influentes qui ont été bénéfiques pour la représentation de l'homosexualité dans le cinéma québécois et qui marquent aujourd'hui le cinéma contemporain du sceau de leur influence, consciente ou non. Outre des moyens souvent rudimentaires, une réception critique parfois très sévère, loin des propos dithyrambiques, le cinéma homosexuel québécois émergera timidement, malgré tout, au cours des années 1960 et 1970, permettant ainsi à d'autres cinéastes d'explorer et de diversifier le corpus du « cinéma gai » et queer lors des décennies à venir.

Chapitre 3

Cinquante ans après la décriminalisation de l'homosexualité au Canada : état des lieux et influence des pionniers

Où en sommes-nous et comment y sommes-nous arrivés ?

Dans les années 1980, plusieurs événements politiques refléteront un changement des mentalités et des attitudes de la nation québécoise, tant sur les plans politiques, économiques, sociaux et idéologiques, entre autres la remise en question des acquis et des valeurs de la Révolution tranquille. À cet effet, mentionnons trois événements importants. D'abord, le 20 mai 1980, le référendum sur la question nationale se solde par un échec, où 60 % des Québécois diront non à la souveraineté du Québec. Pour les 40 % de la population en faveur de la souveraineté-association, ce sera le début de la fin d'un idéal, d'un rêve bercé par la désillusion d'un nationalisme déchantant, après vingt années de lutte pour l'accroissement des pouvoirs politiques. « Si j'ai bien compris, vous êtes en train de me dire : à la prochaine fois… », dira tristement René Lévesque à ses partisans dans cette célèbre phrase (qui trouvera un écho affligeant lors du référendum de 1995[1]). S'ensuivent des débats constitutionnels, sans oublier la Nuit des longs couteaux, ou l'« Accord de la cuisine », dans la nuit du 4 au 5 novembre 1981, où l'acte constitutionnel de 1982 fut signé par l'ensemble des provinces canadiennes, en l'absence (conspirée ?) du Québec. Alors qu'on procède au rapatriement de la Constitution du Canada, qui abroge le pouvoir du Parlement britannique de légiférer pour le Canada, neuf des dix premiers ministres des provinces sont réunis à la demande du premier ministre du Canada, Pierre Elliott Trudeau. Alors rentré dormir à Hull, le premier ministre du Québec, René Lévesque, brille par son absence. Dans une cuisine du Centre des conférences d'Ottawa, les discussions vont bon train pour sceller l'entente, d'où l'appellation « Accord de la cuisine ». Complot du fédéral, trahison des autres provinces ? Stratégie et blocage de la part du Québec ? Les visions s'opposent[2]. Cet événement, perçu comme une trahison au Québec, d'où l'appellation « Nuit des longs couteaux[3] » ne fera qu'accentuer la ferveur des partisans à la souveraineté. Puis, en 1987, avec l'Accord du lac Meech, le premier ministre du Canada Brian Mulroney tentera, en présence des premiers ministres des dix provinces, de faire adhérer le Québec à la Loi constitutionnelle de 1982[4]. Un échec qui ne fera qu'accroître le rêve de l'indépendance dans les années 1990 au Québec. Au même moment, les discours sur l'intersectionnalité[5] font leur entrée sur la scène internationale, remettant en question le principe même des identités sociale et politique d'un individu en lien avec les rapports de pouvoir et l'interaction de l'État. Lentement, les événements politiques des années 1980 mettent la table pour ceux des années 1990, qui viendront remettre en question la primauté de l'identité nationale au profit d'une intersectionnalité à bâtir.

Combinée à ces événements politiques, la crise économique qui sévira de 1980 à 1983 entraînera la fin de l'idéal économique des années 1960 : faillites, compressions salariales pour les employés de la fonction publique, augmentation du taux de chômage, etc.[6]. Sans nier les grandes réformes sociales autrefois entreprises par le « Québec inc.[7] », l'heure est à la valorisation de l'entreprise privée[8]. Selon le sociologue François L'Italien, la politique économique de l'État québécois serait passée du Québec inc. à ce qu'il appelle « le Québec Capital ». Il situe cette transition à la suite du référendum de 1995, en raison notamment de l'échec de l'option indépendantiste, l'objectif de souveraineté économique qui guidait le Québec inc.[9] Les premières années de la décennie 1980 seront donc marquées par la recherche de la performance économique, grâce à la privatisation des sociétés d'État et au rôle croissant des entreprises privées sur l'échiquier économique ; le monde des affaires prônera un discours centré sur la performance et l'action individuelle. En somme, l'État providence sera largement critiqué et, avec un goût amer pour plusieurs, le Québec sera « trahi » lors du rapatriement de la Constitution canadienne, et le nationalisme deviendra peu à peu désuet. Ainsi, les premières années de la décennie 1980, empreintes de désillusions mélancoliques, marquent le début de la fin d'un rêve pour bon nombre de Québécois souverainistes.

Ces événements politiques et économiques des années 1980, marqués par des déceptions politiques et idéologiques profondes, se reflètent indubitablement dans la production culturelle et cinématographique de l'époque. Les thèmes nationalistes, très florissants dans les années 1960-1970, et l'intérêt pour les causes collectives sont (quasi) abandonnés au profit des préoccupations personnelles : « Si le cinéma québécois des années 1970 traduisait la réalité sociale de son époque, le cinéma des années 1980 témoigne de l'apolitisme et de la recherche du bonheur privé de son temps. En ce sens, d'un cycle politique à l'autre, le cinéma québécois demeure largement influencé par le contexte politique et idéologique dans lequel il prend naissance[10]. » Ainsi, les intérêts privés et l'action individuelle caractérisent la nouvelle idéologie dominante du début des années 1980 ; le cinéma passe du « nous » au « je », expose des enjeux personnels, parfois intimes. Ce passage du collectif à l'individuel favorise certainement les œuvres plus autobiographiques, ou plutôt la transposition de préoccupations personnelles dans les œuvres.

À l'aube des années 1980, une constatation s'impose, soulignant des dichotomies évolutives entre la représentation de l'homosexualité et celle du lesbianisme dans le cinéma québécois de fiction : la multiplicité des réalités LGBT n'est malheureusement pas entièrement illustrée. Si l'homosexualité masculine est visible dans *À tout prendre*, au même titre que dans *Il était une fois dans l'Est*, avec une certaine émergence de la visibilité trans, force est d'admettre que le lesbianisme est encore relégué à l'invisibilité (exception faite de sa sobre représentation dans *Il était une fois dans l'Est*). La première moitié de la décennie 1980, au Québec notamment, illustre bien cette dichotomie où le cinéma offre une représentation plus explicite de l'homosexualité masculine qui tend à démystifier et souligner ses situations et enjeux particuliers. D'ailleurs, le film *Luc ou la part des choses* (1982) de Michel Audy, produit par le ministère de l'Éducation et le cégep[11] de Trois-Rivières, est en ce sens emblématique[12]. Cette tactique d'éduquer, d'informer et de sensibiliser le grand public par la fiction est particulièrement efficace et certainement influencée par le contexte social de l'époque, en lien avec les réalités de la sexualité marginale et le désir de les démystifier. Il faut noter que la fin des années 1970 est marquée, au Québec, par la répression policière et le militantisme gai. À l'occasion de la venue des Jeux olympiques à Montréal en 1976, le maire Drapeau procède à une campagne de « nettoyage préolympique » et intensifie la répression policière dans la ville afin de rendre invisible aux yeux des gens la marginalité. Débute alors en janvier de la même année une vague de répressions policières dans plusieurs établissements de la métropole. Sans surprise, en juin de la même année, près de trois cents gais et lesbiennes défilent dans les rues du centre-ville. Cette première manifestation gaie d'envergure au Québec est symptomatique des événements, explique Ross Higgins, cofondateur des *Archives gaies du Québec*, puisque le slogan à la mode scandé autour du quartier général de la police sera « À bas la répression policière[13] ». Qu'à cela ne tienne, à l'automne 1977, le 21 octobre, des descentes de police sont effectuées aux bars gais Truxx et Mystique, où un grand nombre de personnes sont arrêtées, ce qui donne lieu à une vive réaction dans la communauté gaie et aux manifestations qui vont s'intensifier tout au long de la fin des années 1970. D'ailleurs, quelques jours avant la notoire descente au Truxx se tient le premier Congrès national des gai(e)s du Québec, les 15 et 16 octobre 1977, alors qu'une centaine de militants sortent manifester dans les rues du centre-ville de Montréal. Puis, le 27 octobre, l'Association pour les droits des gai(e)s du Québec présente un mémoire à la Commission des droits de la personne du Québec, demandant de nouveau que l'on condamne officiellement la discrimination commise envers une personne en raison de son orientation sexuelle en amendant la Charte. « Face à la manifestation de 2000 personnes et au tollé de protestations soulevées par la descente au bar Truxx, le gouvernement PQ décide d'agir[14]. » Quelques semaines plus tard, le 15 décembre 1977, l'orientation sexuelle est ajoutée dans la Charte des droits et libertés de la personne comme motif prohibé de discrimination, avec l'adoption du projet de loi 88 par l'Assemblée nationale du Québec. La province devient ainsi le premier État en Amérique du Nord (et le troisième au monde !) à interdire la discrimination fondée sur l'orientation sexuelle. Un an et demi plus tard, en juin 1979, a lieu le premier défilé de personnes homosexuelles à Montréal. Certes, investir l'espace public n'efface pas la stigmatisation. Il convient d'ailleurs d'ouvrir une parenthèse sur l'émergence du VIH-sida[15], qui fut largement stigmatisé au début des années 1980.

> En ce qui concerne l'homosexualité, ironiquement, alors que le mode de vie gai sortait du placard culturel dans les années 1960 et 1970 et trouvait une plus grande acceptation dans la société, le sida est apparu. Parce que cette catastrophe mondiale fut qualifiée de maladie « gaie », ses répercussions ont eu un contrecoup énorme et distinctif sur les progrès réalisés par la cause gaie à la fois dans la vie réelle et à l'écran[16].

Pour contrer cette stigmatisation du sida, que l'on nommait « cancer gai », ou encore plus péjorativement « peste gaie[17] », plusieurs artistes ont profité de l'accessibilité du médium vidéographique, qui en était encore à ses balbutiements, dans le but de dénoncer ces préjugés et d'éduquer la population. Sans conteste, l'idée de sensibiliser le grand public (hétérosexuel) aux réalités homosexuelles est bien présente, ce qui est primordial puisque « la clé de voûte de tout changement, qu'il soit personnel ou sociétal, passe en effet par une accessibilité accrue à une information pertinente[18] ». D'ailleurs, sur le plan de la diffusion et des thématiques, la vidéo devient au cours des années 1970 un élément primordial de conscientisation et de valorisation de l'identité lesbienne, *a priori* plus efficace que le cinéma de fiction de l'époque.

En effet, si l'émergence d'une représentation de l'homosexualité masculine dans la sphère socioculturelle et cinématographique québécoise est indéniablement liée, et de surcroît possible grâce aux événements de Stonewall (et par la suite à un degré différent, par l'adoption du *bill omnibus*), le lesbianisme, quoique influencé par ces événements historiques, emprunte une voie différente. En effet, l'éventuelle émergence d'une visibilité lesbienne (et d'un lesbianisme plus politique) au Québec est fortement rattachée à la vidéo et au féminisme, et plus particulièrement au féminisme militant américain des années 1960 et 1970 : « On ne peut donc nier que le féminisme a été une voie d'accès au lesbianisme et [au] lesbianisme politique en constituant un terrain favorable au re/devenir lesbien et à l'ajout d'une emphase politique à un vécu jusque-là séparé du politique[19]. » De 1969 à 1976, le rôle des lesbiennes au sein du mouvement féministe québécois est déterminant même s'il demeure peu visible. L'émergence de la visibilité lesbienne au sein du mouvement féministe deviendra plus manifeste et concrète de 1976 à 1982, une période qui propose une triade de manifestations culturelles[20] dont les répercussions ne seront pas à négliger. Parmi celles-ci, le documentaire *Some American Feminists* (*Quelques féministes américaines* en version française), tourné à New York en 1975 et 1976. Réalisé en 1978 par Nicole Brossard, Luce Guilbeault et Margaret Wescott, ce film produit par l'Office national du film du Canada met en scène, dans une série d'interviews et d'images d'archives, plusieurs sentiments et expériences de théoriciennes féministes (radicales), dont certaines affichent leur lesbianisme et leur apport au mouvement. Document historique et album de famille, le film témoigne des « rapports du mouvement féministe avec les mouvements pacifistes, les mouvements gais et ceux qui militent pour l'égalité raciale. Le film interroge aussi l'avenir du mouvement, les solutions possibles, la place des lesbiennes[21] ». Cette présence de féministes lesbiennes à l'écran, comme l'inclusion des réalités lesbiennes au sein du mouvement féministe, entraînera certainement une remise en question, voire une prise de conscience au sein de la communauté et des groupes féministes montréalais. La présence lesbienne n'est plus invisible, elle devient une réalité tangible, et les implications que sa présence (maintenant visible) soulève devront dorénavant être prises en compte au sein du mouvement féministe. À ce sujet,

Nicole Brossard se souvient que « le mouvement féministe lesbien se développait beaucoup, mais il y avait comme une fracture entre les féministes égalitaires et les lesbiennes radicales, comme si la seule voie était le féminisme radical. Donc il y avait des petits accrocs, mais il n'en reste pas moins qu'il y avait une solidarité qui se maintenait ». Si les occasions de critiques et d'affrontements idéologiques ne manquaient pas, souligne la coréalisatrice et écrivaine de renom, il n'en demeure pas moins que le mouvement continuait et que c'est dans cette optique que le documentaire s'inscrivait.

> Luce Guilbeault et moi, nous voulions faire ces entretiens-là parce qu'on désirait entendre des analyses féministes, on cherchait à parler à des femmes qui pouvaient nous expliquer le monde et un sentiment de nouvelle réalité fondée sur la conscience féministe. Je pense, bien sûr, à Kate Millett, Ti-Grace Atkinson, Margo Jefferson. […] Le film n'était pas dans l'anecdote, il posait des questions et il allait au cœur du sujet-femme en état de devenir et d'intégrité, en état de mémoire urgente et de vitalité[22]

Cela dit, le caractère descriptif du film et le manque de suivi des actions prônées par ces femmes furent critiqués, tout comme « les raisons de leur cheminement, le choix de leurs moyens d'action et les conséquences des luttes [qui] demeurent peu analysés[23] », soutient Louise Carrière. Si ce manque de théorisation « affaiblit vraisemblablement le document », selon l'auteure, par les questionnements proposés (les liens avec les Québécoises et le mouvement féministe), le film diffère pourtant des films de femmes de l'époque.

> À l'exception de *Some American Feminists*, les protagonistes des films de femmes n'ont aucun lien direct avec les mouvements féministes québécois. Jamais nous n'entendons parler du Centre des femmes, ni de la répression des lesbiennes, ni des batailles des femmes chefs de famille, ni de l'important travail de création littéraire et artistique. Seules les vidéos rendent compte de ces luttes, avec des Québécoises des années 1970, et font des liens avec le mouvement féministe[24]

Si la vidéo est certainement un médium de prédilection pour les lesbiennes, et d'autant plus pour le discours lesbien montréalais, l'influence de *Quelques féministes américaines* n'est pas à négliger. La contribution lesbienne (tant sur le plan de la conception du film que de son contenu), les enjeux lesbiens au sein du mouvement féministe, l'alliance du lesbianisme et du féminisme, puis leurs oppressions communes tendent à rendre visible le lesbianisme sur pellicule. Bref, *Quelques féministes américaines* est certainement le premier film lesbien québécois, un film post-Stonewall, un documentaire d'avant-garde où les lesbiennes sont conscientes de la nature politique de leur identité et de la portée des organisations politiques militantes, puisqu'il assume nombre d'enjeux consciemment évacués par d'autres films féministes québécois. Cela dit, il importe de souligner que la visibilité du lesbianisme reste ici impensable sans le parapluie féministe ; les lesbiennes interviewées dans le documentaire, même si elles mentionnent leur identité lesbienne, sont d'abord et avant tout associées au mouvement féministe, au discours plus large de la condition de la femme, et ensuite seulement à leur identité lesbienne. « Le fait que ce film soit notre seul film lesbien tend par la négative à confirmer un stéréotype plutôt malheureux : encore une fois les lesbiennes sont perçues littéralement comme des étrangères[25]. » À ce titre, les interventions de féministes et lesbiennes telles que l'auteure de *Rubyfruit Jungle* (1973) Rita Mae Brown, l'auteure de *Sexual Politics* (1970), Kate Millett, ou encore la théoricienne du féminisme radical et du lesbianisme politique Ti-Grace Atkinson sont plus que pertinentes, mais le fait qu'elles soient américaines fait ressortir l'invisibilité des lesbiennes québécoises. D'ailleurs, cette invisibilité du lesbianisme (voire sa possible visibilité ou existence uniquement par le féminisme) pose problème et souligne, au Québec, le besoin urgent de représentations lesbiennes à l'écran. Interrogée à savoir si, à l'époque, un tel film aurait pu être réalisé en donnant la parole à des féministes québécoises, Nicole Brossard s'exprime.

On s'est tournées vers les États-Unis parce qu'il y avait déjà une petite histoire de dix, douze ans de féminisme, parce qu'il y avait eu des livres marquants. Tout cela existait déjà et c'est ce qui nous a fait regarder du côté des États-Unis. Je dirais peut-être que oui, dix ans plus tard, on aurait pu faire le film avec des féministes québécoises, mais au moment où on fait le film, c'est-à-dire qu'on commence la recherche en 1973-1974, c'est vers les États-Unis qu'il fallait regarder, je crois[26].

Il semble nécessaire de revenir sur l'année 1976, période au cours de laquelle, entre autres en réaction à la « campagne de nettoyage préolympique », les lesbiennes francophones[27] s'organisent et fondent en février 1977 la Coop-Femmes[28]. Cette association se voulait un centre communautaire par et pour les lesbiennes, où ces dernières pouvaient parler avec fierté de leurs réalités, au contraire des réunions des collectifs féministes. Elle proposait une myriade d'activités à caractère social, dont la présentation régulière de vidéos produites par des lesbiennes. D'ailleurs, l'influence de la vidéo au cours des années 1970 n'est guère négligeable dans l'émancipation d'un discours féministe, alors que les vidéastes, regroupées dans des centres comme Vidéo-femmes ou le Groupe Intervention Vidéo, font l'apprentissage de ce nouveau médium accessible, explique Louise Carrière : « En moins de six ans, elles produisent plus de films que n'en produiront toutes les autres femmes cinéastes du Québec durant le même temps. *La Perle rare, Chaperons rouges, Partir pour la famille ?, Six femmes à leur place, Histoire des luttes féministes* demeurent des contributions importantes au cinéma-vidéo québécois[29]. »

Cela dit, à la manière de la série *En tant que femmes*, ces films traitent davantage de la lutte des femmes dans une société patriarcale[30] que du lesbianisme. En réaction à ce manque de représentations lesbiennes (existant pour elles-mêmes et non pas dans l'ombre du féminisme), certains films plus rarissimes réalisés par et pour des lesbiennes furent produits, dont *Amazones d'Hier, Lesbiennes d'Aujourd'hui*, produit en 1981 par Vidéo-Amazone et réalisé par quatre lesbiennes du collectif fondateur de la revue éponyme AHLA[31], soit Danielle Charest, Gin Bergeron, Louise Turcotte et Ariane Brunet. Afin de souligner l'importance des lieux de rencontre et des espaces publics pour les

lesbiennes de l'époque, notons que les membres de ce collectif se rencontrè-
rent à la Coop-Femmes quelques mois avant sa fermeture en novembre 1979.
Sous l'initiative de Danielle Charest, le projet documentaire prend forme en
avril 1979 et nécessite deux ans de travail. Il mettra en scène dix-huit lesbiennes
montréalaises francophones (incluant les membres du collectif) d'âges, de
classes sociales et de milieux différents, se définissant comme lesbiennes, avec
des positions politiques allant du féminisme au lesbianisme radical. Ces
femmes s'exprimaient sur leur vie personnelle et sur diverses thématiques :
le travail, les relations amoureuses, la sexualité, la conception du lesbianisme,
du féminisme, etc. Si le documentaire désirait fixer une époque sur bande
magnétique, il deviendra un outil de discussion sans pareil pour la communauté lesbienne montréalaise et québécoise, voire un instrument d'échange
entre les lesbiennes de culture francophone et anglophone au Québec et au
Canada, puis un lien entre les lesbiennes d'ici, des États-Unis et d'Europe.
Ainsi, les lesbiennes du Québec se feront connaître au-delà de leurs frontières
pour intégrer le circuit international d'une pensée politique lesbienne. Louise
Turcotte, une des cofondatrices du collectif, explique le caractère pionnier de
la vidéo de même que son contexte de diffusion particulier qui ne manquera
pas de créer une certaine polémique.

> Une première au Québec, le collectif Vidéo-Amazone avait décidé que
> le documentaire s'adresserait uniquement aux lesbiennes et dans cette
> optique en contrôlait la distribution. Une membre du collectif se char-
> geait donc de chaque projection, laquelle était toujours suivie d'une dis-
> cussion avec les spectatrices, l'objectif principal de la vidéo étant de
> favoriser les échanges de vues entre lesbiennes. En rétrospective, nous
> pouvons affirmer sans complaisance que ce but a été largement atteint[32].

L'objectif fut atteint non seulement parce que la vidéo en question fut distribuée un peu partout au Québec, au Canada, en Europe et aux États-Unis,
mais aussi parce qu'elle palliait un manque que le film *Quelques féministes*

américaines n'avait pas réussi à combler de façon significative, soit l'expression des réalités des lesbiennes francophones au Québec. *Amazones d'Hier, Lesbiennes d'Aujourd'hui* fut donc créé par et pour les lesbiennes ; pour favoriser les échanges entre lesbiennes et l'expression d'une communauté. Des femmes lesbiennes québécoises y prennent la parole et s'expriment, non pas dans l'ombre d'un discours féministe ou d'une identité codépendante du féminisme, mais bien sur une identité lesbienne existant pour elle-même. « J'éprouvais un besoin que la parole des lesbiennes soit nommée, parce que je nous trouvais tellement intéressantes, flyées et autonomes[33] », confie Gin Bergeron dans le documentaire *Amazones D'Hier, Lesbiennes d'Aujourd'hui : 40 ans plus tard* en 2022. Et pour cause, s'exprimer sur son orientation sexuelle inclut maints facteurs liés au féminisme, mais qui possèdent leur identité propre ; la lesbophobie, par exemple, conjugue sexisme et homophobie, un état de fait propre aux lesbiennes. Il y a également les diverses identités lesbiennes : culturelles, féministes, radicales, séparatistes. Soulignons le lesbianisme politique, voire le lesbianisme radical, duquel se réclame d'ailleurs le collectif AHLA, un acteur pionnier dans la foulée de l'émergence du mouvement lesbien international. « On est d'abord et avant tout des êtres sociaux, des êtres politiques et des êtres historiques, et ça a été, je pense, la ligne directrice de ce que *Amazones* a voulu faire », confie à son tour Louise Turcotte en 2022. « Si je veux reprendre un terme que [Monique] Wittig disait déjà en 79, pour moi, le lesbianisme est encore, en ce moment, la forme par laquelle les femmes peuvent vivre le plus librement [...] C'est ce qui m'a motivé toute ma vie et c'est ça qui va toujours me motiver[34]. » Un lesbianisme « lié intrinsèquement à la lutte de libération de la femme », ajoutera à son tour Ariane Brunet, lors de son témoignage quarante ans plus tard. D'ailleurs, cette critique radicale du sexisme, de la virilité et du familialisme, notamment, ne conduit guère à l'impasse, comme en conclut Pierre Vallières, puisque « cette critique, comme toutes celles qui l'ont précédée dans l'histoire, est prémonitoire. Elle annonce l'ouverture de nouveaux fronts, pionniers, à arpenter, à apprivoiser et à cultiver[35] ».

En ce qui a trait à la diffusion et aux thématiques abordées dans les années 1970, la vidéo devient donc un élément primordial de conscientisation et de valorisation de l'identité lesbienne, *a priori* plus efficace que le cinéma de l'époque. À ce sujet, la réflexion de Thomas Waugh est pertinente : « Je me demande si la vidéo ne deviendra pas un médium beaucoup plus important que le film pour le mouvement lesbien dans la mesure où la communauté lesbienne n'a pas accès au ghetto commercial prospère qui semble, malheureusement, être lié au public des films gais-mâles[36]. » Cette réflexion, exprimée dans les années 1980, semble tout à fait juste et même prémonitoire, puisque la vidéo au sein de la communauté lesbienne demeure un médium de prédilection pour produire des films à thématiques lesbiennes. Si nous pouvions évoquer nombre de réalisations du Réseau Vidé-Elle[37], dans les années 1970-1980, ou encore celles du Réseau des Lesbiennes du Québec dans les années 2000[38], il suffit de penser à la présence florissante du médium vidéographique au fil des ans et à son apport considérable à des festivals comme image+nation dès 1988[39]. Sans conteste, l'émergence d'une certaine visibilité du lesbianisme est redevable aux manifestations culturelles et artistiques. Si le cinéma documentaire et le médium vidéographique font office de pionniers, le cinéma de fiction sortira timidement du placard ses premières représentations lesbiennes dans les années 1980. Par conséquent, il semblerait juste d'émettre l'hypothèse que, au contraire d'autres médiums artistiques, le cinéma québécois de fiction a d'abord été influencé par les événements sociopolitiques et les autres médiums artistiques, plus qu'il n'a participé à une réelle visibilité lesbienne.

D'ailleurs, la première représentation « cinématographique » de la sexualité saphique s'affichera au petit écran dans le téléfilm *Arioso*, diffusé le 31 janvier 1982 sur les ondes de Radio-Canada, avant d'apparaître au cinéma dans les œuvres de Léa Pool, avec *La Femme de l'hôtel* (1984) et *Anne Trister* (1986). Diffusé dans le cadre des *Beaux Dimanches*, *Arioso*, réalisé par Jean Faucher, semble plutôt traduire la vision de la scénariste du téléfilm, l'auteure Louise Maheux-Forcier, puisqu'il semble proposer une continuité thématique de son

Photo 34
Affiche du film *La Femme de l'hôtel* de Léa Pool, 1984.

œuvre romanesque[40]. Ce constat souligne une tendance représentative des mentalités et idéologies sociales patriarcales ; si l'homosexualité masculine a émergé au cinéma des années 1960 à 1970, puis en est en 1980 à l'heure de l'information et de la démystification, le lesbianisme fait ses premières armes grâce au médium télévisuel, sous l'impulsion des revendications féministes de la décennie 1970. Quoi qu'il en soit, malgré les différences évolutives de l'homosexualité féminine et masculine dans la sphère sociale, leur représentation cinématographique a en commun, à l'aube des années 1980, de se dégager des luttes et discours collectifs propres aux années 1960 et 1970.

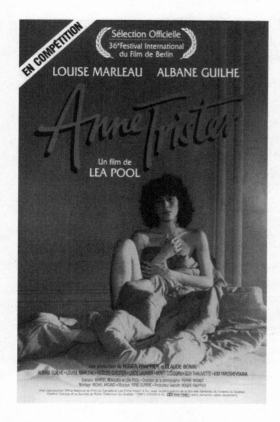

Photo 35
Affiche du film *Anne Trister*
de Léa Pool, 1986.

Privilégiant un univers plus personnel, intimiste, tourné vers les préoccupations individuelles, valeurs propres à la décennie 1980, puisque emblématiques
de l'échec référendaire sur la souveraineté, pouvait-on lire dans notre essai
sur le sujet publié dans *Cinematic Queerness*.

À la manière des années 1970, où le lesbianisme avait [du] mal à paraître
sans l'ombrelle du féminisme, les premières représentations cinématographiques du lesbianisme font davantage place à la féminité, par le biais
de l'écriture féminine, des non-dits et de la bisexualité pour expliquer

Photo 36
Une vision pionnière de l'amour entre femmes à la télévision québécoise.
Arioso, 1982.

leur existence. Si l'existence politique collective est difficile à forger et reste ambigüe, comme l'est la visibilité lesbienne dans la sphère publique, l'existence d'une identité lesbienne (cinématographique) propre l'est tout autant. D'ailleurs, cette ambiguïté du lesbianisme, c'est-à-dire le caractère davantage « flou » et laconique avec lequel il est représenté, est particulièrement frappante dans les premières représentations cinématographiques québécoises du lesbianisme, soit *La Femme de l'hôtel* (Pool, 1984) et *Anne Trister* (Pool, 1986)[41].

Au début des années 1980, plusieurs changements sociaux viennent freiner l'enthousiasme des années 1960 et 1970 au même titre que les luttes collectives si caractéristiques des décennies précédentes. Difficultés économiques, critiques envers l'État, échec du référendum de 1980 sur la souveraineté viendront, entre autres, miner les rêves et les illusions qui avaient autrefois soulevé les passions. « Le fait que le projet de Révolution tranquille se soit arrêté, en 1980, à la remise en question tranquille fait que même des lois apparemment immuables de la sociologie ont été mises en échec au Québec, soulignent les auteurs Marc Lesage et Francine Tardif, ou, pour reprendre le cardinal Léger, nous avons cessé d'être une chrétienté, mais dans bien des milieux nous sommes devenus un désert spirituel. Nous avons plus de peine que jamais à définir un "nous" qui nous décrive vraiment[42]. »

Ainsi, ce « nous » identitaire sera décentré et desserré, puis défini par rapport à la multiplicité des « je ». La définition du Québec, du Québécois et de son « pays » devra dorénavant suivre un mouvement d'ouverture sur la diversité sociale, économique, culturelle (et sexuelle), à l'opposé du repli défensif homogène « pure laine-hétérosexuel-patriarcal » sur notre langue et notre culture. C'est ainsi que des repositionnements seront exigés par tous les groupes sociaux, à commencer par les femmes, mais aussi par les minorités sexuelles et ethnoculturelles, et que la question de l'homogénéité de l'identité québécoise sera reprise par la perspective de l'hétérogénéité provenant de plusieurs horizons différents.[43] Cette remise en question du pays et de ses composantes identitaires « obligent à l'autoanalyse en même temps qu'à la traduction/compréhension d'une trajectoire individuelle par des référents historiques et sociaux[44] ». C'est en ce sens que la prédominance du « je », des préoccupations individualistes et l'hétérogénéité des identités sont abordées, car « l'hétérogène n'est pas l'amnésie, mais la transformation de l'identité en "mémoire critique et poétique"[45] ». Le cinéma de cette décennie post-référendaire sera donc emblématique de ces nouvelles idéologies, où l'écriture d'un nouveau cinéma « individualiste » aux préoccupations personnelles sera

prédominante et caractérisée à la fois par le reflet et par la mémoire de la société québécoise, ébranlée par un impétueux mouvement de quête identitaire.

On constate alors un recentrage vers des thématiques de trois ordres.
Premièrement, l'individu est placé au centre des préoccupations et sa so-
litude est présentée comme un trait marquant de la société québécoise.
Deuxièmement, la question identitaire éclate littéralement et se déplace
des questions nationales (l'indépendance) et des aspects liés aux classes
sociales (le socialisme) vers une pluralité de groupes : les femmes, les
marginaux, les immigrants, les autochtones, les jeunes et les personnes
âgées, les homosexuels, etc. Le cinéma québécois marque, à cet égard, le
passage d'une conception collective des droits à une représentation individualiste ou de groupes précis [...] Il souligne surtout l'émergence
d'un rapport nouveau à la question nationale[46].

Ce rapport nouveau, évoqué par Christian Poirier, voire cette réarticulation
de l'identité nationale et du sentiment d'appartenance, n'est guère étranger
à la pensée queer. Si « plusieurs mouvements sociaux ont fait de la politisation
des identités la base de leur existence », constate Diane Lamoureux, les inter-
rogations se sont d'abord « polarisées entre les essentialistes et les construc-
tivistes[47] ». Si les deux positions ont pour terrain commun « l'existence d'un
système d'oppression qu'il importe de combattre », l'auteure cite les études
de Michel Foucault sur la sexualité et son histoire datant des années 1976 et
1984, au même titre que les premiers textes de Judith Butler des années 1990
sur la fluidité des identités dans le contexte de la postmodernité, comme des
éléments qui viendront modifier les termes du débat, pour ainsi « donner
naissance à la pensée queer qui récuse le fixisme identitaire, sans toutefois nécessairement renoncer à l'identité[48] ». Ainsi, l'identité jadis immuable de la
question nationale, au même titre que celle de la diversité sexuelle et de genre,
sera lentement appelée à changer. Il faut délimiter autrement les indicibles

frontières, fluctuant selon l'imagination politique. Dans son essai *Y a-t-il un sujet-nation queer ?*, Robert Schwartzwald remet en question le discours sur la « nationalité queer » qui émerge aux États-Unis dans les années 1990. Annexées à la théorie queer, les conséquences sur « sa capacité de repenser la construction des subjectivités[49] » sont importantes, note l'auteur, concluant, en ce sens, que le queer « joue un rôle primordial dans la remise en cause des systèmes identitaires binaires, ainsi que les apories qu'ils engendrent, dans la théorie et dans la praxis sociales[50] ». D'ailleurs, dans son essai *Le « je » et le « nous ». Heurs et malheurs du concept d'identité*, Paul-André Perron se penche sur cette praxis, affirmant que, « dans l'ordre politique, la diversité des identités, au fond, n'est rien d'autre que l'expression de la diversité des luttes qu'on choisit de mener et des buts qu'on choisit de poursuivre[51] ». Ainsi, au lieu d'un sujet qui intervient dans l'histoire, d'individus qui agissent pour actualiser une identité collective « peut-être nous trouvons-nous devant le fait que c'est la dynamique du mouvement en elle-même qui crée l'identité et la définit[52] », s'interroge l'auteur. Enfin, « on pourrait ajouter que le lien du "je" au "nous", en dernier ressort, n'a pas d'autre fondement que la volonté qui conduit au choix délibéré de prendre la parole dans l'espace public en s'associant à un mouvement ou à une cause déterminée[53] », ce qui a du sens tant pour l'identité national(ist)e qu'(homo)sexuelle.

S'il y a plus de cinquante ans, les gais et les lesbiennes tardaient à émerger sur celluloïd, puisque résolument tenus dans le placard, voire à l'invisibilité dans la sphère sociale et politique, depuis les mouvements de libérations gais et lesbiens, ils et elles ont pris leur place dans l'espace social québécois et ont revendiqué leurs droits et leur égalité. Une plus grande acceptation de cette sexualité marginale dans l'espace public, propulsée par divers événements sociopolitiques et économiques, a donné lieu à une plus grande visibilité des gais et lesbiennes dans la sphère culturelle et cinématographique. Puis la pensée *queer*, qui « interrogeait autant les "certitudes" des mouvements féministes que celles des mouvements gais et lesbiens[54] » donnera lieu à une pratique et à une visibilité autres sur pellicule. Par exemple, au début des années 1990, ce qui sera caractérisé comme le mouvement du New Queer Cinema[55] émerge dans le milieu cinématographique. Au Québec, dans les années 1990, plusieurs représentations de l'homosexualité font leur apparition au grand écran ; mentionnons *Being at Home with Claude* (1992) de Jean Beaudin, *Les Feluettes* (1996) de John Greyson ou encore *Le Sexe des étoiles* (1993) de Paule Baillargeon, qui abordera les enjeux de l'homoparentalité et de la transsexualité. Ces manifestations sont d'ailleurs, jusqu'à un certain point, redevables à *Il était une fois dans l'Est*... Certaines œuvres traiteront aussi l'homosexualité en trame de fond (*Le Confessionnal*, 1995, de Robert Lepage), alors que d'autres comme *J'en suis* (1997) de Claude Fournier[56] s'en tiendront aux stéréotypes habituels associés aux gais dans la comédie. Vers la fin des années 1990, Léa Pool réalisera *Emporte-moi* (1999) qui proposera une lecture de l'homosexualité féminine à travers des thèmes chers à la réalisatrice, soit la quête identitaire et sexuelle.

Puis, à l'aube du nouveau millénaire, plusieurs lois sont adoptées, notamment en 2002 avec l'instauration de l'union civile entre conjoints de même sexe, suivie deux ans plus tard de la légalisation du mariage entre conjoints de même sexe au Québec[57]. Même si l'homophobie et l'occultation n'ont pas disparu pour autant[58], les mentalités et les idéologies ont quelque peu évolué au cours des dernières années. Dès le début du nouveau millénaire, l'homosexualité et le lesbianisme deviennent de plus en plus visibles dans le cinéma d'auteur et dans la fiction commerciale ; de l'exploration du lesbianisme dans *Lost & Delirious* (2001, Léa Pool), de l'homosexualité dans la comédie à l'italienne *Mambo Italiano* (2003, Émile Gaudreault), les visions amnésiques de *Saved by the Belles* (2003, Ziad Touma) et *Amnesia – The James Brighton Enigma* (2005, Denis Langlois), ou encore le triomphe commercial retentissant de c.r.a.z.y. (2005, Jean-Marc Vallée). Le succès d'un film comme c.r.a.z.y. repose non seulement sur l'écho à la nation québécoise, mais aussi sur le réalisme et le positivisme liés à la question homosexuelle. Le film se dégage des représentations laconiques de l'homosexualité, des décennies précédentes et

des stéréotypes sociaux véhiculés, tels que les grandes folles, les bouffons vaudevillesques, les vilains pervers (pédophiles) et les antihéros dépressifs qui
doivent mourir, puisque « anormaux ». Dans ce contexte, l'importance de fa-
ciliter l'accès à des modèles positifs est d'autant plus évidente, puisque « c'est
par cet intermédiaire que l'on offre aux populations concernées, qu'elles soient
homosexuelles ou hétérosexuelles, des outils leur permettant d'évoluer har-
monieusement pour comprendre leur propre réalité ainsi que celle des autres[59] ». Par conséquent, la force de c.r.a.z.y. comme le caractère pionnier
de l'œuvre résident également dans le fait que le film a su présenter au public
une vision moins fataliste ou moralisatrice de l'homosexualité que ce que
nous avions l'habitude de voir à l'écran lors des décennies précédentes. Jean-
Marc Vallée aborde les enjeux liés à l'homosexualité en mettant en scène un
jeune adolescent non stéréotypé, en quête identitaire et sexuelle, qui éprouve
des moments difficiles, certes, mais où l'espoir vient poindre à la fin du film.
Une telle diégèse, comme la valorisation d'un modèle positif auquel le spectateur peut s'identifier, est une stratégie importante pour démystifier les clichés sociaux et contrer l'homophobie.

Nous pourrions longuement analyser de telles représentations, selon le fait
qu'elles contribuent ou non à renforcer certains stéréotypes, ou qu'elles offrent
des représentations nouvelles des enjeux LGBT, ce qui constituerait une étude
de la « post-émergence » de l'homosexualité dans le cinéma québécois de fiction. Il est nécessaire de constater que le nombre croissant de telles représentations récentes de l'homosexualité au cinéma et leur consommation
participent à une culture du visible, ce qui est, disons-le, la véritable clé de la
politique identitaire. Si certains jugeront que le prix est trop cher payé (stéréotypes, clichés) pour retrouver des homosexuels et des lesbiennes dans le cinéma de fiction plus commercial, cette émergence de la culture du visible vient
aussi permettre à certains films d'auteur gais, mais également à certaines téléséries et à plusieurs thématiques et représentations LGBTQ+ d'émerger au cours
du XXIe siècle. À l'aube des années 2000, *Le Cœur découvert* (2003) et *Cover
Girl* (2005) sont de bons exemples de téléséries québécoises[60] qui mettent au

premier plan des personnages LGBTQ+. Produits d'une société plus ouverte sur la différence, et d'une influence certaine des pionniers (Jutra, Pool) du cinéma québécois, de jeunes cinéastes tels que Xavier Dolan (*J'ai tué ma mère*, *Laurence Anyways*) et Chloé Robichaud (*Sarah préfère la course*) offriront des histoires qui mettent de l'avant la représentation de personnages LGBTQ+ et les enjeux qui leur sont propres.

« Je me souviens »… de quoi ?

On ne peut effectuer ce devoir de mémoire, ni même retracer l'influence de pionniers québécois tels que Jutra et Tremblay-Brassard dans le cinéma homosexuel, sans comprendre, ou du moins se souvenir, d'où ils viennent. Demandez à bon nombre de Québécois ce que signifie la devise « Je me souviens ». Il est fort probable que la plupart d'entre eux émettent des hypothèses floues et ne se « souviennent pas » de la provenance de cette devise, bien qu'elle figure sur toutes les plaques d'immatriculation de tous les véhicules de la province depuis 1978. Selon les historiens, il faut remonter à 1883, alors que l'architecte Eugène-Étienne Taché fait graver *Je me souviens* au-dessus de la porte principale de l'hôtel du Parlement à Québec. Cette inscription se trouve juste en dessous du blason du Québec, aux côtés des statues de Montcalm et de Wolfe qui complètent la façade de l'entrée principale. Bien que les autorités l'adoptent plusieurs décennies durant, ce n'est qu'en 1939 que cette devise est officiellement inscrite sur les armoiries du Québec. À l'époque de son inscription, Eugène-Étienne Taché n'a pas fourni d'explication exhaustive sur la signification de la formule elle-même, mais dans une lettre adressée au sous-ministre des Travaux publics en 1883, il disait vouloir évoquer « l'ensemble des souvenirs[61] » avec la décoration de la façade de l'hôtel du Parlement. On comprend sommairement que Taché désirait commémorer, à la manière d'un panthéon, la mémoire des héros de l'histoire du Québec, qu'ils soient militaires, explorateurs, autochtones, administrateurs du Régime français ou anglais. Un peu plus d'une décennie plus tard, un discours prononcé par l'historien Thomas Chapais, en 1895, l'interprète de la sorte : « [...] la province de Québec a une devise dont elle est fière et qu'elle aime à graver au fronton de ses monuments et de ses palais. Cette devise n'a que trois mots : "Je me souviens" ; mais ces trois mots, dans leur simple laconisme, valent le plus éloquent discours. Oui, nous nous souvenons. Nous nous souvenons du passé et de ses leçons, du passé et de ses malheurs, du passé et de ses gloires[62]. »

Ce laconisme évoqué par Chapais est d'ailleurs révélateur du savoir du Québécois moyen au sujet de son passé historique. Nous avons tous des cours d'histoire à l'école. Certes, ils comportent souvent d'importantes omissions, notamment sur l'assimilation, comprendre ici le « génocide culturel »[63], des populations autochtones du Canada aux XIXe et XXe siècles. Et comme la mémoire est une faculté qui oublie, nous nous souvenons généralement des révolutions (pour ne pas dire « tranquilles ») qui sont plus près de nos préoccupations. Ainsi, en 1978, le gouvernement péquiste décide de remplacer le slogan touristique « la Belle Province » par la devise « Je me souviens » sur les plaques d'immatriculation. Une décision rapide devait être prise ; dans une réunion de députés, la ministre Lise Payette propose de rappeler la devise du Québec : « Je me souviens ». Sa suggestion est aussitôt adoptée[64]. N'est-ce pas un slogan plus approprié à une belle province aspirant devenir un pays ?

En 1976, le Parti québécois, favorable à la souveraineté du Québec, était porté au pouvoir. Deux ans plus tard, la phrase *Je me souviens* était inscrite sur les plaques d'immatriculation de la Belle Province. Il en est résulté une controverse qui dure toujours. Les uns attribuèrent à cette devise une connotation revancharde, les autres y virent un éloge de l'administration anglaise ; ils ajoutaient foi à une opinion selon laquelle la phrase complète d'où a été tiré le *Je me souviens*, était : « Je me souviens que né sous le lys, je croîs sous la rose[65]. »

À n'en point douter, depuis, les interprétations divergent et s'emballent. Néanmoins, attribuer un message purement nationaliste à « Je me souviens », même s'il est remis au goût du jour par le Parti québécois alors porté au pouvoir, serait d'ailleurs quelque peu réducteur du devoir de mémoire amorcé par Taché. Lise Payette affirmera pour sa part que, « pour un parti politique nouvellement élu, cette devise pouvait simplement l'inviter à se rappeler les promesses faites[66] »... Jetons de l'huile sur le feu : incluait-elle aussi les promesses de souveraineté de son parti ?

Au final, lorsque le Québécois moyen est coincé dans les embouteillages sur le pont Jacques-Cartier ou Samuel-De Champlain, sur le boulevard De Maisonneuve ou les rues Montcalm et Wolfe (ou tout autre lieu référant aux figures illustres de l'histoire québécoise), il respectera probablement les intentions d'Eugène-Étienne Taché, car, en somme, comme le conclut l'historien Gaston Deschênes :

> La devise du Québec est ouverte et ne comporte pas de jugement de valeur (contrairement à l'autre devise où plusieurs ont vu les bienfaits de la Conquête). C'est une invitation à se souvenir que chacun peut interpréter à sa guise en toute liberté, ou, comme l'écrivait récemment le journaliste Antoine Robitaille, « une forte apologie de la mémoire qui se maintient au cœur de l'espace public ».[67]

Cet éloge de la mémoire d'un peuple se transmet nécessairement par l'art, dans l'espace public. Au même titre que les autres médiums, le cinéma y participe. Le cinéma est un fascinant outil pour éveiller la mémoire collective. Pour ce faire, encore faut-il que le créateur connaisse son histoire, tant cinématographique que sociale. Lorsqu'on est professeure de cinéma au collégial, cela peut entraîner plusieurs façons de faire et mener à plusieurs enseignements. Par exemple, notre cours de cinéma québécois commence par l'accroche suivante, empruntée à l'archiduc d'Autriche Otto de Habsbourg : « Celui qui ne sait pas d'où il vient ne peut savoir où il va[68]. » « Moé, ch't'un

Canadien québécois. Un Français canadien-français. Un Américain, du Nord français. Un francophone québécois, canadien. Un Québécois d'expression canadienne-française[69] », disait le personnage culte Elvis Gratton[70] dans un joual prononcé. Dans tous les cas, leurs dires évoquent « Je me souviens », à l'image du discours explicatif prononcé par Thomas Chapais en 1895. Bien sûr, on se souvient de ce qu'on nous enseigne et de ce que l'on voit, d'où l'importance d'enseigner notre histoire et de diffuser le cinéma québécois... L'étude du cinéma de fiction devient non seulement un miroir social fort pertinent pour découvrir les grands moments de l'histoire québécoise, mais elle permet aussi la création d'un imaginaire collectif propre à une culture québécoise. Bref, on ne réinvente pas la roue et on ne réécrit pas l'histoire (tant cinématographique que sociale). Néanmoins, lorsqu'il connaît l'histoire et le fonctionnement de cette fameuse roue, le créateur peut participer à l'affranchissement de l'imaginaire collectif.

C'est ainsi que la devise « Je me souviens » entre en jeu. Elle intègre des notions collectives, à travers le souvenir historique, tout en positionnant l'individualité (le « je ») au centre de la question. C'est alors que la jeune génération s'assied à la table avec le dessein de tout créateur : raconter son individualité, ses perceptions et ses histoires, et peut-être « entrer dans l'histoire ». D'ailleurs, au grand écran, l'histoire du Québécois moyen – lire le Canadien français né pour un p'tit pain – a d'abord été écrite par les autres. Rappelons que les premières images tournées au Québec l'ont été par des étrangers. Des projectionnistes itinérants d'origine française ou américaine, ainsi que des opérateurs mandatés par les firmes Edison et Lumière, sont à la source du cinéma québécois. Ainsi, lorsque le Canadien français désormais « devenu » Québécois prendra la caméra, il semble tout naturel que la question nationale s'émancipe et s'amplifie, puis trouve sa voie-voix : celle d'une parole libérée. La question nationale traverse les politiques et les époques, et semble finalement toucher tant à l'individuel qu'au collectif, tant au « je » qu'au « nous ». C'est sans oublier qu'une des caractéristiques de l'imaginaire social demeure sa capacité à fabuler, à se raconter des histoires. « Ainsi, la fiction, cette capacité à fabuler, est un révélateur des idées reçues. La certitude, par exemple, qu'être Québécois [*sic*], c'est *être* quelque chose d'unique sans que l'on puisse statuer sur la dynamique de cette différence[71]. » Certes, au moment de l'élaboration de cette identité émanent du discours artistique nombre de contradictions découlant des idées reçues et de la subjectivité. Cela permet non seulement à la fabulation de s'exercer, mais à une réflexion sur l'autre, sur l'étranger, d'émerger sur ce qu'il peut représenter de menaçant, certes, et sur ce qu'il peut apporter au développement identitaire et discursif : « Mais peut-être en arrivons-nous à une époque où l'énonciation de cette altérité peut devenir parole commune, accepter le principe d'une identité québécoise qui serait acquisition, création[72]. »

Dans notre analyse d'*À tout prendre* et *Il était une fois dans l'Est*, la métaphore de l'homosexualité a été maintes fois évoquée comme illustrant la quête identitaire québécoise en lien avec la cause nationaliste. Si, à l'aube du nouveau millénaire, les questions nationales semblent celles d'une autre époque, il n'en demeure pas moins que nombre de films continuent d'être hantés par la devise latente « Je me souviens »… Mentionnons brièvement, *Amnesia - The James Brighton Enigma* (2005, Denis Langlois), basé sur un fait vécu, où le souvenir de l'homosexualité du personnage principal constitue la seule certitude ; cet Américain amnésique retrouvé nu et inconscient dans le Vieux-Montréal ne se souvient guère de son histoire, d'où il vient, mais uniquement de son ressenti lié à son orientation sexuelle. Cette amnésie vient renforcer l'individualité ; un ressenti profond dénué de toute empreinte collective.

Pour sa part, *c.r.a.z.y.*, réalisé par Jean-Marc Vallée en 2005, fait l'éloge de la mémoire collective en proposant la puissance de « Je me souviens » au sein de sa trame narrative qui, au final, se concentre sur la découverte identitaire de Zac, voire sur la découverte et l'acceptation de son orientation homosexuelle à l'adolescence dans les années 1970. Ce film qui a connu un succès critique et populaire demeure certainement un des meilleurs exemples du début du millénaire en ce qui concerne le collectif versus l'individuel, la question nationale et la représentation de l'homosexualité. Le film se positionne pratiquement comme le testament d'*À tout prendre*, où Zac semble évoquer

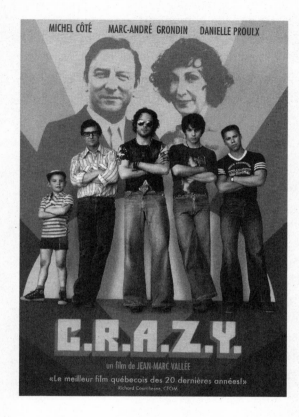

Photo 37
Affiche du film *C.R.A.Z.Y.* de
Jean-Marc Vallée, 2005.

la révolte identitaire de Claude. Si les deux jeunes hommes ont peu en commun, *a priori*, il n'en reste pas moins qu'ils sont tous deux narrateurs de leur
histoire, cherchant à exprimer leur « je », des marginaux s'interrogeant sur
leur identité culturelle et sexuelle. Pour comprendre que l'orientation
(homo)sexuelle est un point d'ancrage très puissant, il suffit de mettre les
pieds dans un bar gai et lesbien, par exemple, pour constater la diversité de la
clientèle (âge, classe sociale, politique, ethnique, etc.)[73]. Ainsi, Claude et Zac,
malgré leurs différences indéniables, ont ce fondamental point commun de
devoir tous deux conjuguer leur ressenti intérieur et leur vécu social pour

trouver et vivre leur identité homosexuelle. Nous pourrions argumenter que l'exploration identitaire de Zac est un prolongement de celle de Claude, dans la mesure où elle s'effectue sur plusieurs décennies. De la difficile découverte de l'orientation sexuelle, en passant par la révolte des années 1970, pour finir dans cette ère de deuil post-référendaire, de reconstruction et d'acceptation identitaire, comment situer homosexualité et discours nationalistes à l'aube du nouveau millénaire ? Dans le cas de C.R.A.Z.Y., c'est en étant fidèle à la forme allégorique qu'il évoque l'atmosphère du Québec des années 1960-1970, explique Robert Schwartzwald, sans pour autant « mettre au premier plan les événements politiques dramatiques ayant eu cours durant ces décennies. En fait, c'est fascinant de voir comment Vallée les exclut scrupuleusement. Loin d'être habité par l'affrontement et le conflit social, le film semble déterminé à créer une expérience affective partagée d'un espace-temps harmonieux », explique l'auteur, tout en citant Chantal Nadeau qui mentionne que « C.R.A.Z.Y. rend atemporel le "nous" de la province de Québec, et cette atemporalité est constitutive de la force même de son discours inclusif[74] ». Est-ce que le modèle proposé ici, une histoire sur le passage à l'âge adulte, soit l'étude de la sexualité à l'adolescence, pourrait nous révéler une réalité quelque peu différente des grands schémas de représentation qui ont imprégné si fortement notre mémoire collective ? Par exemple, dans *À tout prendre* et *Il était une fois dans l'Est*, c'étaient les personnes homosexuelles d'avant la libération gaie qui guidaient ou, du moins, qui reflétaient la quête identitaire du Québécois et son émergence. Quant à C.R.A.Z.Y., la découverte de l'identité sexuelle s'y déroule après la libération gaie et au moment où le Canadien français devenu Québécois tente de s'affirmer. De cette période d'effervescence, Zac demeurera néanmoins dans l'exploration, et non dans l'affirmation. Cette période plus affirmative (à ne pas confondre avec la révolte) auprès de son père n'arrivera qu'après que le Québec aura affirmé son choix de rester au sein du Canada. Zac fera donc son *coming out* en étant informé de sa « marginalité ». Au final, malgré l'incompréhension de son père, l'intimidation de ses frères, la violence de sa découverte identitaire, il parviendra à embrasser son identité. À la manière du Québécois qui constate violemment que ses rêves nationalistes prennent fin, il assumera son identité plus tard, après des périodes de confusion et de désillusion, voire d'exil, après être allé voir l'ailleurs et l'autre, à l'étranger. Qui plus est, tel le Québec au sein du Canada, l'épilogue, avec la réconciliation entre Zac et son père, démontre les compromis ; Zac devient un « gai intégré » et son père une « terre d'accueil », même si « jamais depuis on ne s'est parlé de nos différences », dit Zac lors des dernières paroles du film. Bref, comme le Québec au sein du Canada, on reconnaît son caractère distinct même si on ne veut guère discuter frontalement des différences. D'ailleurs, « que le personnage de l'homosexuel et que l'itinéraire de sa métamorphose –du fifi/tapette traditionnel au gai moderne – puisse ainsi servir de "parabole" de la société québécoise et de son évolution ne saurait guère étonner », explique Guy Ménard dans sa lecture de l'homosexualité au sein de la culture québécoise, « dans la mesure où les "quêtes" d'affirmation et d'identité de l'une et l'autre réalité, largement concomitantes, pouvaient sans doute difficilement manquer de se manifester sous des figures proches et à maints égards analogues[75] ». Si l'association hypothétique proposée entre l'évolution de l'identité homosexuelle de Zac et celle du Québécois des années 1980 paraît *a priori* désinvolte, elle nous semble néanmoins pertinente en lien avec les discours de l'époque qui mettent de l'avant l'hétérogénéité des identités (femmes, immigrants, autre culture, etc.[76]) pour « redéfinir » le Québec, « comme si, en fait, la culture québécoise était de nouveau traversée par la "tentation" d'avoir recours à l'autre pour se "définir elle-même[77] ». Ainsi, la question de la diversité des orientations sexuelles n'y échappe pas, puisqu'en « opposition » à la masse homogène hétérosexuelle. D'ailleurs, « la constitution de l'identité québécoise ne cesse pas de se poser, sous prétexte que l'urbanisation, le dialogue interculturel deviennent des facteurs dominants[78] ». Évidemment, cette myriade d'identités est sans doute caractéristique de l'idéologie postmoderne où l'hybridation identitaire et les diverses réalités LGBTQI2+ sont exposées. On ne peut donc évincer du discours la conjoncture politique et sociale du Québec en lien avec l'identité homosexuelle, même si l'homosexualité demeure, à trop d'égards encore, ce concept désespérément « fourre-tout[79] », comme le souligne Guy Ménard dans son essai *Du berdache au Berdache : lectures de l'homosexualité dans la culture québécoise*. Ce dernier remet en question la réarticulation et la pratique de ceux ayant largement contribué à l'affirmation du « pari d'affinités » entre question nationale et libération gaie, concluant qu'« on pourrait vraisemblablement faire ici l'hypothèse d'une sorte de deuil, et chercher à voir comment se vit ce deuil, dans quelles directions il s'exprime[80] ». Si C.R.A.Z.Y. met de l'avant un « nous » plus tolérant, avec l'intégration de positions dites marginales au sein de la cinématographie québécoise, ce « nous » demeure le même que celui ayant dominé l'imaginaire québécois des années 1960 et 1970. En d'autres termes, bien que le film embrasse la marginalité de Zac et situe l'identité homosexuelle comme partie prenante d'un « nous », il met de l'avant une représentation « ethnique » homogène et non hétérogène. Dans son essai *Mouvements homosexuels et hétérodoxie sociale*, Pierre Vallières, auteur du célèbre ouvrage *Nègres blancs d'Amérique* publié en 1968 aux Éditions Parti pris, développe sa réflexion sur le rapport entre la masculinité et l'hétérodoxie. Il y place les mouvements homosexuels parmi ces « lieux alternatifs » générateurs de « pratiques émancipatoires de rupture », puisqu'ils viennent « subvertir les certitudes acquises », soulignant « l'importance actuelle de l'homosexualité ouvertement revendiquée et assumée comme facteur déterminant, au même titre que le féminisme, de l'émergence d'une image nouvelle de la masculinité[81] ». Néanmoins, si les lois, au même titre que les autorités médicales et religieuses, ont contribuées à décriminaliser et déculpabiliser l'homosexualité, « l'homophobie dominante de nos États patriarcaux réussit toujours à faire croire que l'autonomie péniblement reconquise par les homosexuels et les lesbiennes, et qui se manifeste par le développement dans la société de pratiques sexuelles et culturelles alternatives, n'intéresse que les groupes marginalisés qui se seraient eux-mêmes exclus de la socialité "normale" par incapacité génitale, voire même [sic] perversité malfaisante[82] ». Néanmoins, l'auteur ne désespère pas de voir « la majorité encore machiste des hommes renoncer à l'arbitraire de leurs comportements sociaux, de leurs institutions, de leurs systèmes de pensée, bref de leurs pouvoirs actuels, pour se joindre aux féministes et à ce qu'ils nomment pudiquement les "minorités sex-uelles"[83] ». Avec tout un courant socioculturel et politique contemporain, Vallières, dans l'essai *Vers un Québec post-nationaliste,* réitère son espoir d'une « imagination sociale créatrice » capable de « triompher des impasses poli-tiques » et des « blocages sociaux » actuels, en grande partie redevables à un nationalisme devenu « réactionnaire[84] ». « Je préfère être de ceux qui ressentent l'écroulement des vieux mythes comme une *libération* »[85], conclut-il. Une dissociation « très nette », conclut à son tour Guy Ménard, de la libération homosexuelle et du rêve d'indépendance du Québec qui s'en trouve « jeté aux poubelles », voire au « placard de l'histoire[86] ».

À un niveau plus symbolique et mythique, il est assurément tentant de continuer à entrevoir là une certaine mission d'avant-garde toujours confiée à la « libération homosexuelle » : elle ne serait pas sans analogie avec celle qu'on pouvait déceler à propos des personnages homosexuels de Tremblay et de leur métamorphose, présentés comme guidant l'émer-gence d'une « société à changer »[87].

Alors que nous constatons la désillusion identitaire et la précarité de l'iden-tité québécoise après l'échec référendaire, la réponse à l'affaissement des mythes collectifs passe par des solutions plurielles, voire des identités hété-rogènes. En remettant en question la tentation du *séparatisme sexuel,* sans pour autant nier l'ambiguïté chez les militants plus radicaux, Vallières abonde dans le même sens : « Aux conceptions volontaristes et partiales de la trans-formation radicale de la société, ne conviendrait-il pas de substituer l'expé-rimentation plurielle de nouvelles solidarités[88] ? » Ainsi, il serait difficile de ne pas voir l'affirmation homosexuelle « comme l'un de ces lieux de cristal-lisations identitaires dans une culture émiettée[89] ».

L'Est de Tremblay

À n'en point douter, l'Est décrit par Tremblay est un lieu fécond de « cristallisation identitaire », malgré la disparité de la faune culturelle des années 1970. Et dans ce coin de la métropole filmée par Brassard, les personnages homosexuels de Tremblay et leur métamorphose sont effectivement présentés comme guidant l'émergence d'une « société à changer », pour reprendre les propos de Guy Ménard. Tranquillement, le Québécois sera appelé à changer ... Si le cinéma québécois est nécessairement sensible au contexte social, économique et politique qui l'entoure, inversement, nous avançons l'hypothèse que certains films, par la création d'imaginaires filmiques propres, seraient précurseurs d'idéologies sociales. Si ces corrélations semblent jusqu'à un certain point simplifier à l'extrême les relations d'influences sociales sur la culture, gardons à l'esprit que ces relations ne sont pas directes, mais filtrées en fonction de l'individualité du créateur, de ses désirs, de son milieu, de ses valeurs. Dans le cas de l'Est de Tremblay, nous pouvons certainement établir une corrélation entre la vie politique et la vie culturelle québécoise, puisque la politique, l'économie et la culture ne sont pas des entités indépendantes. D'ailleurs, selon Marcel Rioux, les relations d'interdépendance sont tangibles, et les analystes et les théoriciens doivent se préoccuper des relations existantes entre ces entités. De plus, l'effet de la politique et de l'économie sur la culture prédomine sur la relation inverse[90]. *Il était une fois dans l'Est* illustre la diglossie des Canadiens français au sein du Canada, et plus précisément la situation linguistique des Québécois francophones à Montréal, qui leur concède un statut hiérarchiquement différent du fait de leur situation socio-économique et politique. Si, par son titre, *Il était une fois dans l'Est* propose une dichotomie avec l'Ouest cinématographique, voire avec nos voisins du sud qui dominent économiquement la production cinématographique, il expose du même fait la réalité sociopolitique et économique des deux solitudes montréalaises. Ces dernières sont géographiquement exacerbées et scindées par la *Main*, le boulevard Saint-Laurent, qui divise l'Est francophone de l'Ouest anglophone.

Cette division, lire opposition, fut longtemps marquée par les facteurs socio-économiques vécus par les francophones versus les anglophones, ce qui alimentera longuement les dissensions politiques et les questions liées à la souveraineté. D'ailleurs, dans son essai intitulé *Le Voleur de parcours : identité et cosmopolitisme dans la littérature québécoise contemporaine*, Simon Harel cite deux auteurs montréalais notoires – l'anglophone Mordecai Richler et le francophone Michel Tremblay – provenant des « deux solitudes », illustrant à leur manière la dichotomie de la *Main* comme un lieu de passage, un « point de convergence provisoire des mondes immigrants où les nouveaux venus rêvent de défaire enfin leurs valises, puis de partir vers la banlieue montréalaise afin de se confondre avec le semblable ; ou encore dédale du red light [*sic*], là où la ville trouve son aboutissement dans ce terminus criard des déchéances et des perditions[91] ». Dans un cas comme dans l'autre, quitter la *Main* revient à s'affranchir, puisque le boulevard Saint-Laurent incarne un centre dont il faut paradoxalement s'éloigner[92]. Néanmoins, la *Main* a toujours permis ce « recommencement de l'arrivée en ville », comme « la rencontre du grand large montréalais[93] », c'est-à-dire la rencontre de l'autre, de l'étranger, qu'il soit immigrant ou en exil. Peu importe d'où il vient, il « arrive en ville », car *Demain matin, Montréal m'attend*, question de citer la pièce éponyme de Michel Tremblay et François Dompierre, mise en scène par André Brassard en 1970. Si on ne peut nier le paradoxe apparent de cette artère dans l'économie symbolique montréalaise, comme le souligne Simon Harel, « le boulevard Saint-Laurent ne représente-t-il pas dans l'imaginaire montréalais le désir sans cesse rejoué d'une mise en scène de la différence[94] » ?

Si le boulevard Saint-Laurent fut jadis révélateur des potentialités urbaines et de ses différences, il « possède toujours cette fonction de pointer l'hétérogénéité culturelle[95] ». D'ailleurs, « cette influence de l'économie et de la politique sur la culture serait d'autant plus marquée en période de changements fondamentaux rapides[96] », explique Renée Gagnon. À la suite de l'échec post-référendaire, nous verrons peu à peu disparaître ces « frontières » ou, du moins, l'atténuation des cicatrices se fera au passage des décennies et avec l'avènement des nouvelles générations, de l'immigration, de la mondialisation, etc. Cela dit, malgré quelques périodes d'amnésie, le Québécois moyen « se souviendra » du Canadien français. « La société québécoise offre une illustration exemplaire de l'influence de la politique et de l'économie sur la culture[, et] si le paysage politique influence la production cinématographique québécoise, il est probable que la question nationale, objet principal des débats politiques de 1960 à 1980, occupe une place privilégiée dans le cinéma québécois[97]. » Ainsi, de nombreux créateurs dans les années 1990 reviendront sur la question nationale dans des « films gais » ou par des représentations homosexuelles. L'exploration de cette sexualité marginale serait-elle, au final, un thème marginal pour un cinéma national qui est, après tout, lui-même marginal[98] ?

Jusqu'à un certain point, cette œuvre pionnière qu'est *Il était une fois dans l'Est*, présentant sur pellicule l'anthologie d'un grand dramaturge québécois, viendra mettre la table pour nombre d'œuvres théâtrales adaptées pour le cinéma et explorant des thématiques homosexuelles. Dans les années 1990, des adaptations marquantes auront cours ; mentionnons le drame policier *Being at Home with Claude* (1992, Jean Beaudin), adapté de la pièce éponyme de René-Daniel Dubois, où derrière le simple fait divers se cachent une quête identitaire, un questionnement intérieur. On ne peut passer sous silence *Lilies* (1996, de John Greyson), adaptation de la pièce *Les Feluettes* du dramaturge Michel Marc Bouchard, qui plonge le spectateur au cœur d'une habile mise en abyme, avec la présentation d'une mise en scène théâtrale, à Roberval, au début du siècle, pour raconter l'histoire d'amour secrète entre deux adolescents. D'ailleurs, en 1995, l'homme de théâtre Robert Lepage réalise *Le Confessionnal*[99], qui mêle à la fois la confession des *Feluettes* et l'intrigue policière de *Being at Home with Claude*. Référence au film *I Confess* (1953) d'Alfred Hitchcock, l'histoire alterne entre 1989 et 1952, année où le maître du suspense vient tourner son film à Québec. Lepage nous convie, par cette relation miroir entre deux époques, à une recherche des origines qui s'apparente à une relecture de notre histoire et de l'héritage de la Révolution tranquille. Pierre revient à Québec pour assister aux funérailles de son père. Cet événement sera le déclencheur d'une recherche (celle de son frère adoptif) et d'un difficile travail de mémoire. Le personnel devient collectif, faisant office de devoir de mémoire au sein de ce « nouveau cinéma d'auteur auquel appartient Lepage, qui ne sépare pas le génie de l'auteur individuel des conditions politiques, sociales et culturelles qui influencent le récit filmique[100] ». À n'en point douter, *Les Feluettes* et *Being at Home with Claude* en font autant et se positionnent comme le testament de Tremblay, des planches au grand écran. Qui plus est, le nouveau millénaire s'ancre également dans cette tradition théâtrale, alors que Xavier Dolan adapte pour son quatrième long métrage *Tom à la ferme*, la pièce éponyme de Michel Marc Bouchard.

Tom, un jeune publicitaire, voyage jusqu'au fin fond de la campagne pour des funérailles et constate que personne n'y connaît son nom ni la nature de sa relation avec le défunt. Une certaine amnésie est présente… Elle n'est guère étrangère à « Je (ne) me souviens (pas) », puisque ce suspense psychologique campé dans le Québec agricole traite du gouffre grandissant séparant milieux urbains et ruraux, et de la nature respective des hommes qui y vivent. Comme préalablement discuté dans notre contribution à la revue de cinéma *Séquences*, lors de la sortie de *Tom à la ferme*, « cette collaboration entre l'homme de théâtre et l'enfant du 7e art vient mettre en scène le thème de l'homosexualité par l'éloquence des non-dits et des impostures, transposant un "placard" à ciel ouvert […] où l'éloquence du silence, du cinéma d'un non-dit, lié à la thématique homosexuelle, s'inscrit pratiquement dans une tradition cinématographique[101] », au Québec, si l'on tient compte des œuvres filmiques des décennies précédentes.

Loin d'être aussi révolutionnaire (thématiquement parlant) que son précédent et très réussi *Laurence Anyways* – une des rares visions transidentitaires dans le cinéma québécois depuis *Le Sexe des étoiles* (1993) de Paule Baillargeon –, *Tom à la ferme* s'inscrit tout naturellement dans le corpus

Photo 38

Affiche du film *Tom à la ferme*, 2013. Si le film met en scène les
non-dits afin de rendre justice à l'œuvre de Michel Marc Bouchard,
l'accroche inscrite sur l'affiche, « Toute vérité n'est pas bonne à
dire », ne fait que souligner cette approche.

du cinéaste, à travers un film qui met en scène les non-dits afin de rendre justice à l'œuvre de Michel Marc Bouchard. Sans être aussi marquant, éloquent et controversé que l'œuvre phare *Les Feluettes*, adaptée pour le cinéma en 1996 par John Greyson (sous le titre *Lilies*), *Tom à la ferme* s'inscrit dans la lignée des adaptations théâtrales réussies pour le grand écran, avec ses atmosphères visuelles et auditives propres. Du passage d'un médium à l'autre, le film vit par lui-même.[102]

À n'en point douter, un film tel qu'*Il était une fois dans l'Est* marque le début de la représentativité trans dans le cinéma québécois et s'inscrit dans la courte liste de l'émergence de représentations plus substantielles. En 1993, avec *Le Sexe des étoiles*, la réalisatrice et actrice Paule Baillargeon offre une représentation pionnière de la transidentité en la juxtaposant à la paternité. En effet, l'histoire s'intéresse à Camille, douze ans, alors qu'elle retrouve son père, Pierre-Henri, après cinq ans d'absence, sous les traits de Marie-Pierre : l'adolescente nie l'identité trans de son père et fera tout pour ramener Marie-Pierre à son identité d'homme, malgré sa détresse intérieure. Pour sa part, si la diégèse de *Laurence Anyways* (2012, Xavier Dolan) se déroule aussi dans les années 1990, il n'en demeure pas moins que son contexte de production est imputable à tous les changements ayant eu cours depuis le nouveau millénaire. Le film de Dolan suit, sur une période de dix ans (1990-2000), le couple que forment Laurence et Fred. Lorsqu'il annonce à sa petite amie Fred qu'il veut devenir une femme, Laurence plonge dans un univers où affronter les préjugés du monde extérieur et braver les phobies de la société devient une lutte constante, et où son couple tentera de survivre à cette transition. Si la transphobie vécue dans la sphère publique est abordée, les deux films centrent avant tout leur diégèse dans la sphère privée. *Le Sexe des étoiles* aborde l'identité trans en montrant les effets engendrés chez une adolescente, en lien avec la transparentalité, alors que *Laurence Anyways* présente le point de vue d'un couple et les effets sur ce dernier, au fil du temps.

Photo 39
Denis Mercier interprétant Marie-Pierre dans *Le Sexe des étoiles*. Cette scène du miroir qui permet de constater la « transformation » n'est guère étrangère à celle d'Hosanna dans *Il était une fois dans l'Est* (voir photo 33).

Si près de vingt ans séparent ces deux films et si le chemin parcouru dans la diversité des représentations est nécessairement imputable aux changements législatifs et à l'évolution des mœurs, les films présentent, dans les deux cas, l'acceptation personnelle et les questionnements engendrés ; d'abord dans la sphère privée (couple, famille, entourage), puis dans la sphère publique (contexte professionnel, espaces publics), avec les effets générés par la tran-

Photo 40
Melvil Poupaud interprétant Laurence Alia dans *Laurence Anyways*. Ce plan illustre
une fois de plus l'importance de l'image reflétée, ici matérialisée par la vitre qui
vient mettre en valeur la transformation du personnage.

sition. À la manière des revendications féministes des années 1970, le film
passe du personnel au politique. Nécessairement, ces questionnements libérés
sur pellicule sont, jusqu'à un certain point, redevables aux représentations
pionnières d'*Il était une fois dans l'Est* ou, du moins, au courage du tandem
Tremblay-Brassard de présenter, sur grand écran, des réalités autrefois marginalisées. Sans nécessairement s'en inspirer consciemment ou les citer directement, ces films offrent un éloquent « Je me souviens » aux créateurs d'un
autre temps.

Au-delà de la Belle Province

À n'en point douter, l'œuvre de Brassard-Tremblay possède des échos de l'est à l'ouest et du nord au sud, qui résonnent bien au-delà de la Belle Province. Nous avons déjà discuté de l'utilisation du joual qui met de l'avant la primauté de la langue comme moyen d'expression privilégié par une communauté marginalisée. Cette langue est à la fois un outil de résistance pour ceux qui l'utilisent et une façon de juger ou de déprécier pour ceux qui l'entendent. Alors que le joual exprime la spécificité des Québécois francophones, il devient parfois « l'expression colorée » d'un « mauvais » français pour d'autres. Néanmoins, d'un côté comme de l'autre, il exprime la spécificité de l'expression d'une culture populaire. C'est d'ailleurs la force d'*Il était une fois dans l'Est* ; alors qu'on pourrait penser que le film ne sera pas exporté en France en raison de son langage coloré, il y connaît un vif succès, notamment pour cette raison. Le joual rend possible l'utilisation d'un autre langage, celui du kitsch, ou de sa variante québécoise plus familière, le quétaine. Dans un sens, comme dans l'autre, sa définition réfère à quelque chose de mauvais goût parce qu'il est démodé, relève du cliché ou manque de raffinement. Plutôt péjoratif, ce terme peut très certainement faire l'objet d'une réappropriation par une population marginalisée, afin de lui donner de l'*empowerment*, au même titre que le terme *queer*, par exemple. À n'en point douter, *Il était une fois dans l'Est* flirte avec le kitsch sans devenir *trash*. Par exemple, Hélène, la serveuse du resto, ne fait pas dans la dentelle ni le raffinement, au même titre que son amante Bec-de-lièvre qui est stéréotypée comme *butch*. Sans conteste, Hosanna, la coiffeuse de la Plaza St-Hubert, a un look de travesti quétaine habillée en Elizabeth Taylor-Cléopâtre, alors que son amant Cuirette affiche le stéréotype du gars de bicycle. D'un côté, comme de l'autre, ces représentations sont sans conteste quétaines ou, du moins, mettent en scène des variantes du kitsch, mais elles sont également novatrices, puisque leur représentation à l'écran est pionnière, courageuse, rendant visible ce qui était autrefois invisible et inexprimable au grand écran. En se réappropriant les éléments quétaines associés aux tapettes et aux *butchs*, Brassard et Tremblay permettent à leur (anti)héros d'investir l'espace public et cinématographique par la réappropriation des stéréotypes et clichés du genre. Une pratique et un langage universels que le passage du temps viendra marquer de son sceau. Et puisqu'*Il était une fois dans l'Est* affiche le tout sur grand écran, dès 1974, il devient précurseur de nombreux films internationaux qui offriront des variantes sur le même thème.

Parmi ceux-ci, notons d'abord le film français culte *La Cage aux folles* (Édouard Molinaro, 1978), lauréat du Golden Globe du meilleur film étranger et nommé aux Oscars, qui constitue également une adaptation d'une œuvre théâtrale[103] à succès. Alors qu'un couple gai apprend que son garçon de vingt ans va épouser la fille d'un député très conservateur, les quiproquos s'enchaînent lors d'un souper qui se déroule dans leur appartement situé au-dessus du club de drags dont il est propriétaire : La Cage aux folles. Déjà, par son titre, le film *La Cage aux folles* affirme son parti pris et sa « quétainitude », lire son caractère kitsch et sa réappropriation du terme. Bien sûr, *folle* réfère au féminin de *fou* pour exprimer un individu ayant perdu la raison, mais il réfère également au mot normand désignant un filet à larges mailles pour la pêche en mer. En conjuguant les deux significations, on obtient le thème du film : des homosexuels efféminés (les « grandes folles », les « tapettes ») enfermés (symboliquement coincés dans un filet, confinés à une cage) dans les préjugés sociaux. Si le caractère kitsch est apparent dès le titre et dans la façon de parler des personnages, le film regorge de références quétaines, où les costumes flamboyants des drags en performance dans ce club, sans oublier les décors et accessoires, sont à la limite du mauvais goût. Pensons à ce bocal en forme de fesses d'hommes où est mise la clé de l'appartement ; véritable boîte de Pandore, elle affiche les prémices de la descente aux enfers de la vérité, alors que le député ultraconservateur découvre le pot (bocal) aux roses !

En ce qui a trait à la caractérisation des personnages, Zaza possède de nombreuses similitudes avec la Hosanna de Tremblay. D'abord, elle est la diva (sur le déclin) du club de drags La Cage aux folles, où elle présente ses spectacles. Ses caprices sont exposés dès les premières minutes du film, alors que Renato, son conjoint, fait venir le docteur, car elle feint la maladie – et fait une scène – pour éviter son entrée en scène. Cela génère l'aspect comique, mais également le côté pathétique du désir d'être aimé (admiré, regardé, adulé) à tout prix. « L'indifférence est la chose la plus horrible », dit Zaza à Renato, dans une phrase qui pourrait tout droit sortir de la bouche d'Hosanna, en poursuivant : « Tu ne me vois pas, tu ne m'aimes plus ! Tu me regardes comme un pot-au-feu, pas comme une reine de théâtre. » Sans conteste, du Québec à la France, qu'elles s'exposent dans le drame ou la comédie, les divas de la drag ont des problèmes similaires.

La Cage aux folles a le mérite d'aborder l'homoparentalité, constituant le pivot de la trame narrative, alors que le fils de Renato désire se marier à une jeune fille issue d'une famille bourgeoise et conservatrice. En découle un conflit de classes sociales et de milieux sociopolitiques, alors qu'*Il était une fois dans l'Est* ne présente qu'une classe sociale, provenant de divers milieux. Quoi qu'il en soit, riches ou pauvres, homos ou hétéros, conservateurs ou libéraux, les protagonistes des deux films ne sont pas totalement prêts à accepter la réalité homosexuelle, qu'elle soit ou non la leur. Jusqu'à un certain point, il leur faut tous « goûter » aux plaisirs du kitsch et de l'humiliation pour mieux accepter leur réalité. Comme Hosanna, Hélène, Bec-de-lièvre et tant d'autres, il y a cette nécessité de se réapproprier cette notion de honte liée aux tabous homosexuels, et ce, que ce soit pour Jacob, le serviteur noir aux tenues foncièrement kitsch qui se joue de son homosexualité et de son ethnicité, jusqu'à Simon Charrier, le député devenu président du parti ultraconservateur L'Union pour l'ordre moral ; bien qu'il incarne les traditions (hétéronormatives), il devra néanmoins se vêtir en drag queen pour ironiquement échapper à l'ordre et à la morale. Si les protagonistes homosexuels embrassent cette notion de honte, pour mieux la détourner vers l'acceptation de la différence, il n'en demeure pas moins que le rejet auquel ils font face est marqué et constant. Alors que Renato demande à Albin, dit Zaza, de quitter la maison lorsque la belle-famille ultraconservatrice sera présente, Zaza joue la scène : « Alors on me jette, on m'exile comme un lépreux… On m'exclut, on me chasse de ma maison… Le monstre s'en va. » Hosanna, quant à elle, se sent rejetée, vexée et humiliée au terme d'*Il était une fois dans l'Est*. Bien sûr, le personnage de Zaza s'inscrit davantage dans une tradition comique, parfois même vaudevillesque, mais il n'en demeure pas moins qu'elle est consciente d'être « ridicule », comme elle le dit : « Je sais ce que tu penses ; on rit de moi, pas seulement dans la boîte, dans la rue aussi. Partout. Je me rends très bien compte que je suis ridicule. » D'ailleurs, au même titre que Cuirette à Hosanna, Renato dira à Zaza ses quatre vérités : « Excuse-moi de te dire ça, mais tu n'es qu'une vieille emmerdeuse aigrie. C'est vrai que tu n'excites plus personne, que tu es devenue grotesque, que tu fais rire tout le monde. Pourtant je suis toujours avec toi parce que tu me fais rire. » D'ailleurs, Cuirette sera beaucoup plus cru dans ses quatre vérités dites à Hosanna dans la pièce : « T'es une des plus grandes folles de Montréal, pis t'as peur de parler de t'sa avec ta mère ? […] Tu vis comme une femme pis tu fourres comme une femme, Hosanna. […] Tu vieillis, Hosanna, pis tu vieillis comme une femme[104]. » Néanmoins, à la grande différence d'Hosanna qui termine son parcours humiliée et bafouée par les siens, Zaza présente son ultime performance lors du souper de la dernière scène (ou « le souper de cons », en clin d'œil au *Dîner de cons* de Francis Veber). Au lieu de se faire clouer ou persécuter sur scène (sur la croix) comme Hosanna, elle sauve les apparences en travestissant le député ultraconservateur Simon Charrier en femme. Au contraire d'Hosanna en Cléopâtre, le député est sauvé par le costume et non humilié par celui-ci. Dans un cas comme dans l'autre, c'est le regard des autres (et la peur du jugement qui en découle) qui motive les actions. C'est le regard des siens qui « tue » Hosanna, alors que Zaza devient plutôt la sauveuse des apparences.

Cet exercice de l'influence du kitsch et d'*Il était une fois dans l'Est* fonctionne également avec un film tel que *The Adventures of Priscilla, Queen of the Desert* (1994, Stephan Elliott), qui met également en scène le milieu du spectacle drag, mais cette fois dans un *road movie* australien. D'abord, la référence au titre (*Priscilla, folle du désert*, en version française) ; elle est, bien sûr, contextuelle et géographique, puisque les protagonistes passent le plus clair de leur temps sur ces routes désertiques australiennes à bord de l'autobus baptisé *Priscilla* pour l'occasion. Alors que Felicia, Mitzi et Bernadette doivent se produire dans un casino à l'autre bout du pays, entre eux et la scène où ils sont attendus s'étend le désert, immense et aride. Ce lieu, comme l'Est de Tremblay, n'a rien d'anecdotique. Il est symbolique à souhait. Les personnages s'engagent tête première sur la route de l'inconnu. Bien qu'elles ne se laissent guère décourager, ces trois drags qui cherchent leurs repères dans le désert représentent une image ludique et surréaliste de la différence. Puisque nous sommes tous des êtres uniques, donc forcément différents les uns des autres, le lieu force la réflexion. Qui ne s'est jamais senti décalé socialement, exclu ou marginalise ? Cette métaphore du lieu est une célébration de la différence et de son acceptation. Ne pas être elles-mêmes signifie, pour elles, mourir à petit feu, en quête perpétuelle d'une oasis. Ainsi, lorsqu'elles sont perdues au milieu de nulle part, deux d'entre elles ne cherchent guère leur boussole ou l'aide provenant de l'extérieur, mais leurs plus belles robes. Ces plus beaux atours leur permettent de présenter l'essence même de leur être, de revêtir leur « vraie » peau : à la manière d'un zèbre dans le désert, elles sont décalées de leur environnement ; par leur « pelage », elles détonnent. D'ailleurs, c'est leur originalité et leur façon de l'arborer, voire leur soif d'être elles-mêmes, qui les sauveront, qui leur seront salutaires sur le chemin de la rédemption. D'ailleurs, le film débute avec Mitzi qui fait du *lip-sync* sur la chanson *I've never been to me* (1976) de Charlene, dont les paroles sont plus que suggestives.

> *I spent my life exploring [J'ai passé ma vie à explorer]*
> *The subtle whoring [La subtile prostitution]*
> *That costs too much to be free [Qui coûte trop cher pour être gratuite]*
> *Hey lady I've been to paradise [Madame, je suis déjà allée au paradis]*
> *But I've never been to me… [Mais je n'ai jamais été en moi…]*[105]

La chanson parle d'une épouse et mère désespérée qui aimerait échanger son existence prosaïque contre le style de vie jet-set que la chanteuse mène.

Cette dernière fait allusion à divers épisodes hédonistes de sa vie, concluant que bien qu'elle soit « déjà allée au paradis », elle n'a finalement pas réussi à s'épanouir, l'exprimant à travers la phrase : « *But I've never been to me…* » Cela, au final, sied bien aux protagonistes au début du film. Être en accord avec elle-même signifie, pour chacune, la chirurgie des organes génitaux (Bernadette), l'acceptation de son (homo)parentalité (Tick/Mitzi), la digne conquête de ses fantasmes homoérotiques (Adam/Felicia), mais, pour toutes, leur acceptation passe par leur deuxième peau, leurs vêtements qui font pratiquement office de parcours initiatique. En ce qui a trait au caractère kitsch de l'œuvre, les costumes (qui ont remporté un Oscar) plus que flamboyants y contribuent, à commencer par cette robe que porte Mitzi dans un bar régional où les trois drags seront « agressées » par une *butch* mal engueulée (et tout aussi stéréotypée), qu'elles feront taire par la suite. La robe, comme la paire de boucles d'oreilles assortie, est faite entièrement de sandales rose et orangé. Bien qu'à la limite du mauvais goût, ce costume vient mettre de l'avant l'originalité du personnage et son caractère franchement décalé en son milieu, tel un zèbre dans le désert, comme précédemment évoqué. D'ailleurs, cette idée de la réappropriation de l'espace par le déplacement et les accessoires flamboyants atteint son apogée avec le talon pailleté géant que l'autobus transporte jusqu'à leur destination, sur la scène du casino, pour le clou du spectacle. Néanmoins, le summum du kitsch a littéralement lieu sur le toit de l'autobus, alors qu'un plan d'ensemble dévoile l'immense talon aux côtés de Felicia qui fait du *lip-sync* sur de la musique d'opéra, alors que sa robe flamboyante vole sous le vent. Cette scène culte de *The Adventures of Priscilla, Queen of the Desert* sera d'ailleurs reprise deux fois plutôt qu'une, alors que la seconde est marquée au fer rouge de la peste du sida, affichant le graffiti sur l'autobus : *AIDS FUCKERS GO HOME*. Produit de son époque, le film emploie précisément la terminologie, alors qu'on parle d'hormones et de transsexualité pour qualifier Bernadette qui explique que « la question du choix ne s'est jamais posée ». Cette dernière dira d'ailleurs à Felicia, à la suite de son agression transphobe : « Moi, je peux me battre parce que j'ai appris à le faire. Être un mec un jour et une femme le lendemain, c'est très dur à vivre », tout en ayant préalablement mentionné : « Tu sais, on [les transsexuels] plaît beaucoup. Les gens voient en nous le symbole vivant d'une certaine décadence. » Un regard que portent certains hommes sur ce que Pierre Vallières décrira comme « des figures nouvelles de l'impossible, les visages modernes de la séduction et de la transgression », puisque certains hommes voient chez la femme libre et l'homosexuel une fascination, un fantasme : « Ils s'imaginent ou feignent d'imaginer qu'au-delà des conformismes de groupe est en train de naître un personnage hétéroclite, masculin et féminin, capable de réaliser plusieurs images à la fois de la sexualité[106]. » Certes, comme conclut Pierre Vallières, la solution aux inégalités sexuelles demande, une fois de plus, de mettre fin au phallocentrisme et « que les mâles renoncent au terrorisme de l'érection/éjaculation, du coït considéré comme unique accomplissement et réalité du désir[107] ». Cesser la domination du patriarcat, dans les chambres à coucher comme dans la rue. S'ensuit d'ailleurs, entre Bernadette et Felicia, une intéressante réflexion sur le fait d'investir l'espace public : « On passe notre temps à se plaindre des conditions de vie inhumaines et de la violence dans nos villes, mais finalement l'absence de contacts humains nous protège [...] Je ne sais pas si les affreux murs qui nous séparent des banlieues ont été mis là pour les empêcher d'entrer ou nous de sortir. » Ainsi, ces murs, symbolisant les préjugés, se hérissent tels des boucliers entre les mondes homosexuels et hétéronormatifs, afin d'empêcher les différences de se rencontrer ou, du moins, les étrangers, les autres, d'y pénétrer. « Le vice des théories et les idéologies dominantes, c'est que seuls les "marginaux", les dominés, les colonisés, bref *les autres* fassent perpétuellement problèmes [*sic*][108] ». Considérés comme « parasites » ou « déviants », mais puisque le régime démocratique ne permet guère de les « éliminer », ériger des murs, tout aussi symboliques soient-ils, permettent de coexister, explique Pierre Vallières, et « la classe dirigeante s'arrangea donc pour les considérer comme des "à-côtés", sans importance de la "liberté d'expression". Le mépris devenait tolérance et l'immobilisme, vertu[109] ». Ainsi, le désert, malgré son apparence immuable, apparaît pour ces drag queens tel un lieu exempt de préjugés. Certes, les apparences sont parfois trompeuses ; le désert n'est pas un terrain vierge. À bien des égards, il devient le symbole de l'homophobie intériorisée. Les préjugés intérieurs d'un individu, comme l'homophobie intériorisée, peuvent empêcher l'individu qui les reçoit d'explorer sa différence, ou son propre paradis, son moi intérieur, pour faire référence à la chanson de Charlene préalablement évoquée. C'est d'ailleurs pour cette raison que ce voyage initiatique est si important pour ces drags : il constitue un passage obligé pour déconstruire les idées/préjugés reçus.

Les similitudes avec la Hosanna de Tremblay et les drags de *Priscilla* sont nombreuses, à commencer par la difficulté de trouver son moi intérieur et d'être en paix avec qui l'on est vraiment. Hosanna ne sait guère si elle est une fille ou un garçon, comme lui dit Cuirette. Qu'à cela ne tienne, « être un mec un jour et une femme le lendemain, c'est dur à vivre », dit Bernadette. D'abord, le film débute par l'humiliation de Mitzi sur scène, suivie de Felicia qui est méprisée par le public alors qu'elle tente de prendre la défense de son amie. Ici, contrairement à Hosanna, l'humiliation vient de l'auditoire et non des collègues. Il en sera de même tout au long du film ; c'est par le regard des autres que les humiliations s'enchaînent. Que ce soit lors d'un passage dans un petit village, jusqu'à leur performance finale sur la scène au casino où elles reçoivent un accueil mitigé, on les regarde comme des bêtes de foire. À quelques exceptions près, puisque d'autres marginaux, dont le garagiste marié à une prostituée et le groupe d'aborigènes vivant dans le désert, deviendront des alliés de leur quête.

Si *La Cage aux folles* et *The Adventures of Priscilla, Queen of the Desert* nous semblaient des œuvres pertinentes pour souligner le legs et le caractère pionnier d'*Il était une fois dans l'Est* dans le contexte du cinéma *queer* mondial, d'autres œuvres auraient pu être évoquées en ce sens, à commencer par les extravagances du cinéma commercial américain avec *To Wong Foo, Thanks for Everything ! Julie Newmar* (1995, Beeban Kidron), où une distribution impressionnante, composée de Patrick Swayze, Wesley Snipes et John Leguizamo et connue du grand public pour ses films d'action hétéros, s'illustre en drag queens. On vise ici à « normaliser » et à rendre visible, par l'emploi de clichés du genre (comique). Au tournant du millénaire, le cinéma indépendant affiche déjà quelques productions d'avant-garde qui remettent en question le genre, dont *Hedwig & the Angry Inch* (2001, John Cameron Mitchell), qui met en scène un chanteur *gender queer* originaire de Berlin-Est qui a subi une opération (ratée) de changement de sexe et qui en parle crûment lors de ses performances scéniques en drag (selon l'idéologie punk). Au cœur de ce film, qui constitue une adaptation de la pièce éponyme off-Broadway, se trouvent le désir et le besoin de rébellion : contre la guerre froide, mais également contre le genre et l'hétéronormativité. Si le film remet en question les notions de genre, d'identité et de performance, il le fait en corrélation avec le lieu, en occupant l'espace public. À la manière d'*Il était une fois dans l'Est*, c'est ce lieu, l'Est versus l'Ouest, et la façon de s'en sortir, de se distinguer du passé historique qui forcent la marginalité à s'exprimer. C'est d'ailleurs ce dernier point sur l'expression artistique et identitaire qui nous permet de lier tous ces films. Dans *Everybody's Talking About Jamie* (2021, Jonathan Butterell), adapté de la comédie musicale britannique éponyme, un jeune adolescent gai de seize ans, rêve de devenir une drag queen : « Les drag-queens d'avant, ce n'étaient pas que des reines, c'étaient des guerrières ! Dire que je croyais souffrir… Elles avaient le monde entier contre elles et n'ont jamais abandonné », explique-t-il après en avoir appris sur le mouvement homosexuel. « Drag ce n'est pas juste être dans un show à la télé, c'est aussi une révolution ! » Alors que les drags d'hier ont fait la révolution et se sont battues pour l'avenir, Jamie, à qui l'avenir appartient, reprendra le flambeau afin de le passer aux générations futures. Dans le film suédois *Dancing Queens* (2021, Helena Bergström), une jeune femme de vingt-trois ans qui rêve de devenir danseuse se fait secrètement passer pour un garçon et se travestit en drag queen afin d'intégrer un spectacle. « Certains se sont perdus dans les souffrances de la vie ou ont été opprimés », lui explique un collègue avant qu'elle apparaisse pour la première fois sur scène : « Ici, ils peuvent exprimer leur côté artistique sans avoir peur des autres ou d'être jugés. » Si nous n'avions qu'un legs à retenir du film de

Tremblay-Brassard et de ses colorés protagonistes, au sein de la culture po-pulaire, ce serait celui-ci : de l'est à l'ouest, comme de la scène à la rue, la prise de parole dans l'espace public comporte son lot d'humiliations, mais lorsqu'elle résiste et qu'elle s'affirme, qu'elle affirme sa couleur et son origi-nalité, cette parole demeure un terrain fertile pour l'expression artistique et identitaire queer.

Chapitre 4
L'affaire Jutra

Pour célébrer le cinquantième anniversaire d'*À tout prendre*, un colloque[1] a été organisé le 12 novembre 2015 à la Cinémathèque québécoise, sous la direction de Diane Poitras de l'École des médias de l'UQAM et de Pierre Jutras, directeur de la programmation de la Cinémathèque québécoise de 1978 à 2011 et réalisateur du dossier web sur *À tout prendre*. L'appel à communications mentionne avec éloquence la devise « Je me souviens » : « *À tout prendre* incarne tant le malaise identitaire de son protagoniste que celui du Québec en entier. À la quête du personnage de Claude, à travers une histoire d'amour, répond celle du Canadien français pré-Révolution tranquille. *À tout prendre* apporte une nouvelle identité à une cinématographie nationale qui se veut résolument moderne[2]. » Puis on rend à César ce qui appartient à César, notamment dans certaines critiques, dont celle de Léo Bonneville : « Je peux dire qu'*À tout prendre* est le premier film de fiction québécois. Je ne porte pas de jugement de valeur : c'est un fait[3]. » Pour sa part, Colin Young décrit le film comme « le vent de liberté et de spontanéité qui manquait dans les (bons) films narratifs nord-américains depuis *Shadows*[4] » de John Cassavetes.

Par son exploration de la liberté et de l'individualité, tant dans le propos que dans la forme, Jutra s'inscrit à la fois dans la veine des expérimentations cinématographiques du cinéma indépendant new-yorkais, du courant britannique du *free cinema*, sans oublier la Nouvelle Vague française, ce que de nombreux cinéastes sauront d'ailleurs reconnaître à l'époque, à commencer

Photo 41
Affichette du colloque *Reprendre À tout prendre* de 2015.
Collection de la Cinémathèque québécoise.

par Jean Renoir qui commente d'emblée l'originalité formelle : « J'aime beaucoup le film ; je pense qu'il est excellent. Toutes les parties du film où l'histoire
est racontée de façon plus ou moins directe (*voix in*) sont bonnes ; toutes les
parties où l'histoire est racontée indirectement (*voix off*) sont excellentes, et
souvent même brillantes. Somme toute, le film marque une avancée dans le
cinéma[5]. » Enfin, dans un entretien avec Pauline Kael, John Cassavetes ne tarit
pas d'éloges.

Je pense que le film est superbe. Il est probablement le meilleur des jeunes
réalisateurs que j'ai eu l'occasion de voir. Il manie la caméra magnifiquement ; il a un sens de l'humour diabolique ; il dirige les acteurs mieux

que quiconque ne l'a fait depuis longtemps. Il est un amateur dans le meilleur sens du terme parce que chacune des scènes est une découverte. Je suis certain qu'il n'a pas tout planifié dans les moindres détails puisque ces scènes sont tellement spontanées[6].

Enfin, Pierre Jutras conclut la présentation du dossier avec une citation du sociologue et philosophe Edgar Morin, qui « à elle seule, vaut toute une thèse » : « *À tout prendre* est un film génial d'une originalité absolue et il reste unique comme film d'auteur/acteur jouant sa vie dans son rôle[7]. »

Cette citation de l'éminent sociologue français soulève maintes réflexions : jouer sa vie dans un rôle donné ou se donner un rôle pour mettre en scène sa vie ? Ces questions sont d'autant plus complexes lorsqu'elles abordent des tabous, des désirs boudés (quoique avoués), lire des perversions, pour reprendre cette vision sociétale d'antan de l'homosexualité qui a été abordée dans les chapitres précédents. Ce moment queer inéluctable – souvent réduit à un délire égocentrique empreint de narcissisme –, qui sera à la fois nié par certains critiques et sévèrement jugé par d'autres, conférera d'ailleurs à son réalisateur le titre de « martyr du cinéma queer au Canada[8] ». Si ce qualificatif donné à Jutra par Thomas Waugh semble particulièrement judicieux, vu la réception critique du film à l'époque, le colloque *Reprendre À tout prendre* du 12 novembre 2015, semblait amorcer – cinquante ans plus tard – un devoir de mémoire, doublé d'un travail de réflexion, valorisant l'œuvre de Jutra et sa place unique dans l'histoire.

Puis, quelques mois plus tard, le 16 février 2016, la biographie *Claude Jutra*, écrite par Yves Lever, est publiée aux Éditions du Boréal. À n'en point douter, les intentions du spécialiste du cinéma québécois Yves Lever s'inscrivent nécessairement dans cette perspective historique et ce travail de mémoire. D'ailleurs, il était déjà plutôt étrange de constater qu'un cinéaste pionnier, à la fois tant admiré et controversé, mort en 1986 des suites de la maladie d'Alzheimer, n'ait pas fait l'objet d'une biographie exhaustive francophone[9] avant cette date… Peut-être que personne n'osait réellement ouvrir la boîte de Pandore, qui s'est d'ailleurs aussitôt refermée[10]…

Cela dit, c'est au neuvième chapitre, parmi les plus courts de l'ouvrage biographique, que l'auteur Yves Lever ouvre cette fameuse boîte de Pandore, alors qu'il aborde « les amours de Jutra » : « Le visionnement d'*À tout prendre* laisse plusieurs personnes perplexes quant aux amours de leur ami ou camarade, surtout en ce qui concerne son orientation sexuelle. [...] Avant *À tout prendre*, peu de gens sont au courant de l'homosexualité de Claude Jutra. Plusieurs le pensent bisexuel[11], car il semble aimer autant les femmes que "les garçons"[12]. »

Après avoir abordé ses amours féminines, dans le chapitre « Les amours de Claude Jutra », la section « Claude Jutra et les garçons » annonce le scandale.

Dans le milieu du cinéma, de multiples sources le confirment, beaucoup de gens savent que Jutra aime les jeunes garçons, bien qu'il ait aussi des rapports sexuels et amoureux avec des hommes adultes. Quand, dans *À tout prendre*, ils entendent Johanne demander à Claude s'il aime « les garçons », plusieurs amis comprennent très bien pourquoi elle n'a pas dit « les hommes ». Victor Désy affirme que les mots prononcés par Johanne ont été suggérés par Claude. Toujours est-il que la plupart des spectateurs y voient simplement une courageuse « sortie du placard ».[13]

Sans vouloir banaliser ou effacer la mention de la pédophilie, nous désirons néanmoins revenir sur la façon d'évoquer cette sortie du placard, si « simplement ». Il faut noter qu'une sortie du placard dans un monde hétéronormatif n'est jamais « simple », ou « simplement courageuse », surtout en période pré-Stonewall où Jutra s'incrimine lui-même dans son propre film, puisque l'homosexualité est encore associée au crime, à la maladie mentale ou à la perversion, selon qu'elle est jugée du point de vue législatif, médical ou clérical … Bien sûr, la fin des années 1960 entraîne davantage de « sorties du placard », conséquence des manifestations sociales et politiques, sans compter que le milieu du cinéma est connu pour être *queer friendly* et que certains font leur *coming out* dans les médias, dans leur milieu de travail ou uniquement auprès de leurs proches. Or, il n'est jamais « simple » de « s'étiqueter » comme faisant partie des 10-12 % différents du reste de la population. D'abord, un *coming out* prend souvent une forme répétitive : certains s'affirment dans la sphère privée uniquement (parents, amis), d'autres se dévoilent au travail (collègues) et, dans le cas de personnalités publiques, le *coming out* médiatique doit être pensé, souvent « calculé ». C'est d'ailleurs pourquoi la révélation de Jutra, en lien avec son homosexualité, n'en est probablement pas une pour ses proches et les gens de son milieu de travail. Or, pour le public (surtout homosexuel) qui regarde le film et décode les codes, il verra son *coming out* homosexuel, lire son affirmation de sa différence, comme un acte courageux, puisque loin d'être si « simple » ! L'affirmation de la différence demande une bonne dose de courage, car elle expose aux préjugés, qui eux découlent d'un manque d'information sur ladite différence. Puis amener le 90 % de la population à s'informer (et à comprendre la différence) demande souvent des décennies de sensibilisation et de démystification de la différence et de « l'Autre » qui l'incarne. Si à l'époque d'*À tout prendre* il y a des homosexuels, notamment dans le milieu artistique, qui affichent leur différence, l'opinion publique n'est guère à l'étape d'embrasser cette différence puisque l'homophobie subsiste. Dans ses mémoires intitulées *À force de vivre*, le réalisateur Claude Fournier raconte cet épisode à Amsterdam, à la fin des années 1950, où Jutra lui avoue qu'il est tombé amoureux et qu'il a envie de lui[14]. Les deux hommes couchent ensemble, deux fois plutôt qu'une, et Fournier de conclure : « Je ne détestai ni ne regrettai rien. » Puis, à Paris, il « poursuivi[t] cette aventure avec Claude, profitant aussi de l'anonymat que donnait cette ville pour des expériences qui [eussent] été impensables à Montréal [...] des grappes d'hommes nus, assoiffés de sexe, s'adonnaient, dans l'impunité de la noirceur, à toute la gamme de ce qu'il convenait, à l'époque, d'appeler des "perversions", terme que les activistes et les chartes des droits de la personne ach[evèr]ent d'effacer du vocabulaire[15] ». Rappelons que bien des décennies plus tard, en 1997, Fournier réalisera *J'en suis !*, où un jeune architecte se fait passer pour homosexuel auprès d'un employeur gai…

Comme précédemment évoqué, en faisant une sortie du placard dans *À tout prendre*, Jutra s'incrimine socialement dans son propre film, avec son aveu d'homosexualité. Cela dit, Yves Lever utilise le terme *simplement* pour le mettre en parallèle avec la pédophilie, où le qualificatif *garçons* serait l'aveu. L'ambiguïté demeure. Certes, l'utilisation du terme *garçons*, préférée à *hommes* par Jutra, est expliquée par Thomas Waugh lors du colloque *Reprendre À tout prendre* en novembre 2015, dans sa communication nommée très ironiquement « Aimes-tu les garçons ? », soit quelques mois avant le scandale.

Il faut souligner que dans le contexte du français idiomatique parlé dans la bohème montréalaise du début des années 1960, fréquentée par les personnages du film tout autant que par Claude Jutra et Johanne Harrelle, le mot « garçons » désignait génériquement les hommes, c'est-à-dire des adultes et non des enfants ni même de jeunes adolescents. D'autant plus que Claude est capté, tout de suite après la séquence d'aveu de la chambre à coucher, en pleine séduction vis-à-vis de son comédien masculin adulte (alors âgé de 25 ans), échangeant sur le plateau des regards fixes et intenses. Mais quel frisson et quelle puissante ironie cette question, accolée au titre de ma présentation, n'aurait-elle pas suscitée [*sic*] deux mois plus tard, en 2016, en plein scandale ? Sans compter que ce long-métrage est truffé, comme presque tous les films de Jutra, de traces visuelles et dramatiques d'une sensibilité pédérastique[16].

D'ailleurs, si Yves Lever souligne dans sa biographie que l'on présumait de l'âge légal des garçons fréquentés et que les tournages en province dévoilaient le penchant de Jutra pour les garçons plus jeunes, « bien des éléments laissent croire que Jutra trouve beaucoup de plaisir dans la compagnie des adolescents et qu'il est attiré par une certaine esthétique qui en célèbre la beauté[17] ». Enfin, « si certains de ses amis pensent que ses pratiques pédophiles sont surtout platoniques, de nombreux témoignages révèlent que ce n'est pas le cas. Évidemment, personne ne peut savoir combien d'adolescents ont été victimes de ses passages à l'acte. Personne n'a jamais porté plainte auprès des autorités[18] ». Notons qu'au sujet de l'affaire Jutra la critique de cinéma Monica Haim, réplique dans *24 images* au « lynchage » de Jutra, avec pour point essentiel que l'âge du consentement au Canada de 1892 à 2008 était de quatorze ans[19].

Sans avoir vérifié l'âge légal du consentement aux activités sexuelles dans les années soixante et soixante-dix, l'auteur présume qu'il était de dix-huit ans alors qu'il était de quatorze ans. Donc, lorsqu'il nous raconte qu'on s'était vite aperçu durant les tournages en province de son penchant « pour les garçons plus jeunes », il s'ensuit logiquement que ces derniers avaient moins de dix-huit ans, mais rien ne dit qu'il s'agissait d'enfants qui n'avaient pas encore atteint l'âge de la puberté ou du consentement[20, 21].

Enfin, Lever clôt ce chapitre en remettant en question « la place qu'occupe cette tendance [pédophile] dans l'élaboration de son œuvre », en concluant que, « dans ses films, rien n'est très explicite ni pornographique[22] ». Puis il termine en citant les analyses de Waugh, qui ne manquera pas de rétorquer en 2018 avec une pertinente anecdote[23].

Jutra le poète de l'apprentissage adolescent ne peut être extirpé ou séparé du Jutra dont l'épanouissement érotique dépend d'un engagement dans ce processus. Telle est l'essence de l'œuvre de Jutra. Telle est aussi la terreur qu'une telle œuvre aura soulevée pour critiques et historiens du cinéma ; le secret et le courage auxquels ses plus proches collaborateurs ne pouvaient faire face[24].

D'ailleurs, Lever mentionne que « la question de sa sexualité » demeurait taboue chez les amis intimes de Jutra, qu'il a interviewés pour sa biographie, en concluant que « les amours de Jutra ont contribué pour une bonne part à la formation de son mythe, car elles renvoyaient à l'image de l'artiste libre et souverain. Personne ne sait toutefois ce que cette liberté lui a coûté en déchirements et en tourments intérieurs[25] », hormis, peut-être, le Dr Frank Sommers, un psychiatre de Toronto qui, en 1979, interviewe Jutra qui se confie sur son processus créatif. « [Le cinéma] fait bouger les choses rapidement et change notre vision de la vie. Très certainement toutes les lois concernant la sexualité ont été réformées, en partie grâce au cinéma qui était le véhicule de l'érotisme le plus fort et le plus efficace[26]. » Le réalisateur est conscient du pouvoir du médium à un point tel où il « pense que le film a probablement été l'instrument le plus puissant de la révolution sexuelle ; ça, c'est une chose… Et sexuellement, les gens sont beaucoup moins motivés qu'avant, quand c'était interdit[27] »… Ainsi, le cinéma, par sa permissivité rendue possible par une certaine complicité sociale, rendra lentement visible l'interdit. Si la création peut être un exutoire aux comportements sociaux réprimés, comme cette notion de honte liée à l'homosexualité, Jutra confesse avoir consulté un psychiatre.

Je suis allé voir un psychiatre et j'y ai trouvé beaucoup de satisfaction et un grand, grand soulagement de parler de choses auxquelles je n'osais même pas penser auparavant et, consciemment, tout cela est lié à de la culpabilité. Beaucoup de culpabilité au niveau de la sexualité et beaucoup de culpabilité pour les autres et tout d'un coup, pouvoir parler librement de quelque chose ; je payais quelqu'un pour m'écouter, sachant que cela ne m'affecterait pas directement. Ce n'était pas du tout menaçant d'en parler. Personne n'allait me punir ; ce n'était pas comme avouer un crime pour lequel je pouvais être puni. Ou à l'église, oui. Et il n'y avait aucune culpabilité. Je veux dire, il y en avait, mais je me libérais de beaucoup de culpabilité et c'était très soulageant. Cela dit, après un moment, c'était lassant de m'entendre dire toutes ces histoires d'horreur[28]...

Bien sûr, Jutra ne détaille pas ces « histoires d'horreur », mais elles sont assurément liées à sa sexualité. Qui plus est, ce dernier enchaîne sur le fait qu'« être un acteur et monter sur scène et être regardé par un millier de personnes est une manière, probablement l'un des meilleurs moyens, d'occulter ce que vous êtes vraiment à vous-même et aux personnes les plus proches de vous. Donc, ces deux tendances différentes en moi – le secret et la vanité[29]... » Si cette confession de Jutra peut non seulement offrir une prémisse de réponse à la question de Lever, citée à la fin du chapitre, elle semble également répondre à la citation du sociologue Edgar Morin qui nous permettait d'entrée de jeu de remettre en question le rapport à l'œuvre/l'artiste : « *À tout prendre* est un film génial d'une originalité absolue et il reste unique comme film d'auteur/acteur jouant sa vie dans son rôle[30]. » C'est cet aspect de la confession, avec l'expression « du secret » et de la « vanité », et surtout l'occultation de soi-même par le jeu, qui rend l'affirmation doublement intéressante. C'est principalement cette filiation qui vient générer les critiques éthiques et le lynchage médiatique, comme si la marginalité de la conduite personnelle d'un auteur-artiste se transmettait irrévocablement à ses œuvres pour pervertir le grand public du sceau de l'immoralité.

De ce fait, il semble intéressant de revenir sur le sujet de « l'affaire Jutra », en citant Thomas Waugh, qui exprimait en 2006 qu'*À tout prendre* confère à son réalisateur le titre de « martyr du cinéma queer au Canada[31] ». En 2018, plus d'une décennie après avoir qualifié le cinéaste ainsi, le théoricien du cinéma queer publie un article dans *Jump Cut*, en réaction à l'affaire Jutra, où il réexamine six films de Jutra pour leur pertinence en lien avec la question de la pédophilie. Ainsi, « à la recherche du secret et du courage ainsi que de la poésie et de l'érotisme », le théoricien conclut : « Poussé par ces plaisirs textuels, défis et dilemmes, je réfléchirai à la responsabilité éthique et politique de l'historien du cinéma queer – en 2006 et en 2017 – dans l'exploration des archives (filmiques) queers, dans la modulation ou la défense ou la subversion du canon queer (ou national)[32]. »

Ainsi, à la lumière des révélations rendues publiques dans la biographie, nous n'avons guère l'intention de réinterpréter l'œuvre filmique de Jutra dans le contexte de cet ouvrage, tout simplement parce que Waugh le fait comme nul autre depuis de nombreuses décennies. Déjà, en 2006, dans son ouvrage *The Romance of Transgression in Canada*, ses observations passaient sous silence les « étiquettes gâchettes par discrétion (ou lâcheté ?) »[33], qu'il nommera plus explicitement dans son article de 2018.

Une sensibilité singulière, que j'appellerai pédophile, est perceptible dans presque tous ses films, de façon majeure dans *Mon oncle Antoine* ou mineure dans *À tout prendre*. Elle n'est jamais explicite, il va sans dire, mais elle est traduite, canalisée et transformée en énergie créatrice dans les iconographies des corps, des visages et des gestes de garçons, tout comme dans les thématiques narratives très empathiques sur la croissance, la souffrance, le vieillissement, la découverte, le plaisir corporel, la socialisation, etc.[34].

Si Waugh mentionne que les traces du désir pédophile dans l'œuvre de Jutra ont souvent été répertoriées innocemment par la critique, l'ensemble des significations biographiques – évidentes à ses yeux – n'ont guère été examinées davantage.

En conséquence, j'ai traité cette tendance comme une sensibilité artistique plutôt qu'une preuve médicolégale. Ce faisant, je suivais sciemment une tradition répandue au sein des communautés queers et protoqueers[35] au cours des derniers siècles, c'est-à-dire une tolérance ou plutôt une acceptation de tout un spectre « bénin[36] » d'orientations, de fantasmes et de comportements consensuels, tout en dénonçant toutes les formes d'agression non consensuelle, sexuelle ou autre[37].

Puis l'auteur de conclure :

> J'ai respectueusement exploré les discours intergénérationnels dans l'œuvre de Jutra en 2006, et je n'ai pas changé d'idée au cours de la dernière décennie ni depuis le scandale, pas une syllabe. Qui ferait disparaître Jutra de la liste des cinéastes les plus prestigieux du monde, de Jean Vigo à Satyajit Ray, en passant par François Truffaut et Céline Sciamma, qui nous ont légué des films capturant avec brio la subjectivité et le libre arbitre des enfants ? [...] Dans mon livre et ailleurs, j'ai exploré ces iconographies et ces thèmes avec un ton neutre, avec respect. Je l'ai fait sans blâme ni moralisation, sans esprit de lynchage ou d'inquisition, ayant moi aussi grandi, comme Jutra, dans une société où mes désirs pour les hommes étaient jugés criminels. [...] J'envisageais Jutra, le cinéaste, avec le même esprit d'ouverture que m'inspiraient mes idoles, de Hirschfeld à Kinsey en passant par Gayle Rubin, Pasolini et Foucault[38]...

Alors que sa communication du colloque *Reprendre À tout prendre* de 2015 sera diffusée sur le site web de la cinémathèque, Waugh s'interroge convenablement : « N'est-ce pas ici l'endroit pour souligner la contradiction qui caractérise la culture cinématographique canadienne ? Aucun intervenant francophone (ni anglophone ?) dans l'affaire Jutra n'avait lu la totalité de mon analyse[39]. » Une semaine après le scandale, Matthew Hays remet d'ailleurs en question, non sans une certaine ironie, la façon dont les journalistes et critiques ont pu manquer cet ouvrage – voire l'ensemble de l'œuvre – de Waugh qui remet en question, en détail, ces images et qui ne constitue rien de moins qu'une bible, écrite par l'un des universitaires les plus prolifiques du cinéma queer québécois et canadien[40]. Ce fait illustre avec brio le caractère des deux solitudes au Québec et la façon dont le milieu universitaire, comme celui du cinéma (mais aussi de l'étude des populations LGBTQI2+), n'y échappe guère. Et pour cause, l'utilisation du mot *queer* dans le langage francophone est plutôt récente, comme l'utilisation de l'acronyme LGBTQI2+, sans compter que plusieurs ne savent guère la signification du terme, ni ne connaissent son histoire (culture, militantisme). Manque d'information[41] (traduction, explication du terme *queer*) ou lecture transversale (omission volontaire, flou artistique) ? Là est la question. Certes, il est malheureusement peu étonnant que l'ouvrage de Waugh soit passé sous le radar dans le Québec francophone. Toute cette discussion est tributaire, ou du moins elle n'y est guère étrangère, de tous les discours nationalistes des décennies précédentes ayant notamment motivé l'écriture de ce livre[42]. Nous pourrions aussi ajouter les deux autres solitudes (hétérosexuelle, homosexuelle) ou encore celles que la société aime conjuguer (femme, homme)… Mais les oppressions et discriminations liées à l'orientation sexuelle – même si les LGBTQI2+phobies sont multiples et peuvent s'annexer à d'autres discriminations – vont, dans une certaine mesure, au-delà du sexe de la personne et de la langue parlée. C'est d'ailleurs pour cette raison qu'hommes et femmes LGBTQ+ et personnes trans, de tous âges et de toutes origines, sont descendus dans les rues de l'Amérique du Nord, de New York à San Francisco, de même que dans celles de Montréal, et ce, au long de la décennie 1970 : pour faire entendre leur voix et la conjuguer au pluriel.

Certes, au-delà du militantisme qui réunit l'oppression commune, les deux solitudes (francophone et anglophone) sont encore bel et bien présentes dans la société québécoise, même si nous aimons penser le contraire ou souhaitons qu'il en soit autrement. À divers degrés, il en va de même pour ces deux solitudes que constituent l'hétérosexualité et l'homosexualité, même si elles sont appelées à changer… lentement, mais sûrement. Ainsi, nous revenons – presque cycliquement – à la question initiale : comment se positionne la devise « Je me souviens » et comment dialoguer en ce sens ? Si Waugh souligne « le désaveu et l'évitement qui caractérisent la littérature sur Jutra, à ce jour,

même à la suite du scandale », il n'épargne aucune des deux solitudes dans le
« maintien silencieux du patrimoine », continuant d'éviter ce qui apparaît à
l'écran. Il cite à cet effet la seule monographie en anglais, soit *Claude Jutra:*
Filmmaker de Jim Leach (1999), qui « est totalement subsumée par la situation
nationale québécoise » du cinéaste montréalais, alors que Jutra a tourné
jusqu'à huit films de langue anglaise au Canada anglais, et qu'il était loin
d'être le porte-parole le plus loquace pour la cause indépendantiste. « Finalement, la monographie est si superficielle dans le traitement queer de l'œuvre
que ses lecteurs ont dû se sentir particulièrement aveuglés par l'éruption, dix-
sept ans plus tard[43]. »

Très ironiquement, dix-sept ans plus tard, on ajoute à l'aveuglement la
sourde oreille. Le souvenir, « Je me souviens », s'il a déjà été, est sélectif. Aussi
nobles que soient les intentions d'Yves Lever, les révélations de pédophilie
présentes dans l'ouvrage viendront mettre le feu aux poudres et animeront
un feu de paille médiatique qui ne sera pas sans conséquence pour la mémoire
de Jutra. En d'autres termes, la mention de la pédophilie au neuvième chapitre
brûlera tout sur son passage, ne laissant que quelques cendres de la mémoire
de l'œuvre du cinéaste, dans une biographie exhaustive qui compte près de
trois cent soixante pages. Acculée au pied de l'échafaud, la mémoire de Jutra
brûle, telle Jeanne d'Arc au bûcher. Rares sont ceux qui courent pour éteindre
le feu. À un point tel où Les Éditions du Boréal tentent de faire office d'ex-
tincteur en envoyant rapidement un communiqué aux médias, expliquant
leur position dans cette affaire. « [L'auteur] évoque le fait que le célèbre cinéaste éprouvait une attirance pour les garçons et aurait eu des relations
sexuelles avec des mineurs. Devait-il le révéler ou le taire ? […] Le rôle de
l'éditeur n'est pas d'imposer une censure aux auteurs, mais de veiller à ce que
circule le travail d'experts dans différents domaines, dans la mesure où ce travail est rigoureux et documenté[44]. » Cette position est d'ailleurs tout à fait
pertinente, pour autant qu'une biographie révèle des éléments vécus par celui
dont la vie est racontée. C'est aussi le propre d'un critique ou théoricien du
cinéma informé qui analyse l'œuvre d'un créateur, avec la part d'objectivité

nécessaire, provenant d'une analyse et d'une recherche fouillée et informée. L'éditeur mentionne d'ailleurs : « On ne peut comprendre le cinéma de Jutra en occultant ses images de l'enfance et des garçons. Son œuvre, comme celle de nombreux artistes, est inspirée d'un parcours qu'il faut connaître pour en découvrir le sens et la part tragique[45]. » Sans conteste, l'art est un exutoire pour quiconque en est le créateur. Comme tout artiste, Jutra n'y fait guère exception. Nécessairement, le processus créatif pousse l'artiste à se découvrir, à explorer et à réfléchir sur lui-même. Plusieurs pensent que les artistes ne sont que d'égocentriques narcissiques nageant en plein délire… Or, s'il y en a, incontestablement, comme dans tous les domaines et corps de métiers, les artistes sont certainement des personnes qui n'hésitent pas à remettre en question leur *ego*, leurs perceptions et leur vision de la vie. Bref, les artistes n'hésitent pas à se mettre en danger pour tenter de communiquer et d'entrer en relation avec l'autre à travers leur art. C'est d'ailleurs pourquoi certaines œuvres nous font pleurer ou rire, nous rebutent, nous plongent dans l'incompréhension ou la réflexion, etc. Les meilleures œuvres conjuguent émotion et réflexion et s'inscrivent en nous, imprimant telle la devise « Je me souviens » un souvenir marquant qui nous accompagne éternellement. Or, pour ce faire, encore faut-il avoir accès à l'œuvre et prendre le temps de l'absorber. Par la suite viendra le jugement du récepteur (le public), avec sa part d'analyse, de ressenti et de subjectivité propres à toute œuvre, puisque propres à tout être.

Si « l'affaire Jutra » soulève maints enjeux, elle expose cruellement celui de la méconnaissance du grand public sur le sujet, soit l'œuvre de l'artiste (car à n'en point douter, si Jutra n'avait pas réalisé de films, il n'y aurait guère de biographie). Claude Jutra, le sacro-saint de l'intelligentsia cinématographique québécoise, d'après lequel on nommait autrefois les prix Jutra, mais dont peu de gens du grand public connaissent l'œuvre au-delà de *Mon Oncle Antoine*[46] ou de *Kamouraska*. Pourtant, on parle ici d'un corpus de films qui furent maintes fois diffusés à la télévision et encensés, discutés et analysés par de grands théoriciens. Qu'à cela ne tienne, il faudra qu'une biographie en français soit publiée pour que le grand public s'y intéresse. Les gens ne retiennent qu'un mot : *pédophilie* (véhiculé abondamment par les médias[47]). Ils referment le bouquin (bien que la majorité ne l'ait jamais ouvert pour réellement le lire). Ils crient au scandale, allument le bûcher. Brûlent l'accusé, et le livre (puis jettent quelques allumettes à l'auteur). Il ne reste que les cendres qui emportent avec elles la mémoire. « Je ne me souviens PLUS » ou, du moins, je ne veux plus m'en souvenir. Nous pourrions passer des heures à blâmer quiconque, mais le blâme est sociétal. On préfère taire – occulter, enterrer – ce qui ne nous plaît guère et ne pas ajouter davantage au malaise, au drame, à la terreur, à l'inexplicable, à l'incompréhension, au lieu d'en parler (comme le fait l'intellectuel), de communiquer (comme le fait l'art). C'est très symptomatique de la société québécoise, du Québécois moyen. « Farmer sa y'eule » ou lui « faire fermer sa y'eule » pour mieux oublier, ou dire avec amertume : « Je me souviens. » Comme si dire « il n'a jamais existé » reviendrait à dire « ça n'a jamais existé »… Vraiment ? Quoi qu'il en soit, on procède à la disparition du cinéaste ou, du moins, de son nom. Celui dont on ne doit plus prononcer le nom sera rayé de la toponymie montréalaise, voire québécoise[48]. Certes, dans une ville hantée par tant de noms de saints, de saint Laurent à sainte Catherine, on ne s'étonne guère. Dorénavant, pour désigner un parc et une rue de la métropole, le nom de Claude Jutra sera remplacé par ceux de la cheffe d'orchestre québécoise Ethel Stark et la réalisatrice française Alice Guy[49]. Dans un article sur Jutra, publié dans *Jump Cut*, Julianne Pidduck mentionne que le choix de nommer ces lieux d'après des femmes répond à un déséquilibre, voire à une inégalité des genres, où seulement 6 % des noms de rue au Québec portent des noms de femmes[50]. Une aberration[51] qui revient, au final, à nier et à invisibiliser la place des femmes dans l'histoire du Québec. Comme quoi le devoir de mémoire est parsemé d'oublis et d'injustices…

On s'empresse de taire le nom de Jutra comme si on allait « oublier » les actes. Si on dit que l'homme se définit par ses actions, par l'ensemble de ses actes et ce qu'il fait de sa vie, alors on définit l'artiste par son art. « L'homme n'est rien d'autre que son projet[52] », disait Jean-Paul Sartre. L'art de Jutra, comme celui de tout artiste, par définition, émerge d'un lieu créatif, de la subjectivité de l'artiste. Il est une expression de son vécu, de sa subjectivité, de sa vision du monde, parfois de l'exutoire des interdits. Certes, réduire son art à l'expression d'une pédophilie refoulée est injuste. Dans le cas qui nous intéresse, si on condamne l'homme – ou du moins sa mémoire –, et ce, sans procès[53], pourquoi alors condamnons-nous l'artiste ? En quoi l'œuvre, les films de Jutra, ont-ils perdu de leur valeur artistique depuis le dévoilement médiatique d'actes pédophiles ? Certains diront qu'on ne peut guère séparer l'homme – du moins ses gestes – de l'artiste. Or, les prix Jutra ne se sont guère appelés ainsi parce que Jutra menait une vie exemplaire, dite modèle (lire hétérosexuelle à la *Pleasantville*[54]), mais plutôt parce qu'il créait des œuvres uniques qui ont marqué le patrimoine cinématographique. Ces prix du cinéma sont nommés ainsi pour rendre hommage à l'œuvre de l'artiste (et non à l'homme derrière l'œuvre). Or, à l'automne 2016, en modifiant l'appellation des prix Jutra pour les prix Iris[55], l'organisme Québec Cinéma vient taire une certaine controverse, certes nécessaire, en effaçant néanmoins le souvenir d'un grand artiste. Quand les gens demanderont pourquoi l'appellation a changé, de quoi se souviendront-ils ? Du grand art de Jutra ou des gestes condamnables de l'homme ?

Dans une analyse de l'affaire Jutra, Heinz Weinmann propose une corrélation entre l'État québécois et le microcosme qu'est Québec Cinéma, en expliquant ce qu'il considère comme le meurtre mémoriel commis envers Jutra. « À part celui de l'obligation d'agir rapidement – dans le but d'étouffer tout débat contradictoire –, un autre leitmotiv ressort dans les commentaires de Québec Cinéma : celui du "deuil" qu'on dit avoir dû faire pour avoir commis un meurtre mémoriel », explique l'auteur en citant Roger Frappier, proche de Claude Jutra, ayant même évoqué la deuxième mise à mort de Claude Jutra : « On a tué Claude Jutra une deuxième fois. » Puis Weinmann conclut sur le fait que Québec Cinéma est un microcosme de la société québécoise, puisque « le Québec lui-même n'est-il pas né d'un mémoricide » ?

De là ce déroulement si bien huilé et si bien rodé de l'« affaire Jutra ». Le chemin avait déjà été frayé : nous sommes en pays connu, même s'il est pour beaucoup immergé dans les eaux glauques de l'inconscient. Pour le concept de « mémoricide » vient d'abord à l'esprit la Rome antique qui avait une punition appelée « *damnatio memoriae* ». Pour cette société qui vénérait comme aucune avant elle ses ancêtres et son histoire, c'était la plus cruelle des punitions : être mort une seconde fois pour la mémoire. Va pour les tyrans comme Caligula et Néron. Une fois la « *damnatio memoriae* » déclarée par le Sénat, les statues publiques étaient renversées, les inscriptions effacées, les registres radiés : comme si la personne n'a jamais existé… C'est précisément ce qui s'est passé au Québec avec l'« affaire Jutra ». Toute trace mémorielle de cet artiste devait être effacée, purgée[56]…

Un des meilleurs exemples constitue certainement celui de la sculpture *Hommage à Claude Jutra*, de Charles Daudelin, installée dans ce qui était jadis nommé le parc Claude-Jutra, à l'angle des rues Clark et Prince-Arthur à Montréal. Érigé en 1997 pour rappeler la mémoire de Jutra, le monument s'inscrivait également dans les célébrations de clôture d'un siècle de cinéma ; la forme circulaire évoque l'œil qui regarde l'histoire du cinéma et « l'Homme à la caméra » (Jutra – comme Dziga Vertov, pour ne pas citer son fameux film – mais aussi les cinéastes du monde entier), voire ces créateurs et créatrices qui proposent une vision unique à travers la caméra – ici représentée avec ces vieux appareils à trois lentilles. La serrure – où l'on insère généralement une clé – réfère, mécaniquement, à la manivelle de la caméra et à son déclencheur, le cinéaste qui tourne les images. Symboliquement, elle évoque la vision, la mémoire de l'artiste créateur, qui demeure le seul à posséder la clé de son art (et de son jardin secret), mais aussi la liberté – qui demeure la clé de toute création artistique. D'ailleurs, la sculpture *Liberté* de Daudelin, réalisée en 1995, présente également une serrure à la base de cette liberté. Au centre de la sculpture *Hommage à Claude Jutra* figurait l'inscription gravée des mots de Jutra :

> *La vocation du cinéma*
> *est d'incarner la vie*
> *notre postérité exige*
> *qu'on le protège*
> *pour qu'il garde en mémoire*
> *non pas seulement ce que l'on pense,*
> *mais comment on le parle,*
> *le rythme de nos rires,*
> *la chanson de nos pleurs,*
> *pour qu'il capte à jamais*
> *les aujourd'huis qui passent ;*
> *pour qu'il rende à l'éternité*
> *notre fait*
> *notre geste*
> *et notre dit.*

Au-delà de la puissante ironie que génère la lecture de cette mémorable inscription – en période de scandale – ayant pour thème la « transmission de la mémoire collective », l'œuvre fut d'abord vandalisée, voire marquée au fer rouge du sceau *Pépé Pédo*, avant d'être retirée et entreposée par la Ville de Montréal. En faisant disparaître tout ce qui est associé à Jutra, l'œuvre de Daudelin sombre de surcroît dans l'oubli, comme son important hommage au septième art. Notons que Daudelin est également le créateur des trophées de la Soirée des Jutra, dès 1999, qui disparaîtront également en 2016, comme précédemment évoqué. Et voilà pour la transmission de la mémoire collective : « J'me souviens pus ! Je me souviendrai pas. » D'ailleurs, dans la foulée du « mémoricide Jutra », Heinz Weinmann conclut que les « Québécois sont les

Photo 42

Hommage à Claude Jutra. La sculpture du défunt artiste Charles Daudelin installée dans le petit parc Claude-Jutra (devenu le parc Ethel-Stark), à l'angle des rues Clark et Prince-Arthur à Montréal, a été vandalisée, en 2016, d'une inscription à la peinture rouge, *Pépé Pédo*, avant d'être retirée et entreposée par la Ville de Montréal. La Presse Canadienne/Ryan Remiorz © 2016.

vandales de leur propre culture, car les Vandales historiques s'en prenaient aux œuvres des Autres, des conquis[57]. » D'ailleurs, le peuple de conquis que représentent les Québécois n'a fait qu'illustrer tristement cette thèse en vandalisant le monument de Daudelin... Puis le théoricien de conclure que le premier des vandales dans l'« affaire Jutra » aura été Québec Cinéma, car « loin d'avoir défendu – comme c'était sa mission – bec et ongles ne serait-ce que l'œuvre d'un des fondateurs du cinéma québécois, Québec Cinéma avant

Photo 43
Créé par Charles Daudelin, le trophée de la
Soirée des Jutra semble être un écho à sa
sculpture *Hommage à Claude Jutra* (1997) par
le rond et la serrure, qui évoque d'ailleurs sa
sculpture *Liberté* (1995). Charles Daudelin,
Tropheée Jutra, 1999 © Succession Charles
Daudelin/SOCAN (2022).

même que la meute de lyncheurs ne se jette sur "Jutra", a été le premier à avoir,
au nom d'un soi-disant "consensus" contre la pédophilie, opéré la radiation
du nom et de l'œuvre de Jutra de l'espace public québécois[58] ».

Pour sa part, Matthew Hays conclut que les galas de remises de prix concer-
nent la promotion et qu'ils « doivent projeter une image positive, et la tache
de pédophilie est quelque chose que la plupart trouveront au-delà de ce qui
est acceptable ».

L'image publique a en effet changé. Alors que les publicistes devront chercher de nouveaux pionniers emblématiques pour leurs noms de prix, le canon restera le même. Les films de Jutra sont des jalons cruciaux dans l'évolution de l'un des cinémas nationaux les plus robustes au monde. Le scandale fera partie intégrante du contexte historique dans lequel les films de Jutra se retrouvent, mais cela ne nuira pas – et ne devrait pas nuire – à leur mérite artistique[59].

De ce fait, le souvenir de l'œuvre doit continuer de se transmettre. Enseignant aussi à l'Université Concordia, Hays cite à juste titre un collègue de l'Université McGill : « Je n'enseigne pas l'histoire des saints. Nous n'arrêtons pas d'enseigner Roman Polanski dans les cours de cinéma, tout comme je ne m'attendrais pas à ce que les cours d'histoire de l'art échappent au travail de Pablo Picasso à cause de sa vie personnelle désordonnée, ni à ce que des cours d'opéra négligent Wagner pour des raisons évidentes[60]. » Finalement, Edgar Morin – qui épouse d'ailleurs Johanne Harrelle en 1972 – va dans le même sens. « Claude Jutra fut un cinéaste de génie qui réalisa le premier film autobiographique et autocritique de l'histoire du cinéma en montrant dans *À tout prendre* sa liaison avec Johanne rejouée/revécue par elle et lui. Il est indécent et imbécile de condamner la mémoire d'un grand artiste pour ses mœurs sexuelles. » Il poursuit dans le sens de ses contemporains : « S'il en était ainsi, un grand nombre de noms disparaîtrait des plaques de rues, places publiques, ainsi que des manuels et livres d'art et de littérature. Socrate et Michel Ange auraient dans ce cas disparu depuis longtemps de la mémoire des humains[61]. »

Si, dans sa première entrevue sur le sujet à Radio-Canada, l'auteur Yves Lever[62] a pertinemment qualifié Jutra « d'inspiration pour tout le monde » dans le milieu du cinéma international, en ajoutant qu'il « n'écrivait pas un livre sur la pédophilie[63] », il était déjà trop tard, conclut Matthew Hays, puisque « la tempête médiatique était déclenchée », conduisant notamment à la publication de témoignages de présumées victimes, dans *La Presse*. Ainsi, « l'ensemble du cirque médiatique qui a suivi, de la première interview à ses retombées généralisées et à sa conclusion de culpabilité, a duré environ soixante-douze heures ». De ce fait, « Jutra est passée de la figure paternelle culturelle emblématique au paria en moins de trois jours[64] ». Après les révélations de pédophilie publiées dans la biographie, nombre de discours vont (ré)interpréter les œuvres de Jutra, dont *À tout prendre* (et la demande de Johanne à Claude : « Aimes-tu les garçons ? »), comme une confession de sa pédophilie. Le scandale ira même jusqu'à déterrer la vieille association homosexualité-pédophilie dans l'espace public médiatique comme dans les médias sociaux[65]. Néanmoins, on appelle au scandale, à l'effacement de la mémoire, sans pour autant avoir une discussion de front sur les sujets, aussi délicats soient-ils, on balaie le tout sous le tapis, conclut judicieusement Matthew Hays dans son article *The Man Who Wasn't There*[66]. À n'en point douter, si la loi a changé en ce qui concerne l'homosexualité, comme son acceptation dans l'espace public, il n'en demeure pas moins que des mentalités rétrogrades subsistent. L'égalité juridique est atteinte, certes, mais il demeure du travail à faire pour parvenir à l'égalité sociale et amener le grand public à voir au-delà des images collectives stéréotypées et fausses. Comment pallier un siècle d'images en mouvement qui aura négativement teinté de plusieurs préjugés certaines perceptions sociales, dont le regard que l'on porte sur l'homosexualité, voire sur les populations LGBTQI2+ ? D'ailleurs, à l'heure où les placards s'ouvrent et que les *coming out* sont encensés, il est d'autant plus utile de « réfléchir davantage à la dynamique du blâme, de la rectitude, de la canonisation et de la rédemption dans l'historiographie culturelle[67] ».

S'il nous semblait judicieux que « l'affaire Jutra » fasse l'objet du dernier chapitre de cet ouvrage, à la manière d'un long épilogue qui est par définition l'action de « conclure une affaire », nous n'avons guère l'intention de clore le dialogue sur le sujet, au contraire. Si on ne pouvait passer sous silence le scandale en question, il nous semblait primordial de recentrer la discussion sur les films qui ont marqué le cinéma québécois et, sans nier les allégations, d'aller au-delà de celles-ci afin de repositionner la mémoire de l'œuvre. D'ailleurs, à la suite du scandale, plusieurs théoriciens ont fait de même, en présentant des ouvrages en ce sens : « Je choisis de contribuer à un débat public réfléchi afin de sortir de l'impasse entre, d'un côté, une panique morale, et de l'autre, le désaveu de tout préjudice causé par Jutra, fondé sur la sainteté de l'artiste ou sur une éthique libertaire sexuelle[68] », explique Julianne Pidduck. D'ailleurs, nous ne voulons ni inculper, ni condamner, ni défendre, ni expliquer les gestes de l'homme (Claude Jutra), ni tirer sur le messager (Yves Lever). Nécessairement, les révélations présentes dans la biographie ont attisé le feu, les consciences collectives. Si la biographie a pu servir d'allumette, il serait injuste d'imputer à Yves Lever d'être l'auteur du feu, de ce lynchage médiatique, voire de cette dérive de l'opinion publique vers le mémoricide. D'ailleurs, par les critiques suscitées, Jutra ne semble pas être le seul à être appelé au bûcher, mais également l'auteur de sa biographie. Est-ce que toucher à Jutra, c'est nécessairement s'y brûler ? À suivre…

Bien que ces questions éthiques et morales liées à l'art soient présentes depuis que l'artiste crée, puisque la création ne s'effectue guère en vase clos et qu'elle s'accompagne de sa réception, il n'en demeure pas moins qu'à l'ère du #metoo et de la *cancel culture*, la question évolue rapidement et l'opinion publique prend conscience d'enjeux sociaux importants. En 2018, alors que les projecteurs sont braqués sur l'affaire Harvey Weinstein[69], la cérémonie des Golden Globes se déroule devant un parterre de militantes féministes invitées, alors que la condition des femmes à Hollywood se retrouve au cœur des discours. La même année au Festival de Cannes, l'actrice italienne Asia Argento accuse Weinstein et affiche une position revendicatrice. Les combats sociaux liés à l'art contemporain se font sous le signe de l'intersectionnalité (avec une coprésence fréquente des thèmes LGBT, féministes, postcoloniaux ou écologiques) et sont soutenus par des institutions culturelles[70], explique Carole Talon-Hugon dans son ouvrage *L'Art sous contrôle*. Néanmoins, ce sont ces mêmes institutions patriarcales qui sont au cœur d'une misogynie, d'une violence sexiste et de sa promotion, « où l'activisme rend visibles les tréfonds des structures de domination que ces hommes prennent, d'habitude, tant de soin à dissimuler[71] », souligne la militante féministe et LGBT Alice Coffin dans son livre *Le Génie lesbien*.

Si l'affaire Jutra, comme la rapidité avec laquelle elle enflamme le discours public au Québec, émerge d'une situation sociopolitique de son temps, elle trouve nécessairement des échos ailleurs dans l'industrie cinématographique. De fait, plusieurs « affaires » défraient la chronique et appellent à la censure éthique et morale. L'acteur Kevin Spacey, à la suite d'allégations d'inconduites sexuelles[72], sera écarté de la série *House of Cards*, puis remplacé par Christopher Plummer dans *Tout l'argent du monde* (2017, Ridley Scott). Alors que le réalisateur Woody Allen est accusé d'attouchements sexuels sur sa fille adoptive[73], une journaliste du *Hollywood Reporter*[74] appelle au boycottage de ses films. Il en est de même pour les œuvres du cinéaste Roman Polanski, accusé par cinq femmes d'agressions sexuelles alors qu'elles étaient mineures[75], alors qu'on réclame la déprogrammation de la rétrospective de son œuvre à La Cinémathèque française de Paris en octobre 2017. Si l'organisme ne modifie pas sa programmation, l'événement se fera en présence d'une centaine de manifestants. Prévue en janvier 2018, la rétrospective du cinéaste Jean-Claude Brisseau, condamné pour harcèlement sexuel en 2005, bien avant #metoo, sera reportée *sine die* « dans un souci d'apaisement[76] ». Si le caractère misogyne et patriarcal de l'industrie cinématographique est indiscutable et mérite d'être dénoncé, au même titre que ces « pervers pépères du cinéma[77] », pour reprendre l'expression d'Alice Coffin ; il ne s'agit pas ici, dans le cadre de cet ouvrage, d'en faire le procès. Il ne s'agit pas non plus de faire le procès d'individus, qu'ils soient ou non reconnus coupables, qu'ils aient ou non échappé au système judiciaire. Il s'agit de s'intéresser à l'éthique qui régit ici la censure artistique. Le problème lié à l'art, à la critique ou à l'appel à la censure ou au boycottage, comme le souligne Carole Talon-Hugon dans son livre *L'Art sous contrôle*, est que « la critique ne porte pas sur l'œuvre, ou ne vise pas l'auteur, en tant qu'auteur de l'œuvre incriminée, mais sur l'auteur en tant qu'individu ayant eu, indépendamment de la réalisation de son œuvre, une conduite immorale et, par capillarité, sur les œuvres dont il est l'auteur, et ce [,] quelle que soit la neutralité axiologique de ces dernières[78] ». Ainsi, pour l'auteure, ces formes de protestations sont radicales, agissant comme de pures et simples censures, car, la plupart du temps, elles ne relèvent pas « d'une critique éthique qui jugerait l'œuvre d'un point de vue non seulement moral, mais aussi esthétique, et conclurait à une moindre valeur de l'œuvre en raison de ses défauts éthiques[79] ». Qui plus est, ces censures « ne se contentent pas de réprouver, elles exigent l'interdit et la sanction. Elles opposent une sorte de droit de *veto* à l'existence même de l'œuvre[80] ». Ainsi, le type d'accusation morale ne porte pas sur l'œuvre ou ses conséquences, mais sur les événements de la vie de l'artiste ; c'est le cas de Woody Allen et de Roman Polanski, notamment, puisque c'est l'accusation d'inconduite sexuelle qui a motivé la demande de censure de leurs œuvres. Par ricochet, c'est également le sort réservé à Jutra, dans la mesure où l'on efface le legs de l'artiste (prix, nom de rue) qui rendait hommage à son œuvre. D'ailleurs, Carole Talon-Hugon conclut ainsi à une affaire de « double assimilation » par chaîne de contamination : « de l'homme à l'artiste et de l'artiste à ses créations », c'est-à-dire qu'« au terme de cette chaîne, ce sont [*sic*] bien sur les créations que porte l'interdit[81] ». Bref, le registre des valeurs éthiques fait table rase des valeurs artistiques de l'œuvre qui se voient oblitérées par le défaut éthique de son auteur[82]. « Critiquer une œuvre en raison d'événements en marge de sa création, et tout particulièrement en raison de comportements immoraux de l'artiste est également difficilement recevable. Si le procès de l'homme coupable est parfaitement justifié, celui de son œuvre ne l'est pas, car celle-ci n'hérite pas de la malignité de son auteur », dit-elle. « S'il faut boycotter ou faire interdire les films de Woody Allen ou de Roman Polanski, en raison de l'immoralité de leurs auteurs, il faudra faire de même pour beaucoup d'autres œuvres : celles de Picasso, qui a maltraité bien des femmes, d'Arthur Rimbaud[83] », alors que sont également cités Paul Gauguin, Caravage et François Villon avec leurs vices respectifs.

Condamner ou censurer des œuvres ou des artistes pour des raisons morales et éthiques ne date pas d'hier. De l'Antiquité au XVIIIe siècle, l'art et la morale seront étroitement liés. Entre la Renaissance et le XIXᵉ siècle, la sphère artistique procède à un long processus d'autonomisation, donnant naissance à « l'idée *moderne* d'art, selon laquelle l'art est une activité autonome, réalisée par des créateurs individuels[84] ». Certes, à l'ère du #metoo, c'est le lieu de censure qui diffère, « ce n'est plus le tribunal, mais les médias : réseaux sociaux, sites Internet, journaux ; et ses *modus operandi* spécifiques sont la pétition, la tribune, la manifestation et le lynchage médiatique[85] ». Ce que nous pourrions appeler le tribunal populaire de l'opinion publique à l'ère du #metoo possède de bons côtés puisqu'il peut interpeller le système judiciaire sur des enjeux primordiaux. Néanmoins, il peut également censurer sans vergogne et enrayer la liberté de création.

Le tournant moralisateur de la critique contemporaine relève d'un moralisme radical dans la mesure où l'on tient pour acquis non seulement qu'il est légitime de juger de l'art d'un point de vue moral, mais aussi que le défaut moral justifie la censure de l'œuvre. Décrocher des tableaux, mettre des œuvres à l'index, boycotter des films, faire interdire des rétrospectives, tout ceci signifie bien qu'un défaut moral rend légitime la suppression des œuvres et, au-delà, la confiscation de la liberté de création ; autrement dit, que la valeur éthique l'emporte radicalement sur la valeur artistique[86].

Si l'affaire Jutra n'y échappe guère, elle se différencie de ses contemporains, dans le sens où Jutra « est décédé il y a des décennies, ce qui génère un sentiment de malaise puisqu'il a été condamné sans aucune possibilité de se défendre[87] », explique à juste titre Matthew Hays, sans oublier le sort des présumées victimes qui ne pourront obtenir un procès.

C'était déprimant en raison du choc et de l'horreur que beaucoup ont ressentis à propos des actions de Jutra il y a des décennies, mais je me désole que cela n'ait conduit à aucune discussion sur la pédophilie. Au lieu de s'attaquer à un problème profond, les politiciens et les artistes ont estimé qu'ils pourraient, en quelque sorte, se débarrasser de l'indéfendable en effaçant le nom de Jutra. [...] Non seulement cela n'a pas fait de bien à la mémoire de Jutra, mais je ne peux imaginer que cela ait aidé ceux qui disent avoir été victimisés par lui. Plutôt que de discuter des relations intergénérationnelles, de la façon dont les attitudes à leur égard ont changé au cours de l'histoire et de la signification réelle des images créées par Jutra, nous avons simplement tout balayé sous un tapis géant[88].

Sans conteste, nous pourrions appliquer ce « balayage des problèmes » aux autres affaires préalablement explorées, comme à maints enjeux sociétaux. Notamment, cette façon de taire les maux, comme les mots dits et les interdits pour épargner les sensibilités. Un cas de figure qui touche aujourd'hui toutes les sphères sociales, incluant le milieu de l'éducation. Alors qu'il faut taire certains mots, comment penser à définir et à aborder des enjeux de fond sans les nommer ? Si l'artiste, comme l'art, est le premier à être appelé à l'échafaud, il n'en demeure pas moins que dans la société contemporaine « le rapport à l'éthique est sur le mode de l'affrontement. La confrontation se donne sous la forme de la contestation[89] », alors que tout individu s'improvise critique de cinéma, parce que citoyen du monde sur un blogue influent. Par rapport au pouvoir démesuré des influenceurs, qui font leur succès en exprimant leurs subjectivités, nous sommes bien loin de la pensée d'Oscar Wilde qui affirmait que « la première condition, pour le critique, c'est de reconnaître la séparation totale et absolue entre les domaines de l'art et de la morale[90] ». D'ailleurs, Carole Talon-Hugon conclut sur une note dramatique où, selon elle, « le tournant moralisateur de l'art d'aujourd'hui signifie une exténuation de l'art », craignant qu'il « ne conduise à une balkanisation de la culture dans laquelle l'art comme l'éthique ont plus à perdre qu'à gagner[91] ».

Bref, afin de conclure cet ouvrage aux antipodes de l'exténuation de l'art, nous désirons simplement repositionner la mémoire de l'œuvre de Jutra pour l'artiste qu'il est : un artiste avec un grand A, un pionnier du cinéma québécois nous ayant offert des films dont nous pouvons être fiers. Un *À tout prendre* courageux qui, plus d'un demi-siècle après sa création, ne cesse d'inspirer les jeunes générations. Si on ne pouvait guère passer sous silence le scandale de « l'affaire Jutra », il nous semblait d'autant plus primordial de l'aborder afin de réhabiliter la mémoire de l'œuvre du cinéaste. De fait, en 2019, nous abordions la question avec une classe d'étudiants au cégep : « Connaissez-vous l'œuvre de Claude Jutra ? » On pouvait entendre une mouche voler, alors qu'un seul étudiant a pris la parole : « Oui, le pédophile. Est-ce qu'on va parler du scandale ? » Il nous a semblé alors d'autant plus important d'aborder l'œuvre du cinéaste…

Ainsi, à la manière du colloque *Reprendre À tout prendre* présenté à la Cinémathèque québécoise, qui déjà en 2015 désirait mettre en lumière la façon dont l'œuvre permettait à l'artiste « non seulement d'amorcer l'émergence d'une cinématographie québécoise, mais également de paver la voie à des générations de cinéastes qui s'inspirent encore et toujours de cette œuvre phare[92] », c'est ce que les dernières pages de ce livre désirent mettre de l'avant. Sans être exhaustives, ces quelques pistes de réflexion proposent d'élargir l'influence de la devise « Je me souviens ». Réhabiliter l'œuvre et sa mémoire et, peut-être même lui donner un second regard, un deuxième souffle.

À n'en point douter, « si le contexte de production et l'impact d'*À tout prendre* enracinent profondément le film dans le présent qui l'a vu naître, il traverse le temps tout en demeurant actuel. En effet, le film porte en lui les aspirations de liberté et d'indépendance qui animent nombre de cinéastes d'aujourd'hui[93] ». Nous pourrions évoquer nombre de cinéastes québécois qui, de près ou de loin, implicitement ou explicitement, ont été influencés par l'œuvre de Claude Jutra, à commencer par *Gus est encore dans l'armée* (1980), où Robert Morin est le principal interprète de ce court métrage coréalisé avec Lorraine Dufour. Il explore l'amour secret (confessé à la caméra Super 8) d'un jeune homme pour son confrère soldat dans les Forces armées canadiennes. Ce vidéaste engagé qu'est Robert Morin – cofondateur de l'institution qu'est la Coop Vidéo de Montréal – a toujours expérimenté avec le médium, sans jamais faire de compromis sur sa vision artistique. Nombre de ses thèmes et de ses techniques cinématographiques au sein de sa filmographie évoquent l'œuvre de Jutra et *À tout prendre*. Que ce soit en remettant en question le rôle de l'acteur jouant le rôle de sa vie (d'ex-détenus jouent leur rôle dans *La Réception*, 1989, d'ex-toxicomanes dans *Quiconque meurt meurt à douleur*, 1998, et de jeunes non-acteurs dans *La Fabrication des mâles*, 1999), le médium (mentionnons l'aspect interactif du *Journal d'un coopérant*, 2010, la docufiction des ados dans *Opération Cobra*, 2001), la mémoire (de l'autre, dans *Requiem pour un beau sans-cœur*, 1992), ou encore la confession (criminelle, dans *Papa à la chasse aux lagopèdes*, 2008, et paternelle, dans *Petit Pow ! Pow ! Noël*, 2005). Il est à noter que Morin utilise, dans la majorité de ses films (et souvent au sein même de la diégèse), le médium vidéographique et la confession vidéo pour révéler le passé, les personnages, les gestes, la devise « Je me souviens ». Enfin, soulignons les thèmes des minorités visibles, culturelles et linguistiques (*Le Nèg'*, 2002, *Windigo*, 1994, *3 histoires d'Indiens*, 2014), puis des contextes sociopolitique et identitaire du Québec. En ce sens, nous pourrions également évoquer la dualité fondamentale de l'acadien Earl Tremblay (également interprété par Morin), dans *Yes Sir ! Madame…* (1994). La facture docufiction expérimentale, les jeux de miroirs et de mise en abyme ainsi que la caméra deviennent les outils privilégiés de sa propre mise en scène pour la recherche du passé, comme celle du présent et du futur. D'ailleurs, cette recherche identitaire générée par ses descendances francophones et anglophones n'est guère étrangère à l'œuvre de Michel Tremblay ; le joual et le caractère expressif de la dualité du titre *Yes Sir ! Madame* évoquent l'univers d'*Il était une fois dans l'Est*.

D'ailleurs, Rodrigue Jean, Acadien d'origine ayant vécu au Québec, serait certainement une autre influence – consciente ou non – du legs de l'œuvre de Jutra. Au sein de sa filmographie, l'identité et la sexualité marginale sont des thématiques disséminées par ce vent d'ailleurs, tel ce regard assumé et sans compromis qu'offre son premier long métrage *Full Blast* (1999), sans oublier l'exploration de la marginalité sexuelle dans *Yellowknife* (2002), jusqu'au malaise généré par le percutant documentaire *Hommes à louer* (2008) qui raconte les confessions de jeunes travailleurs du sexe. Enfin, mentionnons ce qui constitue en quelque sorte la synthèse de sa filmographie, soit une fiction de cinéma-vérité ; *L'Amour au temps de la guerre civile* (2015). Si les (anti)héros du cinéma de celui-ci sont en quelque sorte des parcelles de Claude, c'est avant tout l'importance de la diversité (homo)sexuelle et l'identité culturelle et langagière du cinéma de Rodrigue Jean qui soutient la comparaison avec celui de Jutra, le cinéaste. Tous deux, malgré des différences indéniables et les décennies qui les séparent, font un cinéma d'auteur, « sans compromis », avec une homo(sexualité) qui fait office de *statement*, puisqu'elle s'affiche dans l'espace public, qu'elle soit courageusement dite ou crûment montrée. Bref, Rodrigue Jean pourrait, comme d'autres cinéastes, figurer au palmarès du legs testamentaire de l'œuvre de Jutra. Dans le même sens, mentionnons également la cinéaste Jeanne Crépeau qui, avec son premier long métrage *Revoir Julie* (1998), plonge au cœur de « Je me souviens », où deux amies d'enfance retrouvent l'amour qui les avait réunies à la base ; un film qui ose mettre de l'avant le souvenir, la confession et le lesbianisme. Puis, dans son film *Suivre Catherine* (2008), la cinéaste propose un journal vidéo ludique où voix hors champ et mélange des genres (animation, docufiction) contribuent à l'expérimentation. D'ailleurs, dès ses débuts, Jeanne Crépeau expérimente au « je », avec *Le film de Justine* (1989), où une jeune femme au cœur brisé se confesse sur sa rupture amoureuse. « Je vois entre le Claude Jutra d'*À tout prendre* et la Jeanne Crépeau du *Film de Justine* (1989) une parenté qui tient à une très forte envie de cinéma, peut-être encore assez mal canalisée, c'est-à-dire expansive, mais propre à la jeunesse, ce qui est l'un des paradoxes d'*À tout prendre*[94] », explique Marcel Jean, et ce, « en partie dans son approche thématique, mais plus largement encore dans la manière dont la cinéaste intègre ces thèmes dans une transgression systématique des genres et des formes préétablis, dans le foisonnement des effets et des références et dans l'autodérision qui vient tempérer une prise de parole éminemment subjective[95]. » Si l'artiste qui peint avec véhémence le sol, tel un exutoire de ses frustrations lesboamoureuses ou biamoureuses, n'est guère étrangère à cette Anne Trister mise en scène par Léa Pool, quelques années auparavant, il n'en demeure pas moins que l'influence de Jutra, tant dans les thèmes que dans la forme, est ici indéniable. Et *À tout prendre* a certainement marqué Jeanne Crépeau, qui soulignait d'ailleurs à ce sujet en 2014 dans *24 Images* que « ce faux carnet mondain, genre de journal filmé plein de digressions et de parenthèses, de citations, de changements de ton, traversé par de sublimes figures féminines me semble toujours moderne dans sa forme éclatée ; autofiction comme il s'en fabrique de plus en plus depuis l'invention des petites caméras numériques[96] ».

Si *À tout prendre* a été d'une grande influence pour plusieurs cinéastes de la génération X nés à peu près au même moment où le film paraissait sur les écrans, c'est notamment parce que, « pour ces cinéastes, qui amorcent une carrière à l'époque du *no future* à la fin de la décennie 1970 et au début de la suivante, *À tout prendre* semble l'alternative à une approche qui a été en vogue et en vigueur jusque-là et qui semble bien peu adaptée à la réalité à laquelle ils sont confrontés[97] ». Si ce film de Jutra traverse les époques et en influence plus d'un, c'est notamment parce qu'il va « cristalliser la possibilité d'une expression cinématographique en dehors du cadre imposé par l'affirmation nationaliste ou en dehors d'une lecture du monde reposant sur une perspective de classe[98] ». Ces propos de Marcel Jean, d'abord appliqués à la génération X, sont tout à fait adaptés aux décennies suivantes, en lien avec l'influence d'*À tout prendre*, applicable aux diverses générations de cinéastes, et ce, jusqu'à aujourd'hui. On ne pourrait guère parler du legs testamentaire de l'œuvre de Jutra sans évoquer Xavier Dolan. Ayant grandi dans le milieu du cinéma, devant la caméra[99], Dolan réalise, à dix-neuf ans, son premier long métrage presque entièrement financé par ses économies. Si cette urgence de la jeunesse de plonger, à tout prix, dans la création est déjà comparable à un certain Claude Jutra qui cherchait à financer *À tout prendre* par tous les moyens, le premier film de Dolan, *J'ai tué ma mère*, annonce également la venue d'un jeune prodige. En 2009, alors qu'il a vingt ans, son premier film est acclamé par la critique et rafle trois prix à Cannes (Art Cinema Award, prix SACD, prix Regard jeunes 2009). Avec *J'ai tué ma mère*, il produit, réalise et interprète le rôle principal dans un film aux questionnements complexes, qu'il a lui-même scénarisé alors qu'il n'avait que dix-sept ans. Dans ce récit grandement autobiographique, Xavier Dolan incarne Hubert, un adolescent du même âge, à l'égocentrisme assumé et entretenant une relation conflictuelle avec sa mère ; ne sachant comment exprimer ses sentiments d'amour-haine, ces derniers prendront la forme de confessions, en noir et blanc, adressées au spectateur. L'ambivalence d'Hubert envers sa mère est tangible, particulièrement lors de ces témoignages sur vidéos. Ajoutons à l'acteur, qui joue son rôle dans le film autobiographique qu'il dirige, l'aveu, ou plutôt la confession de l'homosexualité et la comparaison entre Dolan et Jutra et Hubert et Claude, comme le legs testamentaire, sera inévitable. Déjà, en 2009, lorsque le film (événement) est sorti, nous avions relevé l'analogie dans le magazine *Fugues*, en soulignant la « justesse du ton et la naissance d'un auteur ».

Dans *J'ai tué ma mère*, la complexité de la relation mère-fils sera d'ailleurs d'autant plus pertinente après la divulgation de l'homosexualité d'Hubert ; car force est d'admettre que cette relation amour/haine, cette peur de ne pas se reconnaître dans le modèle parental, cette anticipation du *coming out* et cette crainte d'être rejeté et de ne pas être aimé de sa mère, sont des sentiments excessivement puissants lorsque la question de l'orientation sexuelle fait partie intégrante du discours. Le ton du film rend subtilement, mais avec justesse, les sentiments qui découlent de cette réalité. [...] D'ailleurs, le style et l'adresse de ces confessions, les questionnements philosophiques proposés et le ton intellectuel adopté semblent évoquer ces confessions que faisait un certain Claude Jutra à la caméra dans *À tout prendre*. Évidemment, loin de moi l'idée de comparer un pilier de notre cinéma à un jeune premier, mais lorsque l'on regarde la maîtrise du ton et du langage filmique, puis la lucidité étonnante dont fait preuve Xavier Dolan sur des questions aussi complexes,

Photo 44
La passion du moment n'épargne personne ! Dans cette scène d'ébats amoureux,
Hubert embrasse son copain sur fond de peinture et de journaux, où on peut
apercevoir une affiche d'Épargne Placements Québec. Une référence visuelle qui
force le spectateur à « se souvenir » du Québec avec passion, un clin d'œil visuel
judicieux. *J'ai tué ma mère*, 2009.

à un si jeune âge, *J'ai tué ma mère* laisse à tout le moins présager la venue
d'un petit génie dans notre cinématographie québécoise[100].

Si l'expression « petit génie » pouvait paraître hyperbolique pour certains,
il n'en demeure pas moins qu'au fil des ans, et de ses réalisations suivantes,
Xavier Dolan est devenu l'un des favoris du tapis rouge cannois, a vu ses films
distribués à travers le monde, a réalisé des coproductions françaises et bri-
tanniques, etc. Malgré ses succès critiques et populaires, il a continué de jouer
comme acteur tout en réalisant des vidéoclips pour des monuments de la musique, de *College Boy* du groupe français Indochine à *Hello* d'Adele, une des
plus grandes vedettes de la musique pop du moment. À n'en point douter, tel

Jutra, Dolan marque à sa façon l'histoire du cinéma québécois de la devise « Je me souviens », qui trouve écho à l'international et laisse ainsi son empreinte sur le cinéma mondial. Il en va de même d'un certain Jean-Marc Vallée qui aborde l'homosexualité de c.r.a.z.y. (2005) à *The Dallas Buyers Club* (2013), sans pour autant en faire une constante ou l'unique sujet de sa filmographie. Dolan fera de même au fil de ses réalisations suivantes – nous avons d'ailleurs précédemment discuté de *Laurence Anyways* (2012) ainsi que de *Tom à la ferme* (2013) dans notre sous-chapitre « L'Est de Tremblay ». Qui plus est, nous avions aussi soulevé dans l'article publié dans *Fugues* la façon de traiter de l'homosexualité dans *J'ai tué ma mère*, où « pour une des rares fois au cinéma, l'homosexualité (qui fait partie intégrante du personnage et du film sans pour autant en être le sujet ou le questionnement central), semble *a priori* abordée avec des impressions [, des regards] et des sentiments, plutôt qu'avec des mots[101] ». Cette façon de mettre en scène l'homosexualité, par le non-dit et le sous-entendu, qui n'est pas sans rappeler les représentations pré-Stonewall ou encore celles du lesbianisme dans les années 1980, sera pourtant la façon de mettre en scène cette réalité dans le cinéma de Dolan, comme nombre de cinéastes québécois millénariaux (mentionnons un des meilleurs exemples comparatifs en ce sens, soit *Sarah préfère la course* réalisé par Chloé Robichaud en 2013). Cela dit, la raison en sera tout autre : si les représentations pré-Stonewall le font de façon liminale pour cacher et taire les « interdits », celles des représentations des millénariaux le font, *a priori*, pour différentes raisons dans un monde où l'égalité juridique[102] est atteinte. Comme le mentionne Laurent Beurdeley au sujet de Dolan, « dans sa filmographie, l'originalité de sa démarche tient à ce que l'homosexualité de ses personnages n'est jamais la problématique centrale (bien qu'elle apparaisse souvent en filigrane) ; elle s'avère un non-sujet, une évidence, un fait acquis qui ne souffre pas la contestation ». Se positionnant aux antipodes d'un militantisme gai, Xavier soutient ainsi « qu'il faut arrêter de trop revendiquer certaines choses [...]. Il faut aborder l'homosexualité comme étant intégrée à notre vocabulaire, sinon on la marginalise un peu plus[103] ».

À n'en point douter, l'homosexualité est intégrée à la trame narrative des films de Dolan, sans être accentuée ou marginalisée. Elle fait partie des préoccupations des personnages et du cinéaste (également acteur, scénariste et parfois monteur) qui se met lui-même en scène, qui met en scène ses réalités, ses questionnements et ses angoisses. L'influence d'*À tout prendre* dans le cinéma de Xavier Dolan n'est pas uniquement esthétique, mais aussi dans la façon de situer son point de vue. Un cinéma au « je » individualiste, puisqu'il part d'abord de la singularité et de la sensibilité de l'artiste : le titre *J'ai tué ma mère* est éloquent. C'est en ce sens que la prédominance du « je », des préoccupations individualistes et de l'hétérogénéité des identités est abordée. Contrairement à certains films québécois des années 1980, suivant l'échec post-référendaire, utilisant non-dits et silences pour exprimer la désillusion d'un système, le cinéma de Dolan (comme celui de Jutra, d'ailleurs) exprime avant tout l'individualité de l'artiste. « Les recherches en cours sur les cinémas autobiographiques et queers à la première personne, ainsi que leurs déclarations sexuelles, soulignent dramatiquement le rôle historique non reconnu de Jutra en tant que pionnier avec *À tout prendre*, d'un courant transculturel au cours des dernières générations de ce qu'Alisa Lebow nomme "le cinéma du moi"[104]. » En ce sens, la filmographie de Dolan est exemplaire. Par exemple, *Mommy* (2014), par sa trame narrative – fils turbulent avec sa mère –, ressemble en apparence à *J'ai tué ma mère*, intention confirmée par le cinéaste. La mère se retrouve ainsi au centre du film, tel un cordon ombilical créatif, un thème récurrent qui inspire continuellement Dolan : « C'est à elle que je reviens toujours. À l'époque de *J'ai tué ma mère*, j'avais voulu, je pense, punir ma mère. Seulement cinq ans ont passé depuis, mais je crois bien qu'aujourd'hui, à travers *Mommy*, j'essaie maintenant de la venger[105]. » D'ailleurs, dans les deux films, le père est absent, au même titre que dans *À tout prendre* (où la seule figure paternelle demeure celle du prêtre lors de la confession). Cela dit, *Mommy* évoque davantage *Il était une fois dans l'Est*, où la première partie du film propose des dialogues savoureux et empreints d'humour, où l'on ne rit jamais au détriment des per-

Photo 45
Affiche du film *Mommy*, 2014.
Notons que l'affiche présente
quelques citations en joual,
en plus d'en dire très long
sur cette relation mère-fils
empreinte d'amour-haine,
comme l'illustre judicieusement la photographie avec
les acteurs Anne Dorval et
Antoine Olivier Pilon.

sonnages (ou de leur joual, de leur manque de classe ou de culture), mais plutôt où l'on s'attache à eux[106], comme au joual mis de l'avant par la voix des personnages dans l'univers de Tremblay.

Si l'homosexualité demeure un thème constant dans la filmographie de Xavier Dolan ou, du moins, intrinsèquement lié à son œuvre, *Mommy* n'aborde guère le sujet. Ainsi, *J'ai tué ma mère* trouve davantage sa continuité dans *Matthias et Maxime* (2019), avec l'omniprésence de la mère (prise en charge par son fils) et ce groupe d'amies qui devient un lieu de confidences et d'exutoire des passions. Nous pourrions certainement y voir une influence d'*À tout prendre*, d'abord dans l'esthétique de certaines scènes notamment où l'on sent l'urgence pour la jeunesse de s'exprimer. Par exemple, si au début du film la conversation entre millénariaux autour d'une table au chalet évoque un certain *Déclin de l'empire américain* (1986, Denys Arcand) avec le brouhaha

Photo 46
Les deux hommes s'embrassent « pour la caméra ». Un baiser qui entraînera
maintes remises en question. *Matthias et Maxime*, 2019.

des conversations et des *partys* de cuisine, la façon de filmer en urgence (zooms
saccadés, montage serré en champ contre champ, vidéos amateurs) et l'expérimentation comme la liberté qui s'en dégage font plus penser à Jutra qu'à
Arcand. D'ailleurs, sur la thématique, le film se veut pratiquement une continuité d'*À tout prendre* ; là où Johanne demandait à Claude « aimes-tu les garçons ? », voilà que Matthias et Maxime, en prévision du tournage d'un film,
se voient poser la question qui fera tout basculer : « Est-ce que vous vous êtes
déjà embrassés ? Parce que c'est ça la scène dans le fond. C'est deux gars…
deux gars qui se frenchent. » Et que dire de cette fameuse question qui va non
seulement générer le malaise, mais aussi la scène fondamentale – du baiser –,
le pivot du film qui va engendrer chez les deux hommes de profonds questionnements identitaires et sexuels. Comme quoi, bien que les mentalités aient

changé de 1963 à 2019, il est néanmoins difficile d'accepter et d'assumer son homosexualité, sa différence, et ce, malgré les avancées juridiques ayant eu cours au début du nouveau millénaire. Le *coming out* est d'abord un processus d'acceptation personnelle qui force la remise en question.

Pour Matthias, en couple avec une femme, cette expérimentation avec Maxime déclenchera de nombreux questionnements « sur l'amour, sur le choc amoureux, sur les questions qu'on se pose quand on est en couple, quand on est à l'aube d'une romance », des mots utilisés par Xavier Dolan lui-même, bien avant le tournage de *Matthias et Maxime*, pour introduire *À tout prendre*… Comme quoi la mémoire, « Je me souviens », fait parfois son chemin.

En effet, le projet *Éléphant : mémoire du cinéma québécois* a choisi de numériser la version seize millimètres[107] d'*À tout prendre* pour la rendre accessible sur Illico, la plateforme de télévision numérique sur demande de Videotron[108]. Avant la présentation du film figure un témoignage vidéo de près de cinq minutes, où Xavier Dolan explique, quatre ans après avoir réalisé *J'ai tué ma mère*, qu'il a vu *À tout prendre* il y a de cela environ trois ans, après que Monia Chokri a vanté l'œuvre sur le plateau des *Amours imaginaires* (2010). Puis, après avoir enfin mis la main sur une copie, car difficilement accessible à l'époque, Dolan visionne enfin l'œuvre.

Quand je l'ai découvert, évidemment c'est un *statement* assez ambitieux, parce que je n'ai pas vu tous les films québécois, il m'est apparu assez clair que c'était le plus grand que j'avais vu jusqu'à ce jour. Il n'y en a pas pour moi qui sont plus libres. Et la liberté pour moi c'est le *statement* ultime du cinéma. C'est ce que le cinéma recherche ; c'est ce que moi je recherche en tout cas, à travers le cinéma : la liberté et peut-être le fait de pouvoir évacuer une sorte de colère. Jutra dans *À tout prendre* d'abord se met lui-même en scène, monte le film aussi, donc on a vraiment l'assurance, l'impression de tourner les pages d'un journal intime. D'être dans la tête de quelqu'un.

Après avoir vanté les qualités esthétiques, Dolan enchaîne sur les thématiques :

> Je pense que *À tout prendre* est peut-être pas le film le plus facile ou le plus accessible, mais c'est le film le plus brillant qui a été fait ici sur l'amour, sur le choc amoureux, sur les questions qu'on se pose quand on est en couple, quand on est à l'aube d'une romance et qu'on commence à se poser des questions sur la durabilité du couple, sur la liberté qu'on peut avoir si on veut aller voir ailleurs, sur le regard de la société, le regard que la société porte sur notre couple, le regard de la famille. Toutes ces questions-là, Jutra les aborde, mais ce qui est encore plus beau, je pense, dans ce film-là, encore plus que la simplicité, complexe en même temps, de l'histoire d'amour qu'il essaie de dépeindre, c'est la virtuosité et l'aisance avec laquelle il met en scène le film.

Au sein de cette mise en scène, Dolan conclut sur l'inventivité de Jutra qui ne cesse de le surprendre.

> Les moments où je sens qu'on m'a offert quelque chose que je n'aurais pas pu imaginer moi-même, il est excité aussi de tout essayer dans son film et de ne rien s'interdire. Je pense qu'aujourd'hui après cent ans et plus de cinéma on est rendus à un stade où depuis les [frères] Lumière on a tout fait, on a tout dit, on a tout essayé. Et on devrait en théorie pouvoir se permettre beaucoup plus, pouvoir décider d'aller ailleurs, après être revenus à quelque chose de plus standard, en se disant que la vague expressionniste allemande l'avait fait, que la nouvelle vague l'avait fait, et que nous qu'est-ce qui nous restait, à part la manière dont on raconte les histoires ? Là on est rendus à un stade où on devrait, en théorie, avec le progrès, avec l'ouverture d'esprit qui caractérise notre époque, être rendus à une époque où on est prêts à essayer des nouvelles choses. Et toutes ces choses qu'on devrait être prêts à essayer, Claude Jutra les a préparées pour nous dans *À tout prendre*[109].

De fait, Xavier Dolan, jeune cinéaste qui, sans conteste, perpétue le legs de Jutra par sa façon « d'essayer de nouvelles choses » ou, du moins, de tenter de les mettre en scène différemment, exprime ici un poignant « Je me souviens ». Il est d'ailleurs très intéressant qu'il souligne d'entrée de jeu que Monia Chokri a été celle qui l'a amené à visionner *À tout prendre*… D'abord actrice, notamment dans les films de Dolan (*Les Amours imaginaires*, *Laurence Anyways*), elle présente dans son premier long métrage *La Femme de mon frère* (2019) d'intéressantes citations de l'œuvre de Jutra. Dans ce film, qui sera d'ailleurs acclamé à Cannes en remportant notamment le prix Coup de cœur du jury, volet Un certain regard, la réalisatrice rend hommage au *À tout prendre* de Jutra lors d'une scène de *La Femme de mon frère*. Alors que Sophia est invitée chez des amies, après son avortement, où s'entremêlent cris de bébés et bruits de conversations (insipides) pour traduire l'ennui (et le certain vide d'une génération en perte de valeurs), une fille propose à Sophia de fumer de la drogue : dans la scène suivante, elles s'exécutent en déambulant dans les rues du centre-ville de Montréal. Une voix hors champ dit : « Le bonheur court les rues… Ah ! le mythe de la jeunesse ! Oh ! les belles parures, c'est chic ! Des soldes, des soldes et des soldes. On se croirait à Saint-Tropez… Les hommes, ça fait-tu pleurer pas à peu près… On n'est pas trop jeunes, on n'est pas trop vieilles. On est quoi alors ? Ah ! le mythe de la jeunesse ! » On peut entendre la voix sur une musique percussive africaine (*Tambor Majimba*, interprétée par Choco & His Mafimba Drum Rhythms) sur des images de vitrines de boutiques de vêtements, des visions kaléidoscopiques de néons affichant les plaisirs nocturnes. Cette séquence, montée de façon saccadée dans un Montréal nocturne, rappelle la scène où Johanne et Claude se promènent joyeusement dans le *nightlife* montréalais et marchent devant les vitrines des boutiques et à travers la faune nocturne sur des airs de percussions africaines.

Mentionnons également la scène de la banque : des djembés résonnent, alors que Claude s'apprête à y entrer, au moment où, comme précédemment mentionné, son « édifice moral s'écroule mollement », puisqu'il empruntera

Photos 47 à 50
Sophia se promène la nuit à Montréal avec son amie, où on peut voir des images de vitrines de boutiques de vêtements, des visions kaléidoscopiques de néons affichant les plaisirs nocturnes. *La Femme de mon frère*, 2019.

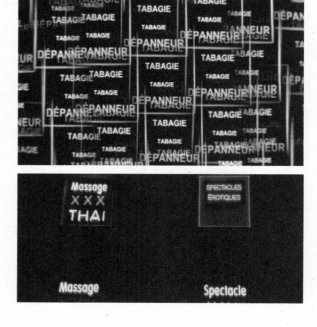

Photos 51 à 54
Johanne et Claude se promènent joyeusement dans le *nightlife* montréalais et marchent devant les vitrines des boutiques et à travers la faune nocturne sur des airs de percussions africaines. *À tout prendre*, 1963.

l'argent nécessaire à « l'avortement » de Johanne. Notons que, dans *La Femme de mon frère*, Sophia se fait avorter par celle qui inspire le titre du film et qui deviendra, par la suite, l'amoureuse de son frère Karim. De même, plus tard, vers la fin du film, la citation d'*À tout prendre* sera d'autant plus explicite alors que Sophia et le coloc (un homme sage-femme !) dansent ensemble dans le salon : on peut y entendre la chanson *Choucoune* (interprétée ici par Issa El Saieh), une chanson haïtienne de la fin du XIXe siècle, que Johanne chante en créole dès les premières minutes du film *À tout prendre*[110].

Photo 55
Johanne chante la chanson *Choucoune* en créole dès les premières minutes du film.
À tout prendre, 1963.

Soulignons que l'influence de Jutra n'est pas uniquement sonore et esthétique (zooms, cadrages, plans de caméra), mais aussi dans la façon dont Monia
Chokri situe son point de vue – le moi – et l'aborde sur le plan thématique –
personnel –, comme évoqué au sujet de Dolan précédemment. En effet, l'aspect réflexif du jeune intellectuel blasé et perdu qu'incarne Claude dans *À
tout prendre* n'est pas sans rappeler la condition de Sophia dans *La Femme de
mon frère* ; une jeune et brillante diplômée sans emploi, vivant chez son frère
Karim. Qui plus est, la crise identitaire et existentielle vécue par Sophia,
comme son (deuxième) avortement, n'est guère étrangère au vécu de Johanne
dans *À tout prendre*.

Photos 56 et 57
Écho de « Je me souviens ». *Saint-Narcisse*, 2020.

Enfin, le plus récent film du « mauvais garçon » canadien Bruce LaBruce, *Saint-Narcisse* (2020), n'est pas sans rappeler *À tout prendre*, à commencer par son titre, en référence aux critiques envers Jutra qui liaient homosexualité et narcissisme. Sans surprise, Bruce LaBruce explore subversivement de nombreux tabous, de l'inceste entre jumeaux, aux abus sexuels de prêtres. Si plusieurs scènes font penser aux *Feluettes*, une scène en particulier fait écho au film *À tout prendre*.

Alors que Dominic est dans la rue du centre-ville, près d'une taverne, une prostituée l'accoste. Ils s'arrêtent tous deux devant un graffiti éloquent, FLQ *oui*, qui n'est pas sans rappeler celui de *Québec libre* dans *À tout prendre*. Puis un plan large dévoile la continuité du graffiti : *Vivre le Québec libre*. La jeune femme lui dira dans un joual affirmé : « Chus peut-être aveugle, mon chou, mais j'ai une super bonne vision. […] T'aimes ce que tu vois, non ? M'as te dire quec'chose, essaie pas trop de t'connaître toi-même. Si tu veux vivre vieux, mon beau, essaie jamais de te connaître. » Le lien entre homosexualité, politique, recherche identitaire et sexuelle est ici d'autant plus probant. D'ailleurs, pour ce deuxième film tourné au Québec, le réalisateur ontarien ne cache guère ses influences : « En fait, *Gérontophilie* et *Saint-Narcisse* sont en quelque sorte des hommages à des films tournés au Québec à la fin des années 60 et au début des années 70 comme *Kamouraska* de Jutra[111]. »

Bien sûr, nous pourrions continuer pendant des pages à énumérer les cinéastes québécois qui ont été influencés par *À tout prendre*, sans oublier les cinéastes étrangers et les artistes employant d'autres médiums[112]. Jadis classé dans « À proscrire » par l'Office catholique national des techniques de diffusion (1963), *À tout prendre* est devenu « *le* film emblématique du cinéma d'auteur québécois[113] ». Au contraire de son défunt créateur, qu'on voudra à tout prix faire disparaître de la mémoire à la suite de l'affaire Jutra, le film « ne suscite plus de controverse, seulement une grande admiration[114] » pouvait-on lire dans *Le Dictionnaire de la censure au Québec*, paru en 2006 aux Éditions Fides, sous la direction de Pierre Hébert, Yves Lever et Kenneth Landry. Ainsi, dit Gilles Marsolais, « par ce je trompeur, où le rêve et la réalité se confondent

Photo 58
Bobine du film *À tout prendre*. Collection de la Cinémathèque québécoise
1995.0352.PH.34.

puisque traités sur un même plan, Claude Jutra s'employait à vaincre un certain nombre de préjugés sur les plans technique, stylistique et social. Informulé
en 1963, cela est devenu de plus en plus évident avec le temps : comme un bon
vin qui vieillit bien, ce film agit comme un révélateur sur les générations qui
se succèdent depuis sa sortie houleuse[115] ». Alors que de jeunes générations
découvrent l'œuvre de Jutra et s'en inspirent, on ne peut que conclure que,
malgré les débats houleux concernant « l'affaire Jutra » et les nombreuses
cuites pour la mémoire du cinéaste, *À tout prendre* demeure parmi les meilleurs crus du septième art.

Conclusion

À travers l'exploration d'*À tout prendre* et d'*Il était une fois dans l'Est*, deux fleurons du cinéma québécois qui constituent des références déterminantes du cinéma queer mondial, il nous semblait essentiel de mettre en lumière, ou plutôt de sortir de l'ombre, ces premières représentations filmiques québécoises des homosexualités afin d'examiner leur émergence en lien avec les événements sociopolitiques et historiques marquants de ces décennies. Si nous avons observé plusieurs corrélations entre le corpus filmique étudié et divers événements sociaux, tels que la Révolution tranquille et la révolution sexuelle, les mouvements de libération gais et ceux des femmes, l'état de la question nationale et l'échec référendaire sur la souveraineté, nous avons aussi constaté que ces cinéastes et scénaristes ont proposé un imaginaire social différent. Ces films ont indubitablement été influencés par les événements sociaux ; ils reflètent l'histoire et réagissent à celle-ci, mais se veulent aussi des agents d'histoires, voire des créateurs d'imaginaires novateurs, offrant des schémas représentationnels qui informent la société sur des enjeux méconnus, souvent ignorés, d'où l'importance de se créer un imaginaire propre.

Si le contexte social semble inévitablement influencer le contexte filmique, il paraît judicieux de s'intéresser à l'empreinte sociologique des œuvres étudiées, en commençant par le caractère autobiographique d'*À tout prendre*. Nos vies produisent-elles de meilleurs films que notre imaginaire ? Cette question est certainement pertinente, puisque l'imaginaire gai et lesbien dans les diverses sphères culturelles est, depuis des décennies, alimenté par des luttes constantes contre les préjugés et contre l'homophobie. Des tranches de vie se retrouvent ainsi sur pellicule. Rappelons que, lorsque les drag queens de Stonewall sont sorties dans la rue pour s'insurger contre la violence policière, les drag queens d'*Il était une fois dans l'Est* faisaient leur *coming out* sur pellicule. Cela dit, ces personnages doivent leur existence à l'imaginaire et à la plume de Michel Tremblay, qui avait préalablement abordé cette thématique sur les planches. L'artiste répond donc dans sa création à une confrontation continuelle entre le pouvoir et les idéologies établies par rapport à son propre imaginaire, ses valeurs et ses croyances. D'ailleurs, « la survivance de l'artiste même en période de grands troubles est due au fait qu'il représente, humainement parlant, une des grandes forces motrices de notre société dont il véhicule l'imagination[1] ». À ce sujet, André Brassard exprimait dans une entrevue qu'« il est bien évident qu'une société évolue bien plus lentement qu'un individu. Mais si un individu ralentit son évolution pour suivre celle d'une société, il est "fall [*foul*] ball" [*sic*][2] ». Ainsi, lorsqu'un artiste assume et présente sa vision, il semblerait non seulement que le contexte social influe sur son imaginaire filmique, mais que ledit imaginaire naît d'expériences et de visions propres à l'auteur. Bref, une corrélation certaine et une influence mutuelle entre contexte social et imaginaire sont à la base de la représentation de l'émergence filmique de l'homosexualité.

L'aspect sociologique du cinéma québécois, lorsqu'il est envisagé du point de vue de la mythologie comparée, cherche à travers le médium « à voir » les structures mentales de l'imaginaire social d'ici. Pour le mythologue, il n'y a pas l'imaginaire, puis la société. Il y a l'imaginaire, plus précisément pour parler comme Castoriadis, « l'institution imaginaire de la société », dont les mythes, donc les films. Pour prendre une métaphore spatiale, il n'y a pas horizontalement le cinéma et la société, mais verticalement « en profondeur » l'imaginaire, dont le cinéma, et de manière de plus en plus dérivée à cause des circonstances – par « l'État-diffracteur[3] », par exemple –, des composants de plus en plus épars, ou inversement de manière de plus en plus achevée, à cause de l'intensité créative manifestée par certains films, des éléments de plus en plus solidifiés. Bref, il y a donc au-delà des apparences qu'impose « l'État-diffracteur » une tendance qui participe à la constitution imaginaire de la société et à son évolution[4]. D'ailleurs, le cinéaste Jean Pierre Lefebvre ira même jusqu'à affirmer que c'est grâce, entre autres, au cinéma que le Québec s'est mis à « casser les moules » pendant la Révolution tranquille, alors que le médium cinématographique devenait « un outil privilégié » de changements, de plaisirs et de découvertes, en offrant un imaginaire différent de celui qui nous avait été proposé jusqu'alors[5], en d'autres termes, des agents de l'histoire.

Rappelons que la représentation de l'homosexualité masculine apparaît dans la première moitié des années 1960 avec *À tout prendre*, suivi d'*Il était une fois dans l'Est* qui présentera une première relation lesbienne, laconique, quoique affirmée, sans oublier la représentation de personnages trans ou, du moins, si l'on n'y met guère d'étiquettes, de l'univers kaléidoscopique de la diversité sexuelle et de genre montréalaise. Si une représentation plus substantielle du lesbianisme tarde à venir, avec le téléfilm *Arioso* au début des années 1980, puis au cinéma quelques années plus tard dans les œuvres de Léa Pool, cette émergence de la sexualité saphique est indubitablement liée au contexte social et à l'émergence du féminisme dans la sphère sociale et politique. En ce sens, le cinéma a d'abord été influencé par les événements sociopolitiques et historiques plus qu'il n'a participé à une réelle visibilité lesbienne. Il semble d'autant plus ironique de constater que, lorsque l'homosexualité masculine sera à l'heure de l'information, de l'éducation et de la sensibilisation sur les diverses réalités de la sexualité gaie avec *Luc ou la part des choses*, le lesbianisme, lui, émergera timidement dans *Arioso*, à la télévision. Si cette périodisation des émergences est inhérente à la place de la femme dans la société patriarcale et dans le milieu cinématographique, elle semble aussi fortement liée au contexte politique québécois. Or, est-ce vraiment une coïncidence si la première représentation du lesbianisme apparaît en 1982, juste après l'échec référendaire sur la souveraineté en 1980 ? Il nous semble que non, en raison du discours hétérosexuel, patriarcal et masculin associé à la question nationale. Qui plus est, après cet échec qui signe la fin des rêves nationalistes, cet intérêt pour les causes collectives, caractérisant les décennies précédentes, fera place à l'individualité, aux valeurs intimistes et personnelles.

Au Québec, les questions nationales, voire le rêve d'un pays, puis l'échec référendaire de 1980 constituent certainement de grandes tensions sociales, puisque le nationalisme est un enjeu incontournable ayant meublé la scène sociale et politique québécoise de 1960 à 1980 (encore aujourd'hui, la question nationale, quoique moins débattue, semble toujours dans l'air...) C'est ainsi que nous avons pu constater, dans la réception critique des films analysés, une formulation discursive privilégiant l'hétérosexualité et le patriarcat en lien avec la question nationale, où certains éléments homophobes se conjuguent avec le discours identitaire, le tout livré par le discours social de la Révolution tranquille en lien avec l'homosexualité. Plusieurs critiques, au sujet des « films gais » analysés, proposent des corrélations entre l'identité sexuelle et l'identité nationale, où « la féminité, la masculinité, l'homosocialité et l'homosexualité deviennent alors un terrain fertile pour l'allégorisation du *national* et de *l'identité nationale* autour du sexuel et de la politique des sexes[6] ». Cela dit, ces relations entre sexualité et nation ont été majoritairement présentées d'un point de vue hétérosexuel et patriarcal, marginalisant l'homosexualité et normalisant l'hétérosexualité, afin de consolider l'histoire nationale traditionnelle[7]. De ce fait, la réception critique d'*À tout prendre*, en lien avec la question nationale, sera empreinte de démagogies nationalistes et hétérosexuelles, alors qu'*Il était une fois dans l'Est* deviendra le symbole des travestissements identitaires, et le personnage d'Hosanna, une allégorie de la nation. Ainsi, tour à tour, prédomineront les visions hétérosexuelles et patriarcales, le refus de lier l'homosexualité à la cause nationale ou encore de reconnaître l'homosexualité comme une sexualité existant pour elle-même et non pas dans l'ombre de la question nationale. Cette appropriation réductrice du désir homosexuel enlève toute autonomie à l'homosexualité en tant que pratique désirante. Ainsi, l'homosexualité dans le cinéma québécois, lorsqu'elle n'est pas perçue comme une anomalie, devient capable de servir de métonymie du « sujet-nation », d'allégorie de la question nationale. Exception faite des représentations du lesbianisme qui, dans l'étude qui nous concerne, sont peu traitées, voire ignorées, en lien avec la question nationale, comme si l'association politique nationale avec les femmes, lesbiennes de surcroît, était prohibée. Sans surprise, au sujet de la question nationale et de son caractère homogène, masculin et hétérosexuel, la sexualité marginale aura peine à sortir de l'ombre, ce qui nous permet d'affirmer que « le consensus nationaliste a renforcé la tradition du placard[8] ». Cette invisibilité à l'écran (ou cette visibilité laconique) se veut également une reproduction emblématique de l'invisibilité sociale des personnes LGBTQI2+ dans la sphère publique de l'époque.

Sans conteste, *À tout prendre* est un film en avance sur son temps, tant sur le plan des thématiques (marginales) que de la façon de les mettre en scène et d'expérimenter avec le médium. À n'en point douter, le débat transcende le film, et « les débats sur les comportements sexuels servent souvent d'exutoires à des anxiétés sociales et de manières de se délester de la lourde charge d'émotivité qui les accompagne[9] », pour reprendre les propos de Gayle Rubin, car « conséquemment, dans les moments de grande tension sociale, la sexualité doit être traitée avec beaucoup de circonspection[10] », ce qui est nécessairement applicable au contexte d'un Québec qui se prépare à la Révolution tranquille… Certes, plusieurs critiques diront que l'homosexualité dans *À tout prendre* est accessoire[11] ; qualifier ainsi la confession d'homosexualité de Claude dans le film revient pratiquement à nier le courage d'un *coming out* à l'époque où l'homosexualité était encore criminalisée. Par conséquent, avouer son homosexualité est plutôt un *statement*, voire un geste politique. Puis voilà que, plus de cinquante ans plus tard, *À tout prendre* revient au goût du jour, avec l'actualité de « l'affaire Jutra ». Une fois de plus, la critique de l'œuvre comporte son lot de paradoxes. Si *À tout prendre* comprend certainement une part d'inattendu, d'involontaire et de lapsus, il rend aussi compte du non-visible à travers le visible, ce qui, entre autres, marque l'œuvre du sceau du cinéma queer. Cette lecture de l'œuvre est une façon pour plusieurs personnes LGBTQI2+ de se reconnaître dans un cinéma traditionnellement hétérosexuel.

En effet, depuis les débuts de l'histoire du cinéma, la « transposition » est devenue, pour les populations LGBTQI2+, un moyen de « vivre » les histoires racontées à l'écran. Avec *À tout prendre*, Jutra imprimait pour la première fois sur pellicule, dans un film québécois, le sceau du cinéma queer ; un cinéma où les personnes LGBTQI2+ seraient invitées à se reconnaître et à se questionner, au lieu d'uniquement se transposer. Qui plus est, la relation ou représentation interraciale n'est guère négligeable, *a fortiori* dans le contexte du cinéma queer. D'ailleurs, au moment d'écrire ces lignes, en période de grandes tensions sociales, au Québec comme à l'international, liées au racisme systémique, il nous incombe ici de souligner le lien – dans une perspective intersectionnelle et inclusive – unissant les mouvements Black Lives Matter, queer et féministe[12].

La représentation filmique, sans précédent, d'une relation interraciale et d'un sous-texte sexuel queer présentait une déstabilisation palpable du discours sexuel nationaliste québécois. À travers la réarticulation de l'identité nationale et sexuelle (blanche) de Claude vis-à-vis de la différence raciale de Johanne, le film met en lumière les tensions anticoloniales et nationalistes au sujet de la sexualité, de la blancheur et de l'altérité dans un Québec qui se modernise. Sa juxtaposition de la différence sexuelle racisée et queer fait d'*À tout prendre* des archives de ces tensions discursives et des stratégies que les sujets marginalisés employaient pour se situer dans l'histoire pendant la Révolution tranquille[13].

Le fait est que, peu importe ce dont le Québécois moyen se souviendra de Jutra, *À tout prendre* a réussi à traverser les décennies et les époques, à réaffirmer sa pertinence dans le contexte contemporain, puis à redéfinir la devise « Je me souviens » par le caractère intemporel du discours, tant social que filmique. Malgré tout ce qu'on dira de son créateur et de ses actes, jamais un artiste québécois n'aura été tant aimé et haï, vénéré et incompris. Avant de disparaître pour la seconde fois (par « mémoricide » lié à l'affaire Jutra),

Claude disparaîtra pour la première fois, tristement et de façon très ironique, voire quasi prémonitoire. Souffrant d'Alzheimer, celui qui s'est donné la mort le 5 novembre 1986 en sautant du haut du pont Jacques-Cartier à Montréal, dans les eaux glacées du fleuve Saint-Laurent, avait-il déjà annoncé sa mort, ou du moins joué sa mise scène, dans les dernières images d'*À tout prendre* ? : « Un jour, je m'en irai, mélancolique et sombre, au bout de la jetée entre le ciel et l'eau, lorsque enfin la lumière a triomphé de l'ombre et que l'espace est plein du cri de mille oiseaux, ainsi d'un pas prudent, marchant entre deux mondes, j'avancerai sans poids suspendu au milieu, hésitant un instant entre l'azur et l'ombre, et je prendrai mon vol en direction des cieux. »

> Disparu la première fois il y a trente ans, Jutra, bisexuel lâche et banale-ment amoureux des « garçons », l'artiste immoral, l'homme inventif et courageux qui se confesse (encore), conserve ce rapport éthique avec nous, ses spectateurs-confesseurs, dans le sillage de sa seconde dispari-tion. Nous devons assumer cette grande responsabilité vis-à-vis du far-deau qu'il a porté, de sa honte et de ses espoirs[14].

À travers ces représentations filmiques d'une émergence « saisie à diverses phases d'un long, laborieux et toujours problématique itinéraire [...] il semble bien, ultimement, que ce soit au récit d'une telle émergence que nous convie, au cœur mouvant de la culture québécoise actuelle, une lecture de l'homo-sexualité gaie contemporaine[15] ». Bref, cette confession courageuse et pion-nière que représente *À tout prendre* arrivera bien avant ces petites caméras portatives – et plus tard les cellulaires et les médias sociaux – qui viennent encenser le « je » et sa confession, au quotidien. Cette confession arrivera éga-lement bien avant que le Québécois post-échec référendaire se désintéresse de la cause nationaliste au profit du « je », voire de l'expression personnelle. De fait, *À tout prendre* propose une filiation très moderne, entre le « je » et la « caméra », entre le cinéma et le québécois, entre le médium et le cinéaste. D'ailleurs, le fait que le cinéaste n'ait pas été intronisé aux canons de la sous-

Photo 59
La fin. *À tout prendre* : une dernière image éloquente. « Un jour, je m'en irai, mélancolique et sombre, au bout de la jetée entre le ciel et l'eau… »

culture gaie et lesbienne « ne peut être attribué simplement qu'à son appartenance à un cinéma national mineur et au fait qu'il parle la mauvaise langue », explique Thomas Waugh, mais également au « caractère indirect de ses représentations de l'identité sexuelle » dans la mesure où il est ainsi « consigné aux antichambres du canon, déjà peuplé par les Arzner, Murnau, Whale, Cukor, Eisenstein, Carné, Minnelli et d'autres membres discrets d'une génération antérieure[16] ».

D'ailleurs, ce « caractère indirect » des représentations de l'identité sexuelle semble revenir au goût du jour dans divers cinémas nationaux contemporains. Pensons à *Moonlight* (2016), le deuxième opus du réalisateur américain Barry Jenkins, adapté de la pièce de théâtre *In Moonlight Black Boys Look Blue*, qui surprend par la force tranquille du propos et sa signature cinématographique. Ce portrait doux-amer d'un Afro-Américain négociant avec son homosexualité, sa famille et son milieu, tout en restant fidèle à lui-même, est aux antipodes des clichés physiques et sociaux de la communauté présentée, et on ne sent guère le besoin de nommer ou de montrer explicitement l'homosexualité, laissant le spectateur dans un « flou interprétatif », écrivions-nous dans la revue *Séquences*, à la sortie du film.

> *Moonlight* se contente plutôt d'observer les deux hommes, alors que leur attirance réciproque et leurs questionnements évoluent devant nos yeux (à l'image d'une découverte identitaire et sexuelle). Ainsi, les silences, les regards, les non-dits, même s'ils sont laconiques, parlent d'eux-mêmes, laissant plutôt évoluer les personnages de façon organique, au lieu de leur mettre des mots dans la bouche. Il en résulte un opus loin des clichés, authentique, qui semble même novateur quant à la représentation de l'homosexualité, considérant le caractère de plus en plus explicite du cinéma gai contemporain[17].

À n'en point douter, cette façon de traiter de la quête et de la découverte identitaire et sexuelle fait davantage penser au film *À tout prendre* qu'à d'autres fictions américaines plus récentes. Par exemple, pensons à des films LGBTQI2+ qui précèdent *Moonlight*, comme *Tangerine* (Sean S. Baker, 2015), qui explore crûment la prostitution d'Afro-Américaines transgenres et pauvres à Los Angeles, dans une approche semi-documentaire (acteurs majoritairement non professionnels, tournage sur le terrain), ou encore à *Pariah* (Dee Rees, 2011), une adolescente lesbienne afro-américaine, qui vit (de façon assez aisée) avec ses parents à Brooklyn et qui jongle avec son *coming out* pour éviter le rejet de sa famille. *Moonlight* aborde moins l'homosexualité par les dialogues que *Pariah* et est beaucoup moins cru que *Tangerine*, comme si, à la manière du grand tabou de l'homosexualité qui subsiste dans la communauté afro-américaine, on offrait une représentation sensible, mais laconique, question d'exposer les tabous sans trop les expliquer (les montrer et dire explicitement les choses). Cette représentation est intéressante, dans la mesure où elle existe sans trop « bousculer » rapidement les idéologies stagnantes et les préjugés enracinés dans la communauté. Un film laconique peut aussi changer les choses à sa façon, surtout lorsque l'écriture et le style sont personnels[18]. Ce commentaire lié à *Moonlight* pourrait également s'appliquer au film *À tout prendre* sur plusieurs points, sans compter que le film oscarisé fera l'actualité avec la polémique des enveloppes à la cérémonie des Oscars de 2017[19]. Si l'Oscar du meilleur film est finalement bel et bien remis à *Moonlight*, toute cette mascarade d'enveloppes, digne d'une chute d'un grand scénario hollywoodien, fait de l'ombre à ce qui devait être dans la lumière : *Moonlight*. Une fois de plus, (re)sortir de l'ombre est nécessaire. Bref, l'histoire se répète, mais ne se ressemble pas… À chaque film son scénario. Sa réception. Parfois, son scandale, sa polémique. Et sa possible disparition, avant de réapparaître pour ce qu'il est vraiment : un classique du genre.

Cette improbable comparaison (*À tout prendre/Moonlight*) par les époques, les différences scénaristiques, les contextes sociohistoriques et les pays qui séparent les œuvres tient pourtant la route dans la façon de présenter l'homosexualité et même, jusqu'à un certain point, d'expérimenter avec le médium. D'ailleurs, cela nous permet une fois de plus de réaffirmer le caractère pionnier d'*À tout prendre* dans le contexte du cinéma queer mondial. Nécessairement, les comparaisons sont plus explicites lorsque appliquées dans le contexte du cinéma national québécois ; au regard de l'œuvre de Xavier Dolan, par exemple, plusieurs ont vu en lui un legs de l'œuvre de Jutra, et ce, au même titre que son *Laurence Anyways*, qui n'est pas sans évoquer *Le Sexe des étoiles* de Paule Baillargeon. Ces deux films sont, quant à eux, redevables à *Il était une fois dans l'Est*, tout aussi courageux et pionnier dans la représentation de la diversité sexuelle et la pluralité des genres. Non seulement il offre la première représentation non stéréotypée d'un personnage lesbien dans le cinéma québécois, mais il donne la parole, sur pellicule, aux drag queens et aux personnes trans, et ce, avant même que la société reconnaisse les droits des personnes trans sur le plan législatif et qu'elles trouvent leur représentation à l'écran. Pensons à Candis Cayne, première actrice trans à incarner un rôle trans récurrent à la télévision américaine, ou encore à Caitlyn Jenner, avec sa série documentaire *I Am Cait* (2015-2016), sans oublier la popularité des téléréalités comme *RuPaul's Drag Race* (depuis 2009), terreau fertile des vedettes de la culture populaire contemporaine. D'ailleurs, la célèbre drag queen américaine RuPaul a aussi été la vedette de la série de fiction *AJ and the Queen*, produite par Netflix en 2020. Au Québec, en 2022, Rita Baga et ses complices ont tenu l'affiche sur Crave dans la série *La Drag en moi*, adaptation de la série *Dragnificent!* présentée sur le réseau américain TLC en 2020, à la suite de l'épisode spécial *Drag Me Down the Aisle* (2019), qui mettait en scène des drags de l'école de RuPaul. Cette présence plus que florissante de la drag queen dans la culture populaire s'invite même au théâtre. En mai 2021, à la Comédie de Montréal était présentée la célèbre pièce de Michel Tremblay, *Hosanna*, dans une mise en scène de Jean-François Quesnel, par la compagnie théâtrale LGBTQ+ Ensemble. Hosanna était incarnée par le comédien Marc-André Leclair, qui personnifie la drag queen Tracy Trash sur de nombreuses scènes des établissements de renom du Village gai de Montréal. À travers sa filiation théâtrale, *Il était une fois dans l'Est* continue de s'inscrire dans le legs artistique québécois. Cela contribue à l'intégration subtile de nombreuses réalités LGBTQ+ dans la cinématographie québécoise. Récemment, le film *Mon cirque à moi* (2020, Miryam Bouchard) présentait la lesboparentalité sereinement, sans tambour ni trompette. Cela n'aurait guère été possible, sans la représentation pionnière d'Hélène et de Bec-de-lièvre…

Sans conteste, une œuvre comme *Il était une fois dans l'Est* a lentement ouvert la voie aux représentations filmiques drags et aux personnes trans, au Québec comme à l'international. Et les legs sont nombreux. Si *Paris Is Burning* (1990, Jennie Livingston) venait immortaliser la scène *drag ball underground* new-yorkaise des années 1980, avec ses drag queens, soit des femmes trans et des hommes gais afro-américains et latinos provenant de milieux souvent défavorisés, un film comme *Tangerine*, brièvement évoqué plus haut, qui explore crûment la prostitution d'Afro-Américaines et de Latinos trans et pauvres à Los Angeles, semble une influence directe. Ce film américain à l'approche semi-documentaire possède cette filiation de lieu avec *Il était une fois dans l'Est,* liée à la condition des protagonistes ; si l'est de Montréal permet à la fois l'existence de la marginalité, il incarne également cette pauvreté à laquelle il est difficile d'échapper. C'est également ce à quoi font face les héroïnes de *Tangerine.* La quête de Sin-Dee Rella, une jeune prostituée transsexuelle récemment sortie de prison, la mènera à se promener au sein de la sous-culture urbaine d'Hollywood et de West Hollywood, avec la Sunset Strip et le plus grand quartier de la vie nocturne gaie de la région de Los Angeles, sans oublier le resto Donut Time situé dans un centre commercial sans nom d'Hollywood (que nous pourrions comparer au *snack-bar* d'*Il était une fois dans l'Est*), ouvert vingt-quatre heures sur vingt-quatre et connu pour être le quartier général d'une communauté de femmes trans. Ainsi, dans ce *street movie,* les protagonistes existent, « voguent » ; parées de leurs plus beaux atours, ces marginalisées se réclament, l'espace d'un soir, de la dignité qu'on leur refuse le reste de la semaine. Bref, elles occupent l'espace par la danse urbaine, soit le *voguing,* où elles exécutent des mouvements s'inspirant des plus grands mannequins et défilés de mode, ce qui constitue une forme d'*empowerment.* Si aujourd'hui le *voguing* et les codes de la scène *drag ball* ont intégré la culture grand public, il n'en demeure pas moins que cette fameuse scène d'*Il était une fois dans l'Est,* où Sandra traverse la rue, ou plutôt y « vogue » en exhibant fièrement toute sa féminité et en arrêtant le trafic de la *Main,* est un acte de courage pionnier qui permettra aux représentations subséquentes d'exister et même aux drag queens de *RuPaul's Drag Race* de faire des tournées mondiales à guichets fermés. Cela nous permet de réaffirmer le caractère avant-gardiste d'*Il était une fois dans l'Est* dans le contexte du cinéma queer mondial ainsi que de la culture populaire contemporaine.

À n'en point douter, l'offre cinématographique et télévisuelle contemporaine propose une panoplie de représentations LGBTQI2+, et les plateformes de *streaming* ne sont guère étrangères à cette diversité de l'offre puisque le consommateur, poussé par les avancées juridiques et sociales de l'homosexualité et par sa plus grande visibilité dans l'espace public, désire voir une plus grande diversité sexuelle et de genres à l'écran. Par exemple, prenons Netflix qui, au moment d'écrire ces lignes, offre une diversité de points de vue documentaires sur l'histoire LGBTQI2+ ; mentionnons *Circus of Books* (2019, Rachel Mason), un documentaire sur la boutique qui sera au cœur de la culture gaie de Los Angeles pendant des décennies ; *A Secret Love* (2020, Chris Bolan), un documentaire sur l'histoire d'amour entre deux femmes (Pat Henschel et Terry Donahue), qui débute en 1947; puis *Disclosure: Trans Lives on Screen* (2020, Sam Feder), qui s'intéresse à la représentation trans au cinéma et dans les médias. À la manière du documentaire *The Celluloid Closet* (1995, Rob Epstein et Jeffrey Friedman), cité en exergue de l'introduction de ce livre, qui s'intéressait à la représentation LGBT au cinéma et qui était lui-même basé sur l'ouvrage éponyme de Vito Russo (1981), *Disclosure* offre un excellent épilogue, répondant notamment aux préoccupations contemporaines liées à l'identité de genre. Notons qu'à l'instar de Netflix, la plateforme Crave offre également une section LGBTQ (sans oublier les collections sporadiques de Amazon Prime et Disney+ lors du mois des fiertés[20]), ce qui aurait été pratiquement impensable il y a de cela cinq ans[21]… C'est dire le chemin accompli dans la représentation des LGBTQI2+ dans les films, qu'ils se consomment désormais sur grand ou petit écran...

Néanmoins, il reste du chemin à parcourir, particulièrement dans le cinéma fait par les femmes, dans un milieu qui, rappelons-le, demeure patriarcal et hétéro. Il en découle une sous-représentation du regard féminin, des enjeux liés aux femmes et, de surcroît, aux femmes de la diversité sexuelle, que ce soit à l'international comme au Québec. Si aujourd'hui le cinéma LGBTQI2+ québécois commence à s'affirmer au féminin, la pionnière qu'est Léa Pool a longtemps été seule sur son île : de *La Femme de l'hôtel* à *Anne Trister* dans les années 1980 en passant par *Emporte-moi* (1999) et *Lost & Delirious* (2001), son cinéma s'est toujours intéressé à l'éloquence des regards, des silences et des non-dits pour exprimer l'inexprimable. La réalisatrice nous a d'ailleurs avoué, en 2017, à l'occasion d'une entrevue pour *Séquences* au sujet de la sortie de son film *Et au pire, on se mariera* (2017), que malgré le succès critique et populaire de son précédent film *La Passion d'Augustine* (2015) elle avait eu « de la difficulté à trouver un distributeur, car c'est un sujet féminin », notamment, sans compter que, sans que quiconque fasse preuve de mauvaise volonté, « c'est que le regard est beaucoup plus habitué à voir un cinéma masculin qu'un cinéma féminin, qui a souvent – mais pas toujours – un autre type d'écriture[22] ».

Heureusement, le regard se façonne et s'ajuste au fil des générations et des enseignements. Nous avons déjà pu constater avec nos étudiants du collégial une belle ouverture d'esprit quant à la réception d'*À tout prendre* et d'*Il était une fois dans l'Est*. À n'en point douter, même si ces films sont d'une autre époque que la HD, la 3D, le son Dolby Digital Surround, les passages à l'âge adulte hypersexualisés et les explosions hollywoodiennes tape-à-l'œil en 4K, il n'en demeure pas moins que ces jeunes étudiants veulent voir leur histoire et leurs histoires. Puisqu'on nous présente trop peu de cinéma d'ici, qui a peine à survivre par la proximité du *Think Big*, du *Proud to Be Made in America* de nos voisins du sud, il suffit de présenter du contenu « fait au Québec » pour que les jeunes, comme les moins jeunes d'ailleurs, aient ce goût de « Je me souviens ». Apprendre à voir son cinéma et croire en son regard, c'est aussi valoriser son histoire, ce qui est un apprentissage, un enseignement en soi. Il suffit de continuer à transmettre nos histoires, au petit comme au grand écran, pour mieux affirmer et affiner notre regard.

En somme, à travers l'analyse d'*À tout prendre* et d'*Il était une fois dans l'Est*, des représentations pionnières de l'émergence cinématographique des personnes LGBT dans le cinéma québécois de fiction, nous avons pu constater des dichotomies, et parfois des similitudes, entre les communautés gaies et lesbiennes, entre leur représentation, leur visibilité et leurs avancées politiques, et aussi entre leur réception critique en lien avec la question nationale, et ce, au fil des décennies explorées. À travers cette étude des représentations pionnières de l'homosexualité, nous avons tenté de fournir un « Je me souviens » qui explore l'émergence de ces premières images de nous-mêmes, alors que nous sortions de l'ombre et du placard, dans la rue comme sur pellicule. Sans nécessairement considérer le film comme porteur de sens obligé, pour plusieurs personnes LGBTQI2+ avides de se reconnaître au grand écran, ces histoires racontées et montrées deviennent un véhicule de courage leur permettant d'écrire leur propre histoire sociale. C'est ainsi que ces films, ces agents d'histoires, deviennent pour plusieurs personnes LGBTQI2+ d'aujourd'hui des images des luttes antérieures, des parcelles d'histoire. De telles émergences sont ainsi revisitées, à la manière de documents historiques et didactiques qui informent par la vision – personnelle, devenue politique – de ces artistes avant-gardistes, qui ont permis de faire sortir du placard de celluloïd ces représentations des communautés LGBT. Pour conclure, il est nécessaire de reconnaître aujourd'hui la relation intrinsèque entre les oppressions des personnes LGBTQI2+ et les idéologies et pratiques sociales, législatives et politiques qui régularisent la sexualité, l'orientation sexuelle et l'identité de genre. Cela dit, nous devons reconnaître la portée, la puissance et l'importance des premières images et histoires LGBT de cinéastes pionniers qui ont engagé un dialogue avec un milieu qui les confinait au placard, en société et sur pellicule. Nous nous souviendrons de ce cinéma, de ces émergences et de ces artistes qui ont joué un rôle capital et déterminant dans l'éveil des consciences par leur remise en question des tabous et préjugés vis-à-vis des réalités LGBT. Nous nous souviendrons de ces images sur pellicule revendiquant la place de l'homosexualité dans la culture moderne comme une authentique tentative de compréhension d'une sous-culture, autrefois piégée et placardée par les normes hétérosexuelles, par une vision hégémonique en noir et blanc qui se refusait opiniâtrement à voir cet arc-en-ciel qui, depuis des lustres, aspirait à la lumière.

Annexe

**Transcription de la note sur le projet du film.
Signée par Claude Jutra le 28 mai 1962, coll. de la
Cinémathèque québécoise.**

« LE TOUT POUR LE TOUT »

Il ne s'agit pas ici d'un projet lointain, mais du parachèvement d'une œuvre
déjà réalisée en grande partie. En effet, près de la moitié du tournage est
terminé et une quantité suffisante de pellicule a été achetée pour ce qui
reste à faire. Le montage lui-même fut entrepris. Les auteurs travaillent
à ce film à temps perdu depuis un an exactement, et ils ne rêvent que de
s'y donner à temps complet, lorsqu'ils auront l'argent requis.

Il peut sembler étonnant qu'on envisage réaliser un long métrage pour
quinze mille dollars. Pourtant ceux qui le proposent savent de quoi ils
parlent et le budget présenté est parfaitement réaliste. Voici pourquoi.

C'est tout simplement une question de méthode. On sait que le nouveau
cinéma, notamment l'école appelée la Nouvelle Vague en France produit
des films pour des sommes inférieures à la moyenne. Or les techniciens
du film « LE TOUT POUR LE TOUT » se trouvent à l'avant-garde de ces
méthodes qu'ils appliquent avec succès depuis plusieurs films à l'Office
National du Film [*sic*], ainsi qu'en France. On tourne en 16 mm, avec des

appareils légers qui peuvent être portés à la main, avec de la pellicule extrêmement sensible, ce qui permet de tourner n'importe où, (extérieur et intérieur) sans éclairage artificiel, et hors des studios. Ce n'est que lorsque le
film est terminé qu'on le fait tirer sur pellicule 35 mm.

Michel Brault et Claude Jutra travaillent ensemble depuis bientôt quinze
ans, et ils se sont acquis dans le cinéma une solide réputation tant en
France qu'au Canada. Nous joignons à ce document une liste des prix séparés ou conjoints que se sont mérités ces deux cinéastes.

Nous ajoutons comme preuve irréfutable de ce que nous avançons que
M. Michel Brault fut un des principaux artisans du film étudiant « SEUL
OU AVEC D'AUTRES », long métrage dont le coût n'a pas dépassé douze
mille dollars, et qui fut récemment projeté pendant quatre semaines au
cinéma Orphéum avec un succès certain.

Tous les collaborateurs du film « LE TOUT POUR LE TOUT » s'engagent
à travailler sans rémunération, jusqu'à ce que le film ait fait suffisamment
de recettes pour amortir ses frais. (sauf un salaire minimum pour les deux
personnes qui devront s'y employer à plein temps pendant les trois mois
de la fabrication.)

Par ailleurs, M. Fernand Cadieux, administrateur compétent et très versé
dans les problèmes de la production et de l'exploitation cinématographique
au Canada et dans le monde, nous offre gracieusement ses services pour la
surveillance du tournage et de la distribution.

Claude Jutra

Transcription de la lettre de Claude Jutra à François Truffaut. [196?], coll. de la Cinémathèque québécoise.

Cher François,

Vous me demandez la permission d'effectuer des changements dans « Anna la Bonne ». Ce film est déjà si différent de celui que je voulais faire…

Mais toutes les contrariétés qui ont jalonné sa production furent les vôtres, presqu'autant [*sic*] que les miennes, et vous avez montré, en somme, autant de patience que moi. Si ces changements peuvent vous aider à vendre le film, j'aurais mauvaise grâce à vous les refuser. Je vous donne donc carte blanche et vous souhaite bonne chance.

Jules et Jim fort bien reçu à Vancouver. Salle pleine, applaudissements. Pauline Kael, femme critique que j'estime hautement l'a trouvé excellent. À Montréal, s'il faut en croire les bruits qui circulent dans mon milieu, le film fait fureur. Pépin[1] jubile. Je l'ai revu deux autre [*sic*] fois et je ne m'en lasse pas. J'y découvre de nouvelles délices à chaque visionnement. C'est vraiment très très beau.

Le tournage de mon film va bon train. Quand vous viendrez il sera sans doute terminé (le tournage pour le film !). J'espère que vous aurez le temps de voir quelques séquences et que cela vous donnera envie de participer à sa production. Il serait formidable que le film puisse être considéré comme français autant que canadien.

Quoiqu'il [*sic*] en soit je souhaite surtout que vous l'aimiez.

À bientôt, François.

Très sincèrement,

Claude

Notes

Synopsis et crédits
1 Marcorelles, « Lettre de Montréal », 47.
2 Waugh, *The Romance of Transgression*, 255.
3 Ce qualificatif donné à Jutra par Thomas Waugh (voir *The Romance of Transgression in Canada*, 437) semble particulièrement judicieux vu la réception du film par les critiques et les théoriciens du cinéma de l'époque, critiques sur lesquelles nous reviendrons.

Introduction
1 Propos de Richard Dyer dans le documentaire *The Celluloid Closet*. Dans ce livre, les citations en français provenant d'ouvrages anglophones sont des traductions libres de l'auteure.
2 L'auteur aborde d'ailleurs la question de la dualité linguistique de Montréal avec la différence de genre, divisant ainsi en quatre groupes l'expérience homosexuelle « collective ». À ce sujet, voir Higgins, « Identités construites, communautés essentielles. De la libération gaie à la théorie queer », 109-133.
3 Higgins, *De la clandestinité à l'affirmation*, 67.
4 *Ibid.*, 70.
5 Quelques films anglophones qui traitent des enjeux LGBT ont été produits au Québec dans la période qui nous concerne, notamment *Montreal Main* (1974) de Frank Vitale. Pour une étude exhaustive, voir *Montreal Main : A Queer Film Classic* de Thomas Waugh et Jason Garrison, Arsenal Pulp Press, 2010. Si ce film et plusieurs autres méritent certainement une théorisation de leur relation à la question nationale, nous passons sous silence les longs métrages

anglophones et les productions documentaires, non pas par distinction linguistique ou de genre cinématographique, mais plutôt par nécessité d'explorer et de situer la question (homo)sexuelle au cœur de la fiction canadienne-française. Cela dit, au troisième chapitre, le documentaire *Some American Feminists* (1976, Nicole Brossard, Luce Guilbeault, Margaret Wescott) sera brièvement abordé puisque inhérent à l'émergence d'une visibilité saphique dans la fiction.

6 Ici, le terme « films gais » ne réfère pas uniquement à l'homosexualité masculine, mais bien à l'ensemble des réalités LGBTQI2+. Cela dit, nous utiliserons « film gai » en première partie de cet ouvrage puisque le terme LGBT (et d'autant plus LGBTQI2+) est rarissime dans la réception critique de l'époque.

7 Waugh, « Nègres blancs, tapettes et "butch" », 22.

8 Basile et *al.*, « Y a-t-il une écriture homosexuelle ? », 26.

9 Nous allons utiliser l'acronyme parapluie LGBTQI2+ lorsque nous discutons de l'ensemble des réalités au sens large et contemporain, mais allons parfois le réduire, par souci d'anachronisme, par exemple lorsque la visibilité des diverses identités est réduite, que ce soit au sein des divers films ou des époques étudiés. Les lettres de l'acronyme LGBTQI2+ sont utilisées pour qualifier les personnes lesbiennes, gaies, bisexuelles, trans, queers, intersexes, bispirituelles et plus encore.

10 Basile et *al.*, « Y a-t-il une écriture homosexuelle ? », 27.

11 Roussil et *al.*, *L'Art et l'État*, 97.

12 Waugh « Nègres blancs, tapettes et "butch" », 22.

13 Sorlin, *Sociologie du cinéma*, 48.

14 *Ibid.*, 200.

15 Morin, *Le cinéma ou l'homme imaginaire*, 207.

16 Picard, « Cinéma et nation », 99.

17 De Habsbourg, *Le Nouveau Défi européen*, 373.

18 Nadeau, « Barbaras en Québec », 197.

Chapitre 1

1 Waugh, *The Romance of Transgression*, 77.

2 Le joual est une variété du français québécois caractérisée par des écarts phonétiques et syntaxiques, puis identifiée au parler des classes populaires. Le

joual possède également un fort symbolisme identitaire. Nous y reviendrons au deuxième chapitre.

3 Comme le souligne Thomas Waugh, 1968-1969 est une période charnière avec la fondation de la *Canadian Film Development Corporation* et l'adoption du *bill omnibus*, puisqu'ils symbolisent la transition d'un cinéma artisanal à un cinéma industriel, puis de la culture sexuelle *underground* à une décriminalisation partielle de cette dernière. Voir *The Romance of Transgression*, 78.

4 Jusqu'alors, les postes administratifs des grandes entreprises étaient en majorité occupés par des anglophones.

5 Lever, *Le Cinéma de la Révolution tranquille*, 17.

6 S'il semble pertinent de souligner le caractère joual du slogan de 1960, « C'est l'temps qu'ça change ! », véhiculant une saveur politico-linguistique certaine, le slogan « Maître chez nous » semble quant à lui prémonitoire de la montée du nationalisme québécois, voire de la fondation du Parti québécois en 1968, qui mènera à la prise du pouvoir par ce parti dans les années 1970.

7 *Ibid.*, 17.

8 Marcel Rioux, cité par McRoberts et Posgate, *Développement et modernisation du Québec*, 116-117.

9 À l'exception du film *Le Curé de village* (dans lequel le curé tire les ficelles), la figure ecclésiastique brille par son absence ou son impotence dans la plupart des films. Par exemple, elle n'apparaît que dans la première partie du *Père Chopin* et à la fin d'*Aurore...*, où le prêtre se révèle inutile, voire complice de la mort de l'enfant en retardant son intervention. Le prêtre des *Pays d'en haut* semble bien impuissant devant Séraphin, alors que l'intervention initiale du *padre* de *Tit-Coq* provoque la tragédie.

10 La réponse de Lorenzo à Laura Chapdelaine exprime toute cette dualité ville-campagne : « Pas dans ce pays, madame Chapdelaine, vous êtes trop au nord ! », répondra-t-il à celle qui y laissera la vie quelques scènes plus tard. Lorenzo rétorquera d'ailleurs à cette idée de liberté associée à la campagne : « Vous dites tous que vous êtes libres, êtes votre maître, et vous avez tous l'air de prendre en pitié ceux qui travaillent dans les manufactures, car y a un *boss* à qui y faut obéir. Libre sur la terre ? Voyons donc ! Mais y a pas d'homme dans le monde qui soit moins libre qu'un habitant. La vérité, c'est que ce sont vos animaux qui vous possèdent ! [...] l'été qui commence trop tard et finit

trop tôt, la sécheresse, la pluie… Dans les villes, on se moque de ces choses-là. » Répliques tirées du film *Maria Chapdelaine* (2021), réalisé et scénarisé par Sébastien Pilote.

11 Vallières, « Mouvements homosexuels et hétérodoxie sociale », 189.

12 La révolte de Bernadette, comme la violence à la fin du film, n'est guère étrangère à cette période de violence vécue lors de la crise d'Octobre 1970. Notons que le FLQ (Front de libération du Québec) devient très actif dès 1963, en pleine Révolution dite « tranquille ». Contestataires, les membres du FLQ (dont Pierre Vallières, cité plus haut), comme leurs partisans, avaient une autre définition de la révolution. Elle se conjuguera avec des actes violents, sur lesquels nous reviendrons plus loin dans cet ouvrage.

13 Lever, *Le Cinéma de la Révolution tranquille*, 21.

14 Allyn, *Make Love, not War*, 40.

15 Au fil des pages de ce chapitre, nous reviendrons plus en détail sur cette revue québécoise célèbre qui se positionne tel un opposant à l'idéologie dite dominante de la Révolution tranquille.

16 Straram, « Foutre ! La "pilule" gratuite aux épouses des militaires américains », 129.

17 Allyn, *Make Love, not War*, 40.

18 Dumont, *La Vigile du Québec*, 196.

19 Reines, « The Emergence of Quebec Cinema », 24.

20 Alain Dostie, cité par Lever dans *Le Cinéma de la Révolution tranquille*, 138.

21 Reines, *Essays on Quebec Cinema*, 24.

22 Mentionnons, entre autres, le financement privé de l'homme d'affaires montréalais Robert Hershorn. Plus tard, l'obtention d'une subvention de six mille dollars du ministère des Affaires culturelles du Québec, la première offerte à un cinéaste, l'aidera à assurer la finition du film, notamment son gonflage en trente-cinq millimètres.

23 Note sur le projet du film, signée par Claude Jutra. 28 mai 1962, collection de la Cinémathèque québécoise. Sous le titre de travail *Le tout pour le tout*, Claude Jutra expose son projet de film dans le but d'en compléter le financement. Il résume la situation financière de la production, sa façon de tourner avec peu de moyens, mais avec de précieux collaborateurs, dont Michel Brault (voir l'annexe pour la transcription complète).

24 Lettre de Claude Jutra à François Truffaut. [196?]. Manuscrit autographié. Deux pages, collection de la Cinémathèque québécoise. Archives de l'UQAM. Claude Jutra souhaite que François Truffaut visionne quelques séquences de son film, nourrissant le dessein de le voir participer à la production du film (voir l'annexe pour la transcription complète).

25 Reines, *Essays on Quebec Cinema*, 24.

26 *Ibid.*, 23.

27 Le cinéma-vérité est un style de cinéma documentaire développé par le réalisateur et ethnologue français Jean Rouch et le sociologue français Edgar Morin. S'inspirant des théories du cinéaste soviétique Dziga Vertov et du Kino-pravda, il se situe dans la veine du cinéma d'observation et anthropologique, désirant capter le réel à l'image du cinéma direct. Cela dit, il se distingue du cinéma direct par ses rapports aux dispositifs d'enregistrement en lien avec le sujet filmé. Le cinéma-vérité, tel qu'aime le comprendre Jean Rouch, « consiste à filmer la réaction que provoque chez les gens la présence de la caméra ». Voir Jacques Leduc, « Les caméramen de l'O.N.F. », 26. Ainsi, c'est à travers le filtre de la mise en scène de cette caméra participative qu'on peut retrouver la réalité filmée.

28 Jutra, « Dossier de presse d'*À tout prendre* », 2.

29 Expression de Gilles Marsolais, reprise par Lever, *Le Cinéma de la Révolution tranquille*, 34.

30 Lever, *ibid.*, 51.

31 Lefebvre, « Snapshots from Quebec », 84.

32 Leach, *Claude Jutra: Filmmaker*, 70.

33 *Ibid.*, 71.

34 *Ibid.*, 70.

35 Basile, « *À tout prendre*, de Jutra, au Festival ».

36 Marsolais, *Le Cinéma canadien*, 84.

37 Comme le souligne Bill Marshall, « Montréal est au cœur de la tension allégorique-nationale de la culture québécoise, car la force "modernisatrice" du cinéma était depuis toujours impliquée dans cette relation entre l'identité et les fluctuations qui l'habitent : jusqu'aux années 1940, "le cinéma" signifiait soit des films hollywoodiens en anglais (pour la grande majorité) ou des films de France. (C'est pourquoi les films des années 1960, à partir d'*À tout prendre*,

sont si cruciaux dans la réappropriation de Montréal, spécifiquement pour une vision moderne et francophone qui allie la ville et le cinéma.) » Voir *Quebec National Cinema*, 299.

38 Leach, *Claude Jutra: Filmmaker*, 79.

39 *Ibid.*

40 Ce manifeste artistique est publié secrètement le 9 août 1948 à Montréal par les Automatistes, un groupe d'artistes québécois réunis autour de Paul-Émile Borduas, qui rédige le manifeste. Les quinze cosignataires remettent en question les valeurs traditionnelles de la société québécoise (catholicisme, valeurs ancestrales…). Considérant que le surréalisme ne peut coexister avec le dogme religieux, ils désirent faire fi des contraintes morales pour mieux s'épanouir dans la liberté individuelle.

41 Boulais, « Le langage de l'inexprimable », 307.

42 Yves Lever, paraphrasé par Gagnon, *L'Influence des événements politiques*, 23.

43 Marie-France Bazzo et Carole Paquin, paraphrasées par Gagnon, *ibid.*

44 *Ibid.*

45 *Ibid.*, 91.

46 Boulais, « Le langage de l'inexprimable », 307.

47 Pour une analyse plus exhaustive sur le sujet, voir Rodriguez-Arbolay, « Black bodies, queer desires » et Mackenzie, *Screening Québec*, 2004.

48 Yves Lever mentionne que l'avortement est évoqué dans plusieurs films de l'époque, mais qu'il n'advient que dans *À tout prendre*. Voir *Le Cinéma de la Révolution tranquille*, 665. Cela dit, dans une communication avec Yves Lever datant de 2017, ce dernier nous répondra : « Je réalise mon erreur quand j'ai dit qu'on passe à l'acte de l'avortement pour Johanne. L'avortement est décidé et Claude lui envoie des sous, mais elle fait finalement une fausse couche. À ma défense, j'évoque le fait que les copies étaient très rares en 1990… », ce qui est tout à fait légitime. D'ailleurs, si une incertitude pouvait subsister du fait que l'avortement comme la fausse couche ne sont pas explicitement nommés, montrés, ce que Johanne exprimera, par écrit, dans une lettre (lue par Claude), semble bien faire référence à une fausse couche : *Ça y est. Tout est fini. J'ai eu tant de chagrin que cela s'est passé de façon naturelle. Tu n'y étais pour rien. Sois en paix. Tu n'as laissé aucune trace.*

49 Bill Marshall souligne que cette satire de l'institution du mariage présentée

dans *À tout prendre* était rare dans le cinéma québécois de l'époque. Voir *Quebec National Cinema*, 146.

50 « En ce qui concerne l'ONF et son soi-disant programme "Société nouvelle", des rumeurs circulent selon lesquelles les deux sujets qui paraissent risqués sur le plan électoral sont systématiquement évités : il s'agit de l'avortement et de l'homosexualité. » Voir Waugh, « Nègres blancs, tapettes et "butch" », 15.

51 Voir le commentaire d'Yves Lever ci-dessus, dans la note 48.

52 Voir l'ouvrage de Bill Marshall, *Quebec National Cinema*, 269.

53 Waugh, *The Romance of Transgression*, 82.

54 Bellemare, *La Mélancolie et le Banal*, 281.

55 Rodriguez-Arbolay, « Black bodies, queer desires ».

56 Comme ce motocycliste attaquant le couple hétérosexuel, faisant référence à *Scorpio Rising* de Kenneth Anger, réalisé en 1963. Probablement visionné en version préliminaire par Jutra avant sa sortie officielle, comme le note Thomas Waugh dans *The Romance of Transgression*, 546.

57 *Ibid.*, 82.

58 Si la bisexualité se définit comme étant une « pratique sexuelle à la fois hétérosexuelle et homosexuelle », Claude, en relation hétéro avec Johanne, avouant à demi-mot son attirance homosexuelle, pourrait être défini comme bisexuel. En 1897, le médecin Havelock Ellis, l'un des fondateurs de la sexologie, mentionnait que les « embryologistes, physiologistes du sexe et biologistes, non seulement acceptent l'idée de la bisexualité, mais admettent qu'elle contribue probablement à rendre compte de l'homosexualité. De cette façon, on peut dire que l'idée est passée dans la pensée actuelle. » (*A History of Bisexuality*, 42.) Certes, sans vouloir nier l'homosexualité ou la bisexualité comme orientations sexuelles existant pour elles-mêmes, Claude pourrait aussi être en relation hétérosexuelle par négation (non-acceptation) de son homosexualité, par homophobie intériorisée ou par peur de s'afficher comme tel dans l'espace public (ce qui sera fréquent chez plusieurs homosexuels à l'époque). Nous reviendrons sur la bisexualité de Claude au dernier chapitre avec un regard plus contemporain des identités LGBTQI2+, mais nous utilisons le terme *homosexualité* dans cet ouvrage, puisque c'est le désir homosexuel qui génère l'aveu.

59 En ce sens, comme le souligne Thomas Waugh, le film « suit instinctivement le programme politique de l'époque, en lien avec les politiques gaies [...] Les

récits de Jutra […] habitent prophétiquement les chambres à coucher angois-
sées où, selon Pierre Elliott Trudeau, auteur du projet de loi omnibus, l'État
n'a rien à y faire. » Voir *The Romance of Transgression in Canada*, 82.

60 Nécessairement, au fil du dévoilement du scandale sur l'affaire Jutra en 2016
(nous y reviendrons au quatrième chapitre de cet ouvrage), plusieurs proposeront des relectures de l'œuvre de Jutra, notamment cette scène où un enfant
tire sur Jutra. Si cette scène peut exprimer la vengeance de l'enfant abusé, elle
peut également exprimer les désirs de l'enfant intérieur et sa vengeance sur le
monde adulte ; Jutra désirait-il tuer l'adulte en lui ? Ses désirs ? Le film suggère
une lecture psychanalytique de l'œuvre, au-delà du scandale.

61 Voir à ce sujet Luther A. Allen « L'aventure sexuelle clandestine : le cas du
Mont-Royal », dans *Sortir de l'ombre : histoires des communautés lesbiennes et
gaie de Montréal*.

62 Bellemare, *La Mélancolie et le Banal*, 283.

63 Clermont et Lacouture, « Orientation sexuelle et santé », 219.

64 Migneault, « Les collections gaies et lesbiennes dans les bibliothèques publiques », 31.

65 Dans les années 1960, le taux était probablement encore plus élevé (et non ré-
pertorié statistiquement). Voir Commission des droits de la personne et des
droits de la jeunesse, *De l'égalité juridique à l'égalité sociale : vers une stratégie
nationale de lutte contre l'homophobie*, 40.

66 Claude Jutra disparaît en 1986 et son corps est retrouvé un an plus tard dans
les eaux du fleuve Saint-Laurent par la Sûreté du Québec. Plusieurs diront
qu'il s'est suicidé en raison du désespoir lié à sa maladie d'Alzheimer précoce.
De concert avec l'orientation sexuelle, cela n'est pas une hypothèse à écarter,
puisque les difficultés psychosociales en lien avec le développement identitaire
ne sont pas étrangères au suicide de plusieurs personnes homosexuelles.

67 Verdier et Fridon, *Homosexualité et suicide : étude, témoignage et analyse*, 17.

68 Godin, cité par Lever, *Le Cinéma de la Révolution tranquille*, 75.

69 Pontaut, cité par Lever, *ibid.*, 74.

70 Daudelin, cité par Lever, *ibid.*, 76.

71 Lever, *ibid.*

72 L'auteur James Brady cite Freud dans l'emploi du terme *inversion*, un mot utilisé à l'époque par les sexologues. Freud souligne d'abord « l'extrême variété

des comportements réunis sous ce terme » (17). Alors qu'il distingue objet
sexuel (personne dont émane l'attirance sexuelle) et but sexuel (action à laquelle pousse la pulsion), il proposera une classification des « aberrations
sexuelles » en deux grandes catégories ; d'abord, « les déviations relatives à
l'objet sexuel, le premier exemple étant l'inversion, c'est-à-dire l'homosexualité » (15). Dans *Trois essais sur la théorie sexuelle*, Freud ne parle pas encore
d'homosexualité, mais l'explique en ces termes : « On appelle de telles personnes des sexuels contraires [*Konträrsexuale*] ou, mieux, des invertis, le fait
celui de l'*inversion.* » (44).

73 Brady, « À tout prendre », 24.

74 *Ibid.*, 25.

75 Marshall, *Quebec National Cinema*, 35.

76 Marsolais, « Au-delà du miroir », 198.

77 Moffat, « *À tout prendre* de Claude Jutra », 5.

78 *Ibid.*, 9.

79 Jutra, « Dossier de presse d'*À tout prendre* », 3.

80 Bellemare, *La Mélancolie et le Banal*, 275.

81 Poirier, *Le Cinéma québécois à la recherche d'une identité ?* 69.

82 Garneau, *Pour une esthétique du cinéma québécois*, 201.

83 Chabot, « Le pays incertain », 25.

84 Schwartzwald, « Mon *parti pris* », 63.

85 Rioux, « Remarques sur le phénomène *Parti pris* », 6.

86 Maheu, « L'Œdipe colonial », 26.

87 Les institutions du patriarcat, soit la science et la religion, y participent. La
théorie du médecin Hippocrate qui lie l'« hystérie » hormonale à une maladie
est célèbre en ce sens.

88 À cet effet, voir le texte « Valeurs culturelles et dépression mentale » d'Andrée
Benoist qui paraît dans le même numéro de *Parti pris*.

89 « La taverne est le lieu ou ni les femmes ni la morale ne sont admises ; on y
boit avec de grands gestes, on y entre avec une démarche virile, on y gueule,
on y est libre des conventions et de la banalité quotidienne : mais que cette liberté est triste, qui se réduit, à une fuite, et cette virilité honteuse qui ne s'affirme qu'en l'absence des femmes. » Voir Maheu, « L'Œdipe colonial », 24.

90 *Ibid.*, 27.

91 D'ailleurs, ces fameuses tavernes ramènent davantage à l'homme-enfant qu'à l'expression d'une virilité ou d'une maturité : « Quand, dégrisés, ils revenaient à la maison, ils trouvaient devant eux le même pouvoir enveloppant et inhibiteur qu'ils ne savaient fuir. D'ailleurs, dans le joual de l'époque, n'appelait-on pas les tavernes des "biberons" ? Ne buvait-on pas sa bière "tablette" dans des bouteilles qui ressemblaient à des tétons (avant qu'elles adoptent une forme phallique dans les années 1980) ? Les tavernes permettaient aux Canadiens français de se réconcilier avec eux-mêmes par la régression vers l'enfance beaucoup plus que par l'affirmation hardie de leur maturité. » Voir Warren, « Un parti pris sexuel », 143.

92 Arcand, « Cinéma et sexualité », 90.

93 *Ibid.*, 96.

94 *Ibid.*, 97.

95 Waugh, « Nègres blancs, tapettes et "butch" », 24.

96 *Ibid.*

97 « Sans vouloir l'exonérer, je dirais que le variant psycho-sexuel du colonisé québécois privilégié par *Parti pris* – ainsi que l'homophobie et l'esprit misogyne qui l'ont soutenu – étaient [*sic*] de leur temps : on n'a qu'à porter son regard vers la France de 1968 et ses séquelles ou vers les États-Unis et les mouvements du SDS (*Students for a Democratic Society*) et du *Black Power* pour s'en convaincre. Le discours anti-impérialiste et décolonisateur de *Parti pris* visait à faire du Québec un acteur à part entière sur une scène mondiale traversée par les grands mouvements de libération. Que ces mouvements aient largement partagé cette interprétation « psycho-sexuelle » de leur oppression a sans doute incité les partipristes à abonder dans le même sens. » Voir Schwartzwald, « Mon *parti pris* », 65.

98 Voir la réédition des écrits d'Arcand dans *Hors champ Écrits divers, 1961-2005*.

99 Bonneville, « Le cinéma canadien à l'heure de la révolution québécoise », 14.

100 Marsolais, « À tout prendre », 40. Il convient de noter que, dans les textes ultérieurs de Gilles Marsolais (dont certains ont déjà été cités), son propos sera plus nuancé. Cela dénote une certaine tendance selon laquelle les théoriciens et critiques contemporains auront été conscients des avancées sociales (notamment du féminisme des années 1970) et du fait que le personnel devenait politique.

101 Jean, « Présentation d'ouverture », colloque *Reprendre À tout prendre*.

102 Schwartzwald, « Fear of Federasty », 184.

103 Cornellier, « Sexe, sexualité et nationalité », 1.

104 Robert Schwartzwald cité dans Vacante, « Writing the history of Sexuality and "National" History », 34.

105 *Ibid.*, 37.

106 Waugh, « Nègres blancs, tapettes et "butch" », 14.

107 « Quand avec mes haleurs ont fini ces tapages, les Fleuves m'ont laissé descendre où je voulais. »

108 Chabot, « Le pays incertain », 25.

109 Une tendance majeure du Québec de l'époque qui imaginait le pays comme un idéal abstrait. Voir Gatien Lapointe, *Ode au Saint-Laurent*.

110 Ce qui est d'ailleurs très prémonitoire, vu le destin de la cause nationale aujourd'hui et du Parti québécois qui s'effrite de jour en jour, d'abord par manque d'électorat aux élections de 2007, et marqué par un chef démissionnaire, André Boisclair, en mai de la même année. Plusieurs disaient de ce dernier qu'il n'avait pas le talent de rassembleur, que les gens ne pouvaient s'y identifier. Ironiquement, il est homosexuel ! C'est d'ailleurs Pauline Marois qui lui succédera ; de septembre 2012 à avril 2014, elle est la trentième première ministre du Québec et la première femme à occuper cette fonction. Aux élections de 2018, le Parti québécois, sous la chefferie de Jean-François Lisée, ne fera élire que 17,1 % des voix, soit le plus bas taux depuis sa création en 1970, avant de descendre à 14,61 % en 2022, où seulement trois députés seront élus, dont le chef Paul St-Pierre Plamondon.

111 Leach, *Claude Jutra: Filmmaker*, 94.

112 Garneau, *Pour une esthétique du cinéma québécois*, 204.

113 Waugh, « Nègres blancs, tapettes et "butch" », 23.

Chapitre 2

1 Le pavillon du Québec était décrit comme tel, portant sur l'urbanisme et l'industrialisation.

2 Depuis que le terme a été lancé en 1920 par Wilhelm Reich, « une des raisons pour lesquelles il y a encore autant de confusion autour de la révolution sexuelle des années 1960 et 1970 est que le terme *révolution* a deux sens : il peut

212 Notes des pagés 54-55

dénoter une lutte calculée contre le *statu quo* (comme dans la Révolution française) ou une période soudaine et inattendue de transformation sociale (comme dans la révolution industrielle). La révolution sexuelle des années 1960 et 1970 implique ces deux éléments. [...] Pour vraiment comprendre notre rapport à ces enjeux, il faut remonter aux années 1960 et 1970, à une époque où l'utopie, l'hédonisme, l'idéalisme et l'opportunisme transformaient radicalement le paysage de la morale sexuelle. » (Allyn, *Make Love, not War,* 7 et 9). D'ailleurs, Michel Foucault, dans son célèbre ouvrage *Histoire de la sexualité*, publié en 1976, remettra en question cette idée de la « répression » sexuelle qui a certainement été au cœur des discours des années 1960 et 1970.

3 Aquin, « Interview : Michel Tremblay », 159.

4 Chamberland, *Mémoires lesbiennes*, 74.

5 Au même titre que les relations intergénérationnelles ou celles lors d'une fête entre amis resteront illégales, puisque la relation binaire et intime était prétendument absente. Voir l'ouvrage de Yves Tardif, *Considérations sur le Bill Omnibus*, 1970.

6 Un exemple digne de mention serait celui des gais en drag queens et des travestis (hommes gais ou hétéros explorant le travestisme), et à moindre échelle des personnes trans ; alors que les drag queens et le travestisme, plus associés à l'homosexualité et au divertissement, s'affichent jusqu'à un certain point dans l'espace public, l'identité de genre demeure, quant à elle, plutôt invisible, lorsqu'elle n'est pas assimilée à la scène drag et au travestisme. Dans la conception populaire de l'époque, l'orientation (homo)sexuelle était associée aux drag queens, et au travestisme. *Idem* pour l'identité de genre. Le *bill omnibus* a facilité la vie de ces personnes puisque l'homosexualité était associée au travestisme, mais comme le démontrent les études de Viviane Namaste, ces personnes, que ce soit les homosexuels drag queens, les travestis, ou les trans, étaient en butte à un traitement injuste de la part de l'ordre public, et ce, même après l'adoption de la loi. Par exemple, le harcèlement policier n'a pas cessé du jour au lendemain : « Plus visible avant le passage du *bill omnibus*, la violence policière envers les travestis et les transsexuels s'est poursuivie au cours des années 1970, 1980 et même au-delà. » (Namaste, *C'était du spectacle*, 138.)

7 Expression de Thomas Waugh dans *The Romance of Transgression,* 541.

8 Tardif, *Considérations sur le Bill Omnibus*, 33.

9   Bronski, *The Pleasure Principle*, 67.

10 Stonewall a été comparé à d'autres actes radicaux de protestation dans l'histoire des États-Unis, qui ont été salutaires et revendicateurs pour les droits civils. Par exemple, le refus de Rosa Parks de se déplacer à l'arrière du bus (injustice réservée aux gens de couleur dans les années 1950) de Montgomery, en Alabama, en 1955. Comparaison judicieuse proposée par Nicolas C. Edsall dans *Toward Stonewall*, 333.

11 Pour cette étude, nous considérons incontestablement Stonewall comme étant le début de la libération homosexuelle. Cependant, certains auteurs situent ce début dans la deuxième moitié du XIXE siècle et considèrent Stonewall comme une nouvelle vague de la libération homosexuelle. Voir Lauritsen et Thorstad, *The Early Homosexual Rights Movement (1864-1935)*.

12 Noël, « Libération homosexuelle ou révolution socialiste ? », 187.

13 *Mainmise* était un magazine d'information québécois « du rock international, de la pensée magique et du gay savoir ». Dans le deuxième numéro (décembre 1970) est publiée une version française du *Gay Manifesto* de l'américain Carl Wittman. Ce texte qui analyse les raisons de l'oppression des homosexuels et la façon de s'en libérer se termine par une incitation : « Le meilleur moyen de se libérer soi-même en tant qu'homosexuel est de participer à un Front de libération homosexuel. » Mentionnons également le texte « Pour un Front gay à Montréal » qui paraîtra dans le troisième numéro, en février 1971. « La naissance du Front de libération homosexuel », dans *L'Archigai : bulletin des archives gaies du Québec*, 1996. Enfin, pour la relation entre le Front de libération homosexuel et *Mainmise*, voir Robert Schwartzwald, « Les limites de la contre-culture. Le Front de libération homosexuel du Québec et son Livre de bord », dans *La Contre-culture au Québec*, 543-590.

14 Higgins, *De la clandestinité à l'affirmation*, 123.

15 Noël, « Libération homosexuelle ou révolution socialiste ? », 187.

16 Notons que la communauté anglophone de Montréal, plus informée et liée étroitement aux mouvements gais étatsuniens et canadiens, sera l'hôte de plusieurs mouvements militants étudiants, mais également du premier Village gai de Montréal, dans la rue Stanley, dans l'ouest du centre-ville de Montréal. En ce sens, il est pertinent de mentionner *Montreal Main* (1974) de Frank Vitale qui présente les réalités de « l'autre côté », ainsi que l'*underground* de la *Main*.

17 Noël, « Libération homosexuelle ou révolution socialiste ? », 191.
18 Allyn, *Make Love, not War*, 161.
19 *Ibid.*, 154.
20 *Ibid.*, 158.
21 Girouard et Tremblay, « Un mariage gai avant l'heure ».
22 Jusqu'alors, l'homosexualité était classée comme étant une sociopathie. Voir *Toward Stonewall : Homosexuality and society in the modern western world*, 247.
23 Waugh, « Des Adonis en quête d'immortalité », 76.
24 Waugh, « Nègres blancs, tapettes et "butch" », 25.
25 Waugh, *The Romance of Transgression*, 82.
26 Gagnon, *L'Influence des événements politiques*, 24.
27 *Ibid.*
28 Pour situer la question de l'avortement, rappelons qu'Henry Morgentaler commence à pratiquer des avortements à Montréal en 1968, alors qu'il fonde la Clinique Morgentaler de Montréal, et qu'il sera arrêté en 1970. Voir www.montrealmorgentaler.ca. Pour constater la violence des échanges qui règne sur le sujet à l'époque et la ferveur des militantes impliquées aux côtés de Morgentaler, dont Judy Rebick, journaliste et figure incontournable des luttes féministes au Canada, voir le documentaire *Judy Versus Capitalism* (2020), du cinéaste Mike Hoolboom, figure marginale du cinéma queer canadien, qui propose une expression biographique hors norme et libérée de Judy Rebick avec sa signature expérimentale habituelle.
29 Pour cette étude, le terme *drag queen* sera utilisé pour décrire les personnages homosexuels de Sandra et Hosanna. Plusieurs théoriciens utilisent le terme *travestis*, aujourd'hui plutôt péjoratif et autrefois grandement associé aux hétérosexuels qui s'habillaient avec des vêtements de femme et qui recevaient des gratifications sexuelles (voir la définition de Namaste à la note 54). Cela dit, comme le stipule l'organisme Interligne « le travestisme est le fait de porter des vêtements de l'autre sexe, indépendamment de l'identité et de l'orientation sexuelles ». De fait, un travesti peut aussi bien être hétérosexuel, bisexuel qu'un homosexuel. Quoi qu'il en soit, nous préférons, au final, appliquer le terme *drag queen*, puisqu'il évoque le contexte de performance associé à ces personnificateurs féminins s'habillant en femme dans le but d'en faire un spectacle.

30 Le film intègre six pièces de Tremblay : *Les Belles-Sœurs, Hosanna, La Duchesse de Langeais, En pièces détachées, Demain matin, Montréal m'attend* et *À toi, pour toujours, ta Marie-Lou.*

31 Perreault, « Tremblay et Brassard "On n'est pas des Jeanne d'Arc" », 4.

32 Ménard, « Du berdache au Berdache », 126. Notons que le terme *berdache*, issu du vieux français, est d'abord utilisé par des explorateurs et missionnaires français dans l'Amérique du Nord des XVIIE et XVIIIE siècles, puis par l'anthropologie (surtout anglo-saxonne) contemporaine pour désigner, comme l'explique Guy Ménard, « certains *personnages* présents dans la plupart des cultures nord-américaines avant la colonisation blanche ; personnages incarnant, selon les accents des explorateurs puis des anthropologues, soit une forme de transvestisme généralisé – et même de *transsexualisme symbolique,* [...] soit une forme d'*homosexualité institutionnalisée* » (117).

33 Voir « André Brassard : An original interview looking back at *Il était une fois dans l'Est* ». André Brassard est décédé le 11 octobre 2022 à l'âge de 76 ans.

34 Michel Tremblay, cité par Carrière dans *Michel Tremblay, du cinéphile au scénariste,* 73.

35 Emprunt à l'anglais moderne *butch,* signifie une lesbienne d'allure masculine, voire virile. Selon les contextes et les époques, le terme sera péjoratif ou offensant, mais aussi de l'ordre de la réappropriation, plus politique, une affirmation de la différence identitaire, un pied de nez à l'hétéronormativité et aux concepts genrés.

36 En joual, *bébitte (bébite, bebite, bibitte)* réfère à un insecte, mais plus précisément ici à un individu bizarre.

37 Waugh, *The Romance of Transgression,* 82. Citée par Waugh, l'expression de la théoricienne queer américaine Eve Kosofsky Sedgwick *shame consciousness and shame creativity* est tirée de « Queer Performativity », 1993.

38 Waugh, « Nègres blancs, tapettes et "butch" », 26.

39 Par exemple, nous pourrions évoquer Marsha P. Johnson, femme transgenre et drag queen américaine, militante du mouvement LGBT qui a participé aux émeutes de Stonewall, avec notamment son amie trans Sylvia Rivera, avec qui elle cofonde la Street Transvestite Action Revolutionaries (STAR), un groupe d'entraide pour les drag queens et pour les femmes trans non blanches et sans abri.

40 *Grand dictionnaire terminologique.*

41 Aquin, « Interview : Michel Tremblay », 157.

42 Gervais, *Emblématiques de l'époque du joual*, 143.

43 *Speak White* (en français : « Parlez blanc ») est une injure proférée à l'endroit des Canadiens français par les Canadiens anglais lorsqu'ils parlaient français en public. Au Québec, l'usage de cette expression péjorative perdure jusque dans les années 1960, moment où elle décroît au même rythme que l'emprise colonialiste ayant accompagnée la Révolution tranquille. Le poème engagé *Speak White* a d'abord été récité par Michèle Lalonde en 1968 lors du spectacle *Chansons et poèmes de la résistance* pour soutenir la cause de Pierre Vallières et de Charles Gagnon, qui venaient d'être emprisonnés pour leurs activités au sein du FLQ. Le poème sera par la suite publié en 1974 aux Éditions de l'Hexagone.

44 Emprunt à l'anglais américain *beanery*. Restaurant populaire où la nourriture est bon marché.

45 André Brassard et Michel Tremblay cités dans « *Il était une fois dans l'Est* : un film de André Brassard », 1.

46 Voir « André Brassard : An original interview looking back at *Il était une fois dans l'Est* ».

47 *Ibid.*

48 Waugh, « Nègres Blancs, tapettes et "butch" », 26.

49 Bouchard. « *À toi, pour toujours, ta Marie-Lou* ».

50 Poirier, *Le Cinéma québécois à la recherche d'une identité ?*, 122.

51 Johnny est un personnage quasi mythique de l'univers de Tremblay, l'archétype d'un prince charmant à l'envers. Dans *Il était une fois dans l'Est*, c'est le « beau jeune homme » qui entraîne Pierrette dans une vie de club pour l'abandonner quand elle devient « trop vieille ». Voir Yolande Villemaire, « Il était une fois dans l'Est. L'empire des mots », 67.

52 Carrière, *Michel Tremblay, du cinéphile au scénariste*, 219.

53 Ménard, « Du berdache au Berdache », 115.

54 Une clarification sémantique s'impose en ce qui a trait aux termes utilisés. En 2017, dans un glossaire publié par la Chaire de recherche sur l'homophobie de l'UQAM (renommée Chaire de recherche sur la diversité sexuelle et la pluralité des genres en 2020), on peut lire que « trans ou transgenre est un terme parapluie qui englobe une diversité d'identités revendiquées par des personnes

dont l'identité de genre ne correspond pas au genre assigné à la naissance. Il peut s'agir par exemple de personnes transsexuelles, de personnes transgenres, de personnes queer [*sic*], d'hommes ou de femmes avec un parcours trans, de personnes non binaires dans le genre, etc. », alors que pour le terme *trans-sexuel* « la personne transsexuelle souhaite modifier son corps par un traite-ment hormonal ou chirurgical afin qu'il corresponde à son identité de genre ». Cette définition est similaire dans l'ouvrage *De l'égalité juridique à l'égalité sociale : vers une stratégie nationale de lutte contre l'homophobie*, 97. En outre, Viviane Namaste va en ce sens dans son ouvrage, où « le terme *transgenre* en-globe toutes les personnes qui ne correspondent pas aux normes dominantes du genre et de la sexualité, ce qui inclut les transsexuels, les drag queens (géné-ralement des homosexuels qui se produisent en femmes dans un club gai), les drag kings (généralement des lesbiennes qui se produisent en hommes dans un club gai, lesbien), les personnes intersexes (nées avec des organes sexuels à la fois mâle et femelle) et les travestis (généralement des hétérosexuels qui s'habillent avec des vêtements de femmes et qui reçoivent des gratifications sexuelles) ». (Namaste, *Sex, Change, Social Change*, 1). Pour sa part, la Fonda-tion Émergence indique dans son lexique présenté sur son site web que « le mot trans englobe les mots "transgenre" et "transexuel [*sic*]" considérés [comme] obsolètes de nos jours ». Tout en concluant que les acronymes de la diversité sexuelle et de genre ne font pas consensus et qu'il revient à la per-sonne elle-même de s'autoidentifier par le terme qui lui convient, la Fonda-tion rappelle à juste titre que « le vocabulaire associé à la diversité sexuelle et de genre est en constante évolution ». Dans le contexte de ce livre, où nous identifions des personnages à une époque où la spécificité de ce vocabulaire n'est guère développée, tant à travers le scénario du film que chez les critiques de l'époque (d'ailleurs, comment exiger une définition tangible d'une réalité alors socialement occultée ?), nous tenterons tout de même de nous référer aux définitions contemporaines énoncées ici.

55 Namaste, *Invisible Lives*, 98.
56 Schacht et Underwood, *The Drag Queen Anthology*, 9.
57 Dickinson, *Screening Gender, Framing Genre*, 119.
58 Waugh, « Nègres blancs, tapettes et "butch" », 26.
59 André Brassard et Michel Tremblay cités dans « *Il était une fois dans l'Est* : un film de André Brassard », 1.

60 Carrière, *Michel Tremblay du cinéphile au scénariste*, 212.
61 Waugh, « Nègres blancs, tapettes et "butch" », 26.
62 Perreault, « Tremblay et Brassard "On est pas des Jeanne d'Arc" », 4.
63 Marshall, *Quebec National Cinema*, 120.
64 Le FLQ est un groupe formé d'indépendantistes radicaux, fondé dans les an-
    nées 1960 et reconnu pour des actes terroristes désormais célèbres, dont l'enlè-
    vement de James R. Cross et celui de Pierre Laporte, qui sera exécuté. Ces
    événements ont eu lieu en octobre 1970 et ont mené à la crise d'Octobre et à la
    proclamation de la Loi sur les mesures de guerre, le 16 octobre, laquelle sus-
    pendait les libertés civiles. Elle a été prolongée jusqu'au 30 avril 1971. Voir
    Gervais, *Emblématiques de l'époque du joual*, 2000.
65 Pensons au film célèbre *Les Ordres* de Michel Brault, réalisé en 1974, basé sur
    le témoignage d'une cinquantaine de personnes emprisonnées à la suite de
    l'adoption de la Loi sur les mesures de guerre. Mentionnons également *Bingo*
    (1974, Jean-Claude Lord), qui fut un des gros succès commerciaux de
    l'époque. Bien que très librement inspiré des événements d'Octobre 1970, il y
    raconte, à travers une grève ouvrière et l'activisme étudiant, toute la violence
    qui régnait à l'époque.
66 Namaste, *Invisible Lives*, 111.
67 Schwartzwald, « (Homo)sexualité et problématique identitaire », 118.
68 Rappelons qu'*Il était une fois dans l'Est* devait originellement être situé en
    1965, mais que son inscription temporelle a été laissée imprécise pour des
    raisons budgétaires.
69 Namaste, *Invisible Lives*, 115.
70 Schwartzwald, « Fear of Federasty: Québec's Inverted Fictions », 176.
71 *Ibid.*, 179.
72 *Ibid.*
73 « Il y aurait, semble-t-il, un million de pédales au Canada. La confédéra(s)tion
    est bien en selle. » Voir rubrique « vulgarités » dans *Parti pris*, 176.
74 Schwartzwald, « (Homo)sexualité et problématique identitaire », 123.
75 D'ailleurs, Viviane Namaste n'adhère pas à ce concept de métaphore, mais
    propose une réflexion sur la croissance rapide du transsexualisme à la fin des
    années 1960, qui coïncide avec la « naissance du nouvel État québécois ». Le
    cas du transsexualisme et le développement de ses politiques institutionnelles

qui s'est fait à partir du vide total, sans représenter les intérêts de toutes les couches socio-économiques (dont les plus pauvres) du Québec et sans consulter les personnes transsexuelles, fait conclure à l'auteure que « la situation des personnes transsexuelles au Québec dans les années 1970 illustre de façon éloquente le fait que, malgré la Révolution tranquille, l'État québécois n'était pas moderne». (Namaste, *C'était du spectacle*, 145).

76 *Ibid.*
77 Ménard, « Du berdache au Berdache », 115.
78 Tremblay, *Hosanna*, Théâtre de Quat'sous, 1973.
79 Tremblay, *Hosanna* et *La Duchesse de Langeais*, 75.
80 *Ibid.* « Raymond se lève, se dirige vers Claude et le prend dans ses bras. »
81 Par exemple, dans la version d'*Hosanna* présentée au Théâtre de Quat'sous en 1991, la fameuse phrase « R'garde, Raymond, chus t'un… homme ? » se termine par une interrogation, faisant planer l'incertitude et le doute quant aux multiples questionnements identitaires qui caractérisent cette époque. Voir Schwartzwald, « "Chus t'un homme" Trois (re)mises en scène d'*Hosanna* de Michel Tremblay ».
82 Schwartzwald, « Fear of Federasty : Québec's Inverted Fictions », 181.
83 Romilly, *La Modernité d'Euripide*, 92.
84 *Ibid.*, 111.
85 D'ailleurs, question de faire une fois de plus de la sémantique, la plupart des critiques parlent de travestis, mais le terme *drag queen* serait plus approprié. L'ambivalence sémantique des critiques de l'époque n'est guère étrangère à un manque de connaissances dans le domaine, ce qui perpétue l'éternelle incompréhension/négation de la transsexualité, mais également des enjeux LGBTQI2+phobies.
86 Leduc, « La représentation d'un milieu donné », 44.
87 D'ailleurs, le terme *pratiques sexuelles* dénote déjà un grand manque d'information sur l'orientation sexuelle et l'identité de genre.
88 *Ibid.*
89 Vacante, « Writing the history of Sexuality and "National" History », 38.
90 *Ibid.*, 36.
91 Waugh, *The Romance of Transgression*, 90.
92 Voir Newquist, « Tremblay wins, Duddy loses in Cannes festival politics ».

93 Pourtant, le film *The Apprenticeship of Duddy Kravitz* est basé sur le roman éponyme d'un autre Montréalais à la réputation enviable, l'écrivain anglophone Mordecai Richler.

94 Voir « *Il était une fois dans l'Est* : film canadien d'André Brassard », 2.

95 *Ibid.*

96 Perreault, « Tremblay et Brassard "On est pas des Jeanne d'Arc" », 4. D'ailleurs, André Loiselle répond d'une façon pertinente à cette critique : « Ce que Perreault aurait pu apprendre sur l'univers de Michel Tremblay à travers *Il était une fois dans l'Est* est inscrit dans le titre même du film. *Il était une fois dans l'Est* signifie moins le début d'une histoire que le fait que, lorsqu'elle commence, elle tire déjà à sa fin. » Voir Loiselle, *The function of André Brassard's film*, 172.

97 Thérèse Arbic citée par Loiselle, 158.

98 Lever, « Quand l'album de famille s'enrichit… », 126.

99 André Loiselle propose une étude comparative de l'œuvre théâtrale de Tremblay et de *Il était une fois dans l'Est*. L'auteur en arrive à la conclusion que « le médium est le message », que la référence formelle et thématique est une citation constante et que la théâtralité de l'œuvre filmique, au-delà de ses imperfections, a une nécessité artistique bien précise : « Prolonger l'univers de la scène dans le réel de l'image en mouvement, c'est mettre fin à l'évolution isolée de la forme artistique et lui donner une portée globale. » Voir *The function of André Brassard's film*, 165.

100 Lever, « Quand l'album de famille s'enrichit… », 126.

101 Deux quotidiens, l'un québécois, l'autre français, soulignent qu'*Il était une fois dans l'Est* a été un succès lors de sa sortie dans les cinémas, de Montréal à Paris. Voir « *Il était une fois dans l'Est* fait courir les foules… » et « *Il était une fois dans l'Est* : salle comble à Paris ».

102 Terme utilisé par André Pâquet dans « Numéro spécial "loi-cadre" », 1975.

103 Waugh, *The Romance of Transgression*, 96.

Chapitre 3

1 En 1980, nous parlons du début de la fin d'un idéal, d'un rêve, puisque le référendum tenu le 30 octobre 1995 invitera les Québécois à se prononcer pour la seconde fois sur la souveraineté de leur province. Si la question divise davan-

tage la population que le référendum de 1980, le projet sera néanmoins rejeté à 50,58 %. Si proche du oui, cela a été la fin d'un rêve pour cette « prochaine fois » tant convoitée par Lévesque et les souverainistes.

2 Voir Blackburn, « Nuit des longs couteaux ».

3 En référence à la purge meurtrière survenue au sein du mouvement nazi à la fin de juin 1934 en Allemagne.

4 Afin de nuancer, il convient de souligner que, pour diverses raisons, tous ne sont pas en faveur de l'Accord du lac Meech. C'est le cas d'Elijah Harper, député cri de l'Assemblée législative du Manitoba, qui proteste notamment contre le peu d'attention que prête l'accord aux questions autochtones. Mentionnons également Clyde Wells, alors premier ministre de Terre-Neuve, qui s'oppose à la clause légale de société distincte pour le Québec. Dans son ouvrage *A Deal Undone: The Making and Breaking of the Meech Lake Accord*, Andrew Cohen conclut que les politiciens ont peut-être « tenu le couteau », mais que le pays tout entier était complice. S'il souligne l'incompréhension du Canada anglais vis-à-vis du Québec, il fait de même pour le Québec vis-à-vis du reste du Canada anglais, concluant judicieusement qu'il était prévisible que le lac Meech ferait apparaître au grand jour cette incompatibilité de points de vue. L'auteur aborde également le fait que les Autochtones ont vu le programme du Québec adressé avant le leur, renforçant le fait que ce dernier, cette « société distincte », était « spécial » ou qu'il exerçait une influence disproportionnée sur le reste du Canada. Notons que la crise d'Oka qui éclate au Québec à l'été 1990 et qui oppose les Mohawks au gouvernement québécois, puis canadien, n'est guère étrangère au contexte sociopolitique du moment.

5 Le terme est nommé et conceptualisé en 1989 par Kimberlé Crenshaw pour expliquer l'oppression des femmes afro-américaines. Elle soutient qu'il faut penser les rapports de domination non pas sous le seul angle du sexe, de la race ou de la classe, mais en imbriquant tous ceux-ci. Voir « Demarginalizing the Intersection of Race and Sex », 139-167.

6 Gagnon, *L'Influence des événements politiques*, 8.

7 L'expression *Québec inc.* est employée pour désigner les différents appareils de l'État provincial québécois autour desquels s'est articulée la politique économique depuis les années 1960. Le Québec inc. réfère autant aux entreprises francophones qu'aux politiques économiques de l'État québécois issues

de la Révolution tranquille. Le modèle de développement du Québec inc. est fondé sur une alliance entre les secteurs publics et privés. Voir Bélanger, « Québec inc. : la dérive d'un modèle ? »

8 Cette valorisation de l'entreprise privée s'accorde avec les politiques du gouvernement fédéral canadien de Brian Mulroney (1984-1993), ainsi qu'avec celles du président américain Ronald Reagan (1981-1989) et de la première ministre Margaret Thatcher au Royaume-Uni (1979-1990), et s'inscrit dans une mondialisation des échanges au moment où le Canada conclut l'Accord de libre-échange canado-américain en 1987 et l'Accord de libre-échange nord-américain en 1992. La privatisation de sociétés d'État acquises par des compagnies québécoises, comme l'achat de Canadair par Bombardier en 1986, permet l'élargissement du champ d'activité de certaines entreprises québécoises. Pour en savoir davantage sur la façon dont les gouvernements de Mulroney, Reagan et Thatcher ont respectivement cherché à moderniser l eur bureaucratie et quels en ont été les effets, voir Savoie. *Thatcher, Reagan, and Mulroney: In Search of a New Bureaucracy.*

9 Voir L'Italien, « Du Québec inc. au *Quebec Capital*. Le repositionnement de l'élite économique québécoise depuis 1995 ».

10 Gagnon, *L'Influence des événements politiques,* 109.

11 Au Québec, acronymie de collège d'enseignement général et professionnel. Un cégep est un type d'établissement d'enseignement collégial public. Ce lieu d'études postsecondaires qui précède l'université est unique au Québec.

12 À ce sujet, voir Vaillancourt, *De l'ombre à la lumière,* 2007.

13 Higgins, *De la clandestinité à l'affirmation,* 126.

14 *Ibid.,* 131.

15 Le VIH désigne plus précisément la pandémie virale (ou le virus), et le sida, la maladie qui en découle.

16 Parish, *Gays and lesbians in mainstream cinema,* 13.

17 L'épidémie du VIH-sida est généralement divisée en trois étapes distinctes ; la première, qui s'étend de 1981 à 1983, tend à « l'homosexualisation du sida », puisque la maladie se déclare presque exclusivement chez les gais. La deuxième période est celle des « Quatre H » (homosexuel, hémophile, héroïnomane, Haïtien). Autour de 1985, lorsque l'on prend conscience que les hétérosexuels peuvent contracter le virus, apparaît lentement la période qui tend à la « déshomosexualisation » du sida. Or, dès l'émergence de la maladie, la cor-

rélation entre homosexualité et sida a été immédiate, d'où l'hypothèse que le sida ait contribué à la mise en évidence de l'hétérosexisme et de l'homophobie sociale, comme le souligne René Lavoie dans « Deux solitudes : les organismes sida et la communauté gaie », 338-339.

18 Migneault, « Les collections gaies et lesbiennes dans les bibliothèques publiques », 32.

19 Charest, « Féminisme, voie d'accès ou terminus. (ébauche) », 10.

20 L'auteure Diane Lamoureux fait référence à trois événements importants. D'abord, la pièce de théâtre *La Nef des sorcières*, présentée en mars 1976 au Théâtre du Nouveau Monde et où figurent deux monologues explicitement lesbiens. Le spectacle est créé par sept auteures (Marthe Blackburn, Marie-Claire Blais, Nicole Brossard, Odette Gagnon, Luce Guilbeault, France Théoret, Pol Pelletier) et six actrices (Françoise Berd, Michèle Craig, Michèle Magny, Louisette Dussault, Luce Guilbeault, Pol Pelletier) sous la direction de Luce Guilbeault. Ensuite, il y a eu la fondation de la Coop-Femmes (1976) et enfin le documentaire *Quelques féministes américaines* (1978). Voir Lamoureux, « La question lesbienne dans le féminisme montréalais », 167-186.

21 Carrière, *Femmes et cinéma québécois*, 182.

22 Nicole Brossard citée dans une entrevue effectuée par Julie Vaillancourt pour l'ouvrage *Archives lesbiennes : d'hier à aujourd'hui. Tome 2.*

23 Carrière, *Femmes et cinéma québécois*, 183.

24 *Ibid.*

25 Waugh, « Nègres blancs, tapettes et "butch" », 29.

26 Nicole Brossard citée par Julie Vaillancourt dans *Archives lesbiennes…*

27 *Ibid.* Il est pertinent de souligner ici le caractère pionnier de la communauté anglophone de Montréal dans les mouvements militants gais et lesbiens. Un des premiers groupes est formé en 1972 par l'association étudiante Gay McGill. Si les gais et les lesbiennes y étaient tous les bienvenus, les actions de l'association étaient plus liées à des thématiques masculines, tandis que les projets proposés par les lesbiennes étaient souvent sous-financés. Ainsi, en mars 1973, les lesbiennes se retirent pour fonder le Montreal Gay Women, première association lesbienne québécoise, qui proposera de multiples activités, entre autres la mise sur pied d'un service d'écoute et de référence, un centre de documentation, des groupes de discussion, etc. L'organisation publiera aussi la revue *Long Time Coming* et organisera les deux premières conférences de lesbiennes

en janvier 1974 et 1975. Bref, le Montreal Gay Women a donné un visage à la communauté lesbienne militante, et ce, bien avant la première Journée de visibilité lesbienne en mars 1982. Renommée Labyris Montreal en décembre 1974, l'organisation s'est essoufflée, puis s'est scindée en deux associations, la Gay Women of Montreal et la Montreal Lesbian Organisation. Les organisations ne firent pas long feu, si bien qu'en 1977 les organisations anglophones de lesbiennes militantes d'envergure disparurent. Il faudra attendre le milieu des années 1980 et la formation de la Lesbian Studies Coalition de l'Université Concordia pour assister, dans la communauté anglophone de Montréal, à la renaissance d'un militantisme visible et soutenu chez les lesbiennes.

28 Le choix du nom de l'association Coop-Femmes, une dénomination d'emblée peu explicite, au contraire de celles des organisations anglophones pionnières, résulte d'un compromis entre le désir de visibilité lesbienne et la nécessité de se protéger d'éventuelles attaques lesbophobes. L'association a été enregistrée officiellement sous le nom Centre social des femmes du centre-ville de Montréal.

29 Carrière, *Femmes et cinéma québécois*, 152.

30 À cet effet, mentionnons *La Cuisine rouge* (1980), le premier film de la cinéaste et comédienne Paule Baillargeon (coréalisé avec Frédérique Collin), qui contribue à l'émergence d'une parole féministe forte et novatrice (et implicitement homoérotique) dans le cinéma québécois. Si la cinéaste prête ses talents d'actrice au film de Léa Pool *La Femme de l'hôtel*, elle réalise *Le Sexe des étoiles* en 1993. Nous y reviendrons plus loin dans cet ouvrage.

31 *Amazones d'Hier, Lesbiennes d'Aujourd'hui* (AHLA) est une revue trimestrielle lesbienne radicale publiée à Montréal jusqu'en 1999, avec un numéro hommage à Danielle Charest en 2014. En septembre 2019, AHLA lançait la version numérisée de ses ouvrages parus de 1982 à 2014. C'est sous la formule d'un *talk-show*, intitulé *Toutes les lesbiennes en parlent*, parodiant la populaire émission de télévision *Tout le monde en parle*, que Johanne Coulombe – militante de longue date qui a imaginé l'événement – animait la soirée. D'ailleurs, l'événement constitue une intéressante mise en abyme de l'importance du médium vidéographique, encore aujourd'hui, puisque la soirée a fait l'objet d'une vidéo produite et diffusée en 2020 par le Réseau des Lesbiennes du Québec. En 2022, le documentaire *Amazones d'Hier, Lesbiennes d'Aujourd'hui* :

40 ans plus tard, met de l'avant l'histoire du collectif avec des témoignages de Louise Turcotte, Gin Bergeron, Ariane Brunet, sans oublier Danielle Charest à titre posthume.

32 Turcotte, « Itinéraire d'un courant politique », 376.
33 Voir *Amazones d'Hier, Lesbiennes d'Aujourd'hui : 40 ans plus tard.*
34 *Ibid.*
35 Vallières, « Mouvements homosexuels et hétérodoxie sociale », 186.
36 Waugh, « Nègres blancs, tapettes et "butch" », 28.
37 Fondé en 1975, par Diane Heffernan et Suzanne Vertue, *Réseau vidéo* (des femmes) devient *Réseau Vidé-Elle* en 1980. Voir Heffernan, « Réseau Vidé-Elle », 425-426.
38 Nous pensons, entre autres, au documentaire *Portraits de lesbiennes aînées* (2006, Diane Heffernan, Gin Bergeron, Suzanne Vertue) et au court métrage expérimental *Femmes : (ré)flexions identitaires* (2018, Julie Vaillancourt). Le médium vidéographique est au service du propos, des enjeux de la représentation lesbienne, des femmes LGBTQ+ et du féminisme, à travers deux œuvres qui seront présentées au grand public (résidences pour aînés, centres de femmes, événements LGBTQ+, festivals de cinéma, etc.)
39 C'est Diffusions gaies et lesbiennes, formé en 1987, qui chapeaute le festival image+nation qui se tiendra pour la première fois en 1988, et qui est le plus ancien festival de cinéma LGBTQI2+ au Canada. Au moment d'écrire ces lignes, il a toujours lieu, annuellement, à Montréal.
40 Pour une étude plus substantielle de ce film, ainsi que ceux associés à l'émergence d'une visibilité lesbienne au Québec, voir Vaillancourt, *De l'ombre à la lumière.*
41 Vaillancourt, « *La Femme de l'hôtel* et *Anne Trister* », 117.
42 Lesage et Tardif, *30 ans de révolution tranquille*, 182.
43 L'Hérault, « Pour une cartographie de l'hétérogène », 57.
44 Lesage et Tardif, *30 ans de révolution tranquille*, 185.
45 L'Hérault, « Pour une cartographie de l'hétérogène », 108.
46 Poirier, *Le Cinéma québécois à la recherche d'une identité ?* », 194.
47 Lamoureux, *Les Limites de l'identité sexuelle*, 13.
48 *Ibid.*, 14.
49 Schwartzwald, « Y a-t-il un sujet-nation *queer* ? », 164.

50 *Ibid.*, 178.

51 Perron, *Le « je » et le « nous »*,154.

52 *Ibid.*

53 *Ibid.*, 155.

54 Lamoureux, *Les Limites de l'identité sexuelle*, 15.

55 Terme inventé par la critique de cinéma B. Ruby Rich dans le magazine *Sight & Sound* en 1992, le « *New Queer Cinema* est l'appellation donnée à une vague de films queers ayant été acclamés par la critique sur le circuit des festivals, au début des années 1990. […] N'étant plus accablés par le sceau d'imagerie positive ou par la relative obscurité d'une production marginale, les films pouvaient être à la fois radicaux et populaires, stylés et économiquement viables. […] ce qu'ils semblaient partager était une attitude. » Voir Aaron, *New Queer Cinema*, 2004.

56 Avec *J'en suis*, Claude Fournier poursuit dans la veine de ses réalisations des années 1970, où les stéréotypes et les « bouffons gais » sont au rendez-vous, comme dans *Les Chats bottés* (1971), *La Pomme, la Queue et les Pépins* (1974) et *Les Chiens chauds* (1980).

57 Au fédéral, c'est l'adoption de la Loi sur le mariage civil, le 20 juillet 2005, qui légalise le mariage entre conjoints de même sexe partout au Canada. Notons le caractère avant-gardiste du Québec sur la question, alors que Michael Hendricks et René Lebœuf se marient le 1er avril 2004, au palais de justice de Montréal, lors d'une émotive cérémonie (anecdote : c'est ma mère, alors greffière adjointe, qui sera leur célébrante). Le premier couple à se marier au Canada est celui formé des Michael (Leshner et Stark), suivant la décision du cas *Halpern c. Canada*, le 10 juin 2003, alors que la Cour d'appel de l'Ontario conclut que la définition commune du mariage viole l'article 15 de la Charte canadienne des droits et libertés.

58 Pour un état de l'homophobie au Québec au début du millénaire, malgré les gains législatifs acquis, voir *De l'égalité juridique à l'égalité sociale : vers une stratégie nationale de lutte contre l'homophobie.*

59 Migneault, « Les collections gaies et lesbiennes dans les bibliothèques publiques », 34.

60 *Le Cœur découvert* est tiré du roman éponyme de Michel Tremblay et met en scène un couple de gais ainsi qu'un couple de lesbiennes évoluant autour d'eux. Quant à la série *Cover Girl*, elle nous transporte dans l'univers de

quatre drag queens copropriétaires d'une boîte de nuit dans le centre-ville de Montréal. De plus, des réseaux de télévision québécois comme Séries Plus (qui a diffusé *Queer as Folk*), Canal Vie (qui a diffusé *Éros et Cie* et *Sortie Gaie*) et ARTV (qui a diffusé *Elles*, version française de *The L Word*) sont des lieux de diffusion qui ne sont pas à négliger quant à la visibilité télévisuelle francophone des gais et des lesbiennes.

61 Deschênes, Dossier : Québec – État. La devise « Je me souviens », 2012.

62 Thomas Chapais est cité dans Deschênes, *ibid.*

63 Voir « Femmes autochtones : Trudeau accepte l'utilisation du terme génocide » et « Les Autochtones victimes d'un "génocide culturel", dit la juge en chef de la Cour suprême ».

64 « S'immatriculer sans être à côté de la plaque. »

65 Deschênes, *ibid.*

66 « S'immatriculer sans être à côté de la plaque », *ibid.*

67 *Ibid.*

68 « Celui qui ne sait pas d'où il vient ne peut savoir où il va car il ne sait pas où il est. En ce sens le passé est la rampe de lancement vers l'avenir. » (De Habsbourg, *Le Nouveau Défi européen*, 473).

69 Dans *Elvis Gratton : le king des kings.*

70 Personnage de fiction interprété par l'acteur Julien Poulin, Elvis Gratton apparaît dans six films du cinéaste Pierre Falardeau de 1980 à 2000, en plus de faire l'objet d'une série télévisée. Falardeau ne fait pas dans la dentelle ou dans l'humour raffiné et critique le fédéralisme, le capitalisme et la culture de masse américaine qui aliènent le peuple québécois. Le personnage comique de Bob « Elvis » Gratton se présente comme une satire féroce de la figure du colonisé. Le discours est souvent ironique dans la mesure où l'on fait l'apologie de ce que l'on rejette (fédéralisme canadien, culte de la personnalité, capitalisme américain) en dénonçant l'État providence, le projet d'indépendance du Québec, la loi 101, etc. Elvis Gratton est la personnification caricaturale par excellence du colonisé canadien-français ; il projette l'incertitude et l'ambiguïté identitaire québécoise.

71 Harel. *Le Voleur de parcours*, 32.

72 *Ibid.*, 38.

73 Cette caractéristique se trouve rarement dans les bars hétéros, puisque ces derniers sont plus nombreux. Ainsi, chaque établissement possède sa clientèle en

fonction de codes sociaux préétablis. Même si cette tendance est appelée à changer, les bars gais et lesbiens étaient jadis peu nombreux et historiquement concentrés dans le Village gai de Montréal, dans la rue Sainte-Catherine. Ainsi, la clientèle de ces établissements rassemble la diversité de la faune LGBTQ+.

74 Schwartzwald, C.R.A.Z.Y.: A Queer Film Classic, 99-100.

75 Ménard, « Du berdache au Berdache », 128.

76 À titre d'exemple, nous pourrions citer le film Anne Trister (1986) de Léa Pool, avec sa protagoniste suisse et bisexuelle qui, en quête identitaire, s'exile au Québec.

77 Ménard, « Du berdache au Berdache », 129.

78 Harel, Le Voleur de parcours, 44.

79 Ibid., 130.

80 Ibid.

81 Vallières, « Mouvements homosexuels et hétérodoxie sociale », 183.

82 Ibid., 189.

83 Ibid., 202.

84 Vallières, « Vers un Québec post-nationaliste ? », 21-55.

85 Ibid., 55.

86 Ménard, « Du berdache au Berdache », 130.

87 Ibid.

88 Vallières, « Mouvements homosexuels et hétérodoxie sociale », 205.

89 Ménard, ibid.

90 Marcel Rioux, cité par Gagnon, L'Influence des événements politiques, 21.

91 Harel, Le Voleur de parcours, 28.

92 Ibid.

93 Ibid., 30.

94 Ibid., 26.

95 Ibid., 27.

96 Gagnon, L'Influence des événements politiques, 21.

97 Ibid., 23.

98 Waugh, « Nègres blancs, tapettes et "butch" », 12.

99 Si ce premier film de Lepage est tiré du scénario original écrit par l'homme de théâtre lui-même, tous ses films subséquents sont des adaptations ou des inspirations théâtrales ; Le Polygraphe (1996), Nô (1998), Possible Worlds (2000),

La Face cachée de la Lune (2003), *Triptyque* (2013) et son plus récent *Coriolanus* (2019), coréalisé avec Barry Avrich, est une adaptation de Shakespeare.

100 Dundjerovich, *The Cinema of Robert Lepage*, 1-2.
101 Vaillancourt, « Tom à la ferme », 48.
102 *Ibid.*, 49.
103 D'après l'œuvre de Jean Poiret, cette production franco-italienne fut adaptée à l'écran par Édouard Molinaro, Marcello Danon et Jean Poiret, sans oublier Francis Veber qui réalisera par la suite l'incomparable *Dîner de cons* (1998), mais également *Le Placard* (2001) qui constitue en soi un classique du cinéma homosexuel français. Si *Le Dîner de cons* fait l'objet d'un *remake* américain en 2010, il en est de même pour *La Cage aux folles*, avec *The Birdcage* (Mike Nichols, 1996).
104 Répliques tirées de la représentation de la pièce *Hosanna*, écrite par Michel Tremblay et mise en scène par Jean-François Quesnel, en mai 2021, à la Comédie de Montréal.
105 Écrite et composée par Ron Miller and Kenneth Hirsch, la chanson sera distribuée sous l'étiquette Motown Records en 1977.
106 Vallières, « Mouvements homosexuels et hétérodoxie sociale », 191.
107 *Ibid.*
108 *Ibid.*, 187.
109 *Ibid.*

Chapitre 4

1 Nous avons d'ailleurs eu le privilège d'y assister à titre de modératrice. C'est en quelque sorte la position que nous avons adoptée tout au long de ce chapitre, qui se veut parfois plus personnel dans le ton.
2 Appel à communication, colloque sur *À tout prendre*, 1.
3 Bonneville, *Le Cinéma par ceux qui le font*, 449.
4 Young, « À tout prendre », 40.
5 Lettre de Colin Young à Claude Jutra. Colin Young, professeur à l'Université de Californie, raconte à Claude Jutra les réactions et commentaires de Jean Renoir à la suite de la projection d'*À tout prendre*.
6 Lettre de Pauline Kael à Claude Jutra. Pauline Kael évoque les commentaires de quelques personnes ayant vu le film à Hollywood, dont John Cassavetes,

qui utilisera le terme *amateur* pour parler positivement de Stanley Kubrick, d'où le caractère élogieux du commentaire à l'endroit de Jutra.

7 Edgar Morin, cité par Pierre Jutras dans le colloque *Reprendre À tout prendre*.

8 Qualificatif donné à Claude Jutra par Waugh (voir *The Romance of Transgression*, 437).

9 L'unique biographie exhaustive (320 pages) est celle de Jim Leach, *Claude Jutra: Filmmaker*.

10 Peu avant sa mort, Claude Jutra fera don de ses archives personnelles à l'UQAM et à la Cinémathèque québécoise, alors qu'après sa mort sa sœur enrichira le fonds de la Cinémathèque québécoise. Le fonds qui se trouve aujourd'hui à l'UQAM est le plus important. Ce sont notamment ces deux fonds qu'Yves Lever a consultés pour rédiger sa biographie sur Jutra. Notons aussi que, dès 2014, la Cinémathèque québécoise procédait à la création du dossier web sur Jutra. Quoi qu'il en soit, le 19 février 2016 (rappelons que la biographie est parue le 16 février 2016), le Service des archives et de gestion des documents de l'UQAM mentionne sur son site web la note suivante : « À la lumière de nouvelles informations rendues publiques récemment au sujet du Fonds Claude-Jutra, par souci de ne pas porter atteinte à la vie privée de tierces personnes, ni à leur réputation, le Service des archives et de gestion des documents a décidé le 17 février 2016 de suspendre temporairement la consultation de la totalité du Fonds Claude-Jutra. Le Service des archives procédera à une nouvelle évaluation de son contenu dans les meilleurs délais. » Au moment de relire ces lignes, en janvier 2022, la consultation est toujours « temporairement suspendue ». D'ailleurs, le 18 février 2016, Mario Girard stipulait dans *La Presse* que, « même si Claude Jutra n'a pas émis de restrictions à la consultation lors du don, le service juridique de l'UQAM a bloqué l'accès à certains documents, et ce, jusqu'en 2040. C'est une décision qu'a prise l'UQAM en accord avec la Loi sur les archives, la Loi sur le droit d'auteur et la Loi sur l'accès aux documents des organismes publics et sur la protection des renseignements personnels ».

11 Au sujet de la présumée bisexualité de Jutra, Thomas Waugh positionne judicieusement le discours en lien avec l'époque, les perceptions et le contexte législatif et sociohistorique des homosexualités. « Peu importe que Claude, le personnage autofictif, et Jutra, l'auteur (si nous devons les catégoriser),

confessent une orientation bisexuelle, littéralement parlant : le Code pénal
et la culture catholique ne condamnent pas les orientations, mais plutôt les
actes, et la bohème des années 1960 marchait d'un pas détaché, imperturbable.
(Quelque chose à penser au XXIᵉ siècle !) » Voir « "Do you like boys ? » .

12 Lever, *Claude Jutra*, 147.

13 *Ibid.*, 153.

14 Voir Fournier, *À force de vivre*, 301.

15 *Ibid.*, 301-302.

16 D'ailleurs, « comment voir autrement le fantasme masochiste d'un jeune
cowboy de la rue Mackay, qui tire sur Jutra à travers sa fenêtre ouverte du rez-
de-chaussée pendant son étreinte avec Johanne ? » conclut Thomas Waugh
lors de sa présentation. « Aimes-tu les garçons ? » : notes visuelles sur *À tout
prendre* : confession, lâcheté et disparition. »

17 Lever, *Claude Jutra*, 153.

18 *Ibid.*, 154.

19 Depuis 2008 au Canada, l'âge du consentement aux activités sexuelles est
de seize ans. « Dans certains cas, l'âge de consentement est plus élevé (par
exemple, dans les cas où il existe une relation de confiance, d'autorité ou de
dépendance). » Gouvernement du Canada, site web du ministère de la Justice.

20 Voir Haim « Salem en Québec ». Ce que l'auteure dénonce dans son article est
clair et pertinent, mais il convient de préciser qu'au-delà de l'âge légal du
consentement de quatorze ans de 1892 à 2008, au Canada, l'homosexualité sera
criminalisée et ostracisée pendant la majeure partie de cette période. De ce
point de vue, la notion de consentement, peu importe l'âge des hommes im-
pliqués dans la relation homosexuelle, devient discutable, dans la mesure où il
s'agit, au final, selon la perception de chacun en lien avec ses désirs et les
contraintes sociales du moment, de « consentir » à « céder » ou non à la crimi-
nalité, à l'ostracisme d'une sexualité marginale.

21 Il faut noter qu'après la publication du livre de Lever des victimes présumées
de Claude Jutra allégueront avoir été abusées alors qu'elles avaient moins de
quatorze ans. C'est le cas d'un homme qui témoigne anonymement dans un
article intitulé « Une victime de Claude Jutra témoigne : des attouchements
dès 6 ans ». Si cela vient contredire l'affirmation d'Haim, dans un sens, il n'en
demeure pas moins que ces allégations ne sont pas traitées par le système

judiciaire. Néanmoins, elles trouveront écho auprès de ce que nous pourrions appeler le tribunal populaire de l'opinion publique à l'ère du #metoo. Nous y reviendrons à la fin du chapitre.

22 Lever, *Claude Jutra*, 155.

23 « Cette discussion sur l'obliquité et l'ambiguïté était trop oblique et ambiguë pour le biographe Yves Lever et pour les journalistes qui ont bourdonné autour du scandale que sa biographie a déclenché en 2016 », répondra Thomas Waugh en 2018. « Do you like boys ? » « En ce qui concerne ma phrase "éros intergénérationnel", Matthew Hays, mon ancien étudiant et collaborateur de longue date, l'a déchiffrée publiquement sur CBC Radio-Canada : "C'est la façon d'un universitaire en cinéma de suggérer que le travail de Jutra avait des connotations pédophiles." Les journalistes n'ont toujours pas compris de telles ambiguïtés, encore moins mon empathie ou ma discrétion. Cette plateforme est l'occasion de mettre quelques points sur les i », explique d'entrée de jeu Thomas Waugh, avant de s'expliquer plus longuement en note de bas de page. « J'avais vingt et un ans en 1969, donc j'étais déjà un criminel lorsque le père de Justin Trudeau, Pierre, a instauré la décriminalisation de la sodomie entre deux adultes de vingt et un ans ou plus en privé ; j'avais quarante ans en 1988 lorsqu'un autre gouvernement libéral a abaissé de vingt et un ans à dix-huit ans l'âge du consentement pour les relations homosexuelles (par rapport à l'âge hétérosexuel du consentement de quatorze ans, alors en vigueur). Le changement de l'âge du consentement de 1988 a rétroactivement décriminalisé ma relation du moment avec un homme né en 1962 qui était devenu mon partenaire à l'âge de vingt ans, une relation à laquelle il ne pouvait pas légalement consentir. »

24 Thomas Waugh, cité par Lever, dans *Claude Jutra*, 156.

25 *Ibid.*, 157.

26 Claude Jutra, cité par Waugh dans « Do you like boys ? » L'auteur mentionne : « Je suis reconnaissant au psychiatre de Toronto, le Dr Frank Sommers, de m'avoir fourni une entrevue longue et ambitieuse qu'il a menée en anglais avec Jutra sur son processus créatif en 1979 [...] »

27 *Ibid.*

28 *Ibid.*

29 *Ibid.*

30 Edgar Morin, cité par Pierre Jutras dans le colloque *Reprendre À tout prendre*.

31 Qualificatif donné à Claude Jutra par Waugh (*The Romance of Transgression*, 437).

32 Waugh, « Do you like boys ? »

33 Comme le stipule Waugh lors de sa communication intitulée « Aimes-tu les garçons ? » : notes visuelles sur *À tout prendre* : confession, lâcheté et disparition ».

34 Waugh, « Do you like boys ? »

35 Le préfix *proto* réfère aux premiers stades de développement.

36 L'auteur mentionne ici qu'il utilise un terme emprunté du Dr Kinsey par Gayle Rubin (1984).

37 Waugh, « Do you like boys ? »

38 *Ibid.*

39 Waugh, « Aimes-tu les garçons ? »

40 Hays, « Considering the Claude Jutra scandal, one week later ».

41 Pour plus d'informations en français sur la théorie queer, voir Bourcier, *Queer zones*. Il est à noter que Sam Bourcier a d'abord été connu sous le nom de naissance de Marie-Hélène Bourcier.

42 D'ailleurs, sans prétention aucune, nous aimons croire que ça prenait une femme lesbienne féministe (cela n'est guère un pléonasme fautif), née et ayant grandi à Montréal, dans une famille unilingue francophone, ayant étudié la théorie du cinéma dans une université montréalaise anglophone et l'éducation dans une université montréalaise francophone, puis ayant écrit pendant plus d'une décennie dans un magazine gai et un de cinéma (toujours en minorité féminine, dans un cas comme dans l'autre), pour souligner que « ces deux solitudes » sont bel et bien présentes.

43 Waugh, « Do you like boys ? »

44 « Le métier de biographe : l'éditeur s'exprime ».

45 *Ibid.*

46 En 2014, en hommage à l'Office national du film du Canada, Postes Canada présente une série de timbres, dont l'une est dédiée au célèbre film de Claude Jutra, largement considéré comme l'un des films les plus importants jamais réalisés au Canada.

47 Avant même que le livre de Lever soit sur le marché, rappelons que la « nouvelle » de la pédophilie est sortie dans *La Presse* du samedi 13 février 2016, dans la chronique de Mario Girard « Jutra et les garçons ».

234 Notes des pages 150-151

48 Pour une liste plus exhaustive des endroits au Québec où le nom de Claude Jutra disparaîtra, voir Hays, « The Man Who Wasn't There: The Claude Jutra legacy, a year after the scandal ».

49 Corriveau, « Deux femmes remplacent Claude Jutra dans la toponymie montréalaise ».

50 Pidduck, « Claude Jutra, an introduction ».

51 Qui inclut nécessairement les nominations divines, comme quoi l'égalité des saints catholiques reste également à parfaire…

52 « L'homme n'est rien d'autre que son projet, il n'existe que dans la mesure où il se réalise, il n'est donc rien d'autre que l'ensemble de ses actes, rien d'autre que sa vie. » (Sartre, *L'existentialisme est un humanisme*, 27.)

53 Rappelons que les faits biographiques sont documentés par l'auteur et historien qui les intègre à son ouvrage pour en faire une biographie. Le procès, au sens judiciaire du terme, n'est guère possible puisque le présumé coupable (voire innocent jusqu'à preuve du contraire, selon nos lois) est décédé. Certaines victimes parlent anonymement dans les médias, d'autres préfèrent garder le silence. Impuissante, l'opinion publique veut faire le procès de l'homme. C'est une fatalité. S'en prendre à sa mémoire pour nourrir son impuissance – devant l'horreur de la pédophilie, un crime qui ne cesse de se reproduire dans nos sociétés malgré notre code pénal – demeure la seule solution possible. Dans un monde où, à l'ère du règne des médias sociaux et de l'individualité, tous désirent donner leur opinion sur tout (et sur rien), Internet et les médias sociaux changent la donne (des médias traditionnels) dans la façon dont le public se forge son opinion et procède au lynchage (social et médiatique) d'un individu. Quoi qu'il en soit, quant à l'aspect juridique de la question, il faut reconnaître que feu l'accusé n'a pas eu de procès au sens juridique de la loi, un argument pertinemment évoqué par Monica Haim et repris par Germain Lacasse, dans *Nouvelles vues*, au sujet de la sortie de la biographie de Lever.

54 Ajoutons deux enfants (un gars, une fille), un chien, une maison unifamiliale et une voiture de l'année, si cela vous aide à vous faire une tête sur ce à quoi une vie exemplaire (hétérosexuelle) devrait ressembler selon l'opinion publique, bien sûr. Voir le film *Pleasantville* (1998) pour vous mettre dans l'ambiance de la famille parfaite (selon l'opinion publique de l'Amérique des années 1950). Qu'en est-il aujourd'hui ?

55 Hélène David, alors ministre de la Culture, demande à Québec Cinéma de changer le nom de la cérémonie. La Soirée des prix Jutra sera rebaptisée provisoirement Gala du cinéma québécois, avant d'être officiellement renommée Gala Québec Cinéma le 28 septembre 2016.

56 Weinmann, « Post-mortem de l'"affaire Jutra" ».

57 *Ibid.*

58 *Ibid.*

59 Hays, « Considering the Claude Jutra scandal ».

60 Will Straw cité par Hays dans « Considering the Claude Jutra scandal ».

61 Edgar Morin, cité par Weinmann dans « Post-mortem de l'"affaire Jutra" ».

62 Il est à noter qu'Yves Lever est décédé en juillet 2020 à soixante-dix-huit ans.

63 Yves Lever, cité par Hays dans « The Man Who Wasn't There ».

64 Hays, « The Man Who Wasn't There ».

65 À la suite de la publication de sa chronique intitulée « Claude Jutra était mon ami », on reproche à la politicienne, écrivaine et animatrice Lise Payette, notamment ancienne ministre à la Condition féminine élue pour le Parti québécois, un amalgame douteux : « Dans les grands combats menés par les personnes LGBTQI2+, il y a certainement eu celui de déconstruire cette fausse perception qui associait l'homosexualité à la déviance sexuelle et à la pédophilie. Nous nous devions donc de réagir à ce vieil amalgame qui surgit dans le texte de Mme Payette. […] Heureusement, les réactions des Québécoises et des Québécois à l'article de Mme Payette confirment que notre société a évolué et qu'elle ne fait plus ce lien erroné et irresponsable entre pédophilie et homosexualité », expliquent Pascal Vaillancourt et Robert Asselin, respectivement directeur général et président de Gai Écoute (aujourd'hui Interligne), dans une lettre ouverte intitulée « Un amalgame erroné et inacceptable ». Notons que Mme Payette répondra à cette lettre dans sa chronique suivante intitulée « La vie continue » : « Je tiens à vous assurer tout de suite que jamais je n'ai fait d'amalgame entre l'homosexualité et la pédophilie, car je sais parfaitement bien que ce sont deux choses très différentes. » Cela dit, il suffisait d'aller surfer sur les médias sociaux, en plein scandale, pour constater à quel point l'expression de certains Québécois sur le sujet a manqué quelques jalons de l'évolution sociale… Malheureusement, beaucoup d'individus peu éduqués associent encore à tort homosexualité et pédophilie (c'est-à-dire que « tous les homosexuels sont des pédophiles », et aussi « tous les curés sont des

homosexuels, donc des pédophiles »). Cette seconde association n'est guère étrangère aux scandales sexuels impliquant des dirigeants de l'Église catholique. Au tournant de la Révolution tranquille, avec la sécularisation de la société québécoise, l'Église sera appelée à confesser ses péchés que des décennies de laïcité n'arriveront guère à effacer ; le Québécois se souviendra.

66 Hays, « The Man Who Wasn't There ».

67 Waugh, « Do you like boys ? »

68 Pidduck, « The "Affaire Jutra" and the figure of the child ».

69 En février 2020, le producteur de cinéma américain est reconnu coupable de viol et d'agression sexuelle, constituant la première reconnaissance de culpabilité par un tribunal de l'ère du #metoo.

70 Talon-Hugon, *L'Art sous contrôle*, 29.

71 Coffin, *Le Génie lesbien*, 20.

72 Alors que plusieurs accusations sont portées à son égard en 2019, il sera inculpé pour l'agression sexuelle d'un adolescent commise en 2016.

73 En 2021, le documentaire produit par HBO *Allen v. Farrow* revient sur cette affaire vieille de plus de trente ans et qui n'est toujours pas jugée en cour. En 2017, Dylan Farrow écrit une lettre ouverte dans le *Los Angeles Times* : « Why has the #MeToo revolution spared Woody Allen ? » alors qu'Allen continue de nier les accusations d'agressions sexuelles à l'encontre de cette dernière.

74 Voir Miriam Bale. « Critic's Notebook : Why I Will Never Watch a New Woody Allen Film Again ».

75 En 1978, le cinéaste d'origine polonaise fuit les États-Unis après avoir été reconnu coupable d'avoir eu des relations sexuelles avec Samantha Gailey, une adolescente de treize ans. Depuis, sa feuille de route demeure entachée et les accusations s'accumulent. Voir « Roman Polanski : retour sur les affaires et accusations ».

76 Talabot, « Harcèlement sexuel ».

77 Coffin, *Le Génie lesbien*, 216.

78 Talon-Hugon, *L'Art sous contrôle*, 44.

79 *Ibid.*, 43.

80 *Ibid.*, 43-44.

81 *Ibid.*, 45.

82 *Ibid.*

83 *Ibid.*, 128.

84 *Ibid.*, 68.

85 *Ibid.*, 46.

86 *Ibid.*, 125.

87 Hays, « The Man Who Wasn't There ».

88 *Ibid.*

89 Talon-Hugon, *L'Art sous contrôle*, 61.

90 Oscar Wilde, « La critique est un art ».

91 Talon-Hugon, *L'art sous contrôle*, 136 et 138.

92 Voir Appel à communication, colloque sur *À tout prendre*.

93 *Ibid.*, 2-3.

94 Jean, « Présentation d'ouverture », colloque *Reprendre À tout prendre*.

95 *Ibid.*

96 Crépeau, « Claude, Johanne, Marcel et les autres », 18.

97 *Ibid.*

98 *Ibid.*

99 Xavier Dolan débute le métier d'acteur à quatre ans. Son père, Manuel Tadros, est également comédien et auteur-compositeur-interprète. Il joue d'ailleurs le rôle du propriétaire de l'appartement dans *J'ai tué ma mère*.

100 Vaillancourt, « J'ai tué ma mère de Xavier Dolan », 142.

101 *Ibid.*

102 En effet, après les années 2000, nombre de lois et de politiques convergent vers l'égalité. En 2005, le projet de loi C-38 pour le mariage entre conjoints de même sexe entre en vigueur, alors que le 17 mai de la même année, la première Journée de lutte contre l'homophobie est instaurée à l'échelle internationale. Puis, en 2009, le ministère de la Justice instaure la Politique québécoise de lutte contre l'homophobie.

103 Beurdeley, *Xavier Dolan*, 110.

104 Waugh, « Do you like boys ? »

105 Dolan. Note du réalisateur, dossier de presse du film *Mommy*.

106 Ma réflexion. Voir Vaillancourt, « Mommy : émotion à l'état pur ».

107 Les droits du film *À tout prendre* ont été cédés gracieusement à la Cinémathèque québécoise en 2005 par Mimi et Michel Jutras, la sœur et le frère de Claude Jutra. Cette donation a permis de rendre visible gratuitement le film sur le site de la Cinémathèque québécoise dans ses différentes versions (seize millimètres, trente-cinq millimètres et version anglaise).

108 Le film *Il était une fois dans l'Est* est aussi disponible sur cette même plate-forme.
109 Retranscription des propos de Xavier Dolan, *Éléphant : mémoire du cinéma*.
110 Avant d'être mise en musique par Michel Mauleart Monton, la chanson *Choucoune* est d'abord un poème lyrique datant de 1883, où l'auteur Oswald Durand évoque la beauté d'une Haïtienne, Marie-Noëlle Belizaire, surnommée Choucoune. L'histoire serait tirée de leur liaison et, en réalité, c'est elle qui le quitte à cause de ses infidélités répétées. Cela prend d'autant plus de sens lorsque mis en parallèle avec la relation entre Claude et Johanne dans *À tout prendre*.
111 Bruce LaBruce, cité par Ramond « Saint-Narcisse ».
112 De la composition musicale *À tout prendre... Hommage à Claude Jutra Six miniatures* (1995) du compositeur ontarien Robert Lemay au long métrage *Low Cost (Claude Jutra)*, 2010, du réalisateur suisse Lionel Baier.
113 Hébert et *al.*, *Dictionnaire de la censure au Québec*, 56.
114 *Ibid.*
115 Marsolais, « À tout prendre de Claude Jutra », 29.

Conclusion
1 Roussil et *al.*, *L'Art et l'État*, 7.
2 L'orthographe exacte du terme exprimant, au baseball, une balle frappée hors jeu est *foul ball*. (Perreault, « Tremblay et Brassard "On est pas des Jeanne d'Arc", 3.)
3 Ce qu'Yves Picard appelle « l'État-diffracteur » réfère à l'assujettissement du cinéma québécois aux diktats de l'État bailleur de fonds. L'État, tout au long de l'aventure actuelle du cinéma québécois de fiction, a agi en « diffracteur », car les organismes gouvernementaux d'aide ont imposé des manières de tenir le langage cinématographique en fonction du langage du marché ou de la politique. Bref, l'État commande, continuellement, depuis les débuts de l'aventure du cinéma québécois de fiction des régimes définis de codification. Il « genrifie » le cinéma. Voir Picard « Cinéma et nation », 1987.
4 *Ibid.*, 103.
5 Jean Pierre Lefebvre, cité par Lever, *Le Cinéma de la Révolution tranquille*, 1.
6 Cornellier, « Sexe, sexualité et nationalité », 1
7 Vacante, « Writing the history of Sexuality and "National" History », 33.

8 Waugh, « Nègres blancs, tapettes et "butch" », 14.

9 Rubin, « Thinking Sex », 267.

10 *Ibid.*

11 Notons que le qualificatif *accessoire*, majoritairement utilisé par des critiques hétérosexuels, souligne la domination de l'homme blanc hétérosexuel et de ses préoccupations. Dans une certaine mesure, ce même cas de figure sera d'ailleurs observable dans certains films contemporains, comme *Moonlight* (2016, Barry Jenkins), dont nous discuterons plus amplement dans les pages suivantes.

12 D'ailleurs, les cofondatrices de #BlackLivesMatter (Patrisse Khan-Cullors, Alicia Garza, Opal Tometi) sont des femmes afro-américaines, s'identifiant, selon le cas, comme queers ou féministes transnationales, comme décrit dans les biographies sur blacklivesmatter.com.

13 Rodriguez-Arbolay, « Black bodies, queer desires ».

14 Waugh, « Do you like boys ? »

15 Ménard, « Du berdache au Berdache », 134.

16 Waugh, « Je ne le connais pas tant que ça », 1.

17 Vaillancourt, « *Moonlight* », 15.

18 *Ibid.*

19 D'abord, il y a cette firme comptable – payée probablement beaucoup trop cher si on tient compte du rapport qualité-prix – qui se vante de son processus infaillible, mais qui donne la mauvaise enveloppe au destinataire. Ensuite, Faye Dunaway et Warren Beatty (alias Bonnie et Clyde, le couple cinématographique rebelle d'une autre époque), s'avancent pour présenter le gagnant inscrit dans l'enveloppe, sans toutefois vérifier le destinataire avant de l'ouvrir… Du haut d'une carrière sur plusieurs décennies, Warren Beatty, réalisateur du film *Rules Don't Apply,* 2016 (titre ironique, n'est-ce pas ?), un film biographique sur Howard Hughes et « l'amour d'Hollywood » de la fin des années 1950, annonce tout aussi ironiquement : « *Best Picture - La La Land* » de la mauvaise enveloppe, soit « *Actress in a Leading Role* » donné à « *Emma Stone - La La Land* ». L'équipe de *La La Land* monte sur scène, avant que celle de *Moonlight* vienne finalement récupérer son Oscar.

20 Le mois des fiertés LGBTQ est célébré internationalement en juin de chaque année afin de rappeler le combat pour les droits de ces communautés et de commémorer les événements liés aux émeutes de Stonewall en juin 1969.

En ce sens, plusieurs marches des fiertés se tiennent en juin aux États-Unis et ailleurs dans le monde, bien que cela n'empêche pas des célébrations à d'autres moments dans l'année (comme les festivités de Fierté Montréal qui se déroulent en août).

21 Au moment d'écrire ces lignes, en 2020, si nous retournons cinq ans en arrière, soit en juillet 2015, une décision de la Cour suprême des États-Unis légalisait enfin le mariage homosexuel sur l'ensemble du territoire américain. Cela constitue un événement majeur qui a nécessairement un impact sur la représentation des communautés LGBT dans les médias. C'est sans compter que Netflix n'arrive au Canada qu'en 2010. Ainsi, il faudra compter quelques années avant que le service atteigne sa popularité actuelle et propose du contenu francophone. Cela dit, peut être assisterons-nous malheureusement à un recul dans les prochaines années, puisque les États-Unis, au moment d'écrire ces lignes, procèdent à des remaniements législatifs majeurs, notamment en ce qui a trait à l'avortement, et votent également d'inquiétantes lois pour le mouvement LGBTQ+, comme la Loi sur les droits parentaux en matière d'éducation (Florida House, *Bill* 1557), adoptée en Floride en 2022. Cette loi controversée, nommée loi « Don't say gay » par ses détracteurs, interdit l'enseignement sur l'orientation sexuelle et l'identité de genre dans les écoles primaires publiques de l'État. Inquiétant à souhait, car si on ne peut nommer, donc enseigner ces termes, comment prétendre à les voir socialement de même qu'à l'écran?

22 Vaillancourt, « Léa Pool », 8.

Annexe

1 Nous supposons ici qu'il fait référence à André Pépin, qui avait distribué, notamment au Québec, au moyen de sa compagnie Art-Films, les premiers films de François Truffaut (*Les 400 coups, Tirez sur le pianiste, Jules et Jim* et *La Peau douce)*. C'est lui qui invita le premier le cinéaste à Montréal dans les années 1960. Fondateur du Centre d'art de l'Élysée, première salle qui se réclamait « art et essai » de Montréal, il fit, par la suite, périodiquement équipe avec son ami Roland Smith, comme exploitant aussi bien que comme distributeur ou conseiller à la programmation. Soulignons que Roland Smith est le distributeur d'*Il était une fois dans l'Est*, avec sa compagnie Les Films de ma vie.

Bibliographie

« 19 février 2016 : informations concernant le Fonds Claude-Jutra », Service des archives et de gestion de documents, UQAM, Montréal, 19 février 2016. archives.uqam.ca.

« Les 40 ans d'expo 67 », archives de Radio-Canada, 21 mai 2007. ici.radio-canada.ca/archives/expo-67.

Appel à communication, colloque *À tout prendre*, École des médias de l'UQAM, Montréal, avril 2014. collections.cinematheque.qc.ca/wp-content/uploads/2017/08/Colloque-Appel-%C3%A0-communication.pdf.

« Les Autochtones victimes d'un "génocide culturel", dit la juge en chef de la Cour suprême », *Ici Radio-Canada*, 29 mai 2015. ici.radio-canada.ca/nouvelle/723002/genocide-culturel-beverly-mclachlin-autochtones-premieres-nations.

« Femmes autochtones : Trudeau accepte l'utilisation du terme génocide », *Ici Radio-Canada*, 4 juin 2019. ici.radio-canada.ca/nouvelle/1173597/enffada-femmes-autochtones-justin-trudeau-genocide.

« *Il était une fois dans l'Est* fait courir les foules… », *Montréal-Matin*, 6 mars 1974.

« *Il était une fois dans l'Est* : film canadien d'André Brassard », *Le Festival à travers la presse française et étrangère*, Agence France-Presse, mai 1974, n° 20.

« *Il était une fois dans l'Est* : salle comble à Paris », *Le Quotidien*, 15 janvier 1976.

« *Il était une fois dans l'Est* : un film de André Brassard », documentation pour la presse, Montréal, Société nouvelle de cinématographie, 1973.

« Le métier de biographe : l'éditeur s'exprime », communiqué des Éditions du Boréal, Montréal, 16 février 2016. blogue.editionsboreal.qc.ca/2016/02/17/le-metier-de-biographe-lediteur-sexprime.

« La naissance du front de libération homosexuel », dans *L'Archigai : bulletin des archives gaies du Québec*, n° 5, mars 1996. agq.qc.ca/documents/archigai/Archigai _n005_1996-03.pdf.

« Roman Polanski : retour sur les affaires et accusations », *Le Point*, 9 novembre 2019. www.lepoint.fr/societe/roman-polanski-retour-sur-les-affaires-et-accusations-09-11-2019-2346259_23.php.

« S'immatriculer sans être à côté de la plaque », *Ici Radio-Canada*, 23 juillet 2018. ici.radio-canada.ca/nouvelle/1113291/plaque-immatriculation-quebec-devise-je-me-souviens-archives.

« Vulgarités », *Parti pris*, vol. 5, n°s 9-10-11, juin 1964, 176.

Aaron, Michele. *New Queer Cinema: A Critical Reader*. Édimbourg, Edinburgh University Press, 2004.

Allyn, David. *Make Love, not War. The Sexual Revolution: An Unfettered History*. New York, Routledge, 2001.

Angelides, Steven. *A History of Bisexuality*. Chicago, University of Chicago Press, 2001.

Aquin, Stéphane. « Interview : Michel Tremblay », dans Stéphane Aquin et Anna Detheridge, dir., *Global Village: The 1960s*. Montréal, Musée des beaux-arts de Montréal, 2003, 157-159.

Arcand, Denys. « Cinéma et sexualité », *Parti pris*, Montréal, vol. 1, n° 9, été 1964, 90-97. Réédition dans *Hors champ Écrits divers, 1961-2005*. Montmagny, Éditions du Boréal, 2005.

Bale, Miriam. « Critic's Notebook: Why I Will Never Watch a New Woody Allen Film Again », *Hollywood Reporter*, 2 décembre 2017. www.hollywoodreporter. com/news/general-news/critics-notebook-why-i-will-never-watch-a-woody-allen-film-again-1063776/.

Basile, Jean. « *À tout prendre*, de Jutra, au Festival », *Le Devoir*, 12 août 1963.

Basile, Jean et *al.* « Y a-t-il une écriture homosexuelle ? », *Le Berdache*, Montréal, n° 5, novembre 1979, 25-39.

Bazzo, Marie-France, et Carole Paquin. *Les Représentations de la nation dans le cinéma québécois de 1960 à 1984*. Mémoire de maîtrise, Université du Québec à Montréal, 1986.

Beauvoir, Simone de. *Le Deuxième sexe*. Paris, Gallimard, 1974.

Bélanger, Yves. « Québec inc. : la dérive d'un modèle ? », *Cahiers du CRISES*, Centre de recherche sur les innovations sociales, coll. Études théoriques, 1994.

Bellemare, Denis. *La Mélancolie et le Banal : essai sur le cinéma québécois*. Thèse de doctorat, Université de Paris III, Sorbonne Nouvelle, 1992.

Beurdeley, Laurent. *Xavier Dolan : l'indomptable*. Montréal, Les Éditions du CRAM, 2019.

Blackburn, Julie. « Nuit des longs couteaux : la vraie histoire », *L'actualité*, vol. 46, n° 9, novembre 2021.

Bonneville, Léo. « Le cinéma canadien à l'heure de la révolution québécoise », *Séquences*, n° 40, février 1965, 12-19.

– *Le Cinéma par ceux qui le font*. Montréal, Éditions Paulines, 1979.

Bouchard, Geneviève. « *À toi, pour toujours, ta Marie-Lou* : une bombe dans la famille québécoise », *Le Soleil*, 24 avril 2021.

Boulais, Stéphane-Albert. « Le langage de l'inexprimable », dans Stéphane-Albert Boulais, dir., *Le cinéma au Québec : tradition et modernité*. Montréal, Fides, 2006, 301-318.

Bourque, Dominique. « Voix et images de lesbiennes : la formation d'un réseau de médias », dans Irène Demczuk et Frank Remiggi, dir., *Sortir de l'ombre : histoires des communautés lesbienne et gaie de Montréal*. Montréal, VLB éditeur, 1998, 291-311.

Bourcier, Sam. *Queer zones : politiques des identités sexuelles, des représentations et des savoirs*. Paris, Balland, 2001.

Brady, James. « *À tout prendre* : fragments du corps spéculaire », *Copie Zéro*, n° 37, octobre 1988, 23-26.

Brassard, André. « An original interview looking back at *Il était une fois dans l'Est* », entrevues dirigées par Étienne Ganjohian entre mai et août 2017, à Montréal, pour *Queer Media Database*, 16 minutes. vimeo.com/263585065.

Brassard, André, et Michel Tremblay. *Il était une fois dans l'Est*. Scénario, Montréal, L'Aurore, 1974.

Bronski, Michael. *The pleasure principle: Sex, Backlash, and the Struggle for Gay Freedom*. New York, Stonewall Inn Editions, 1998.

Cairns, Lucille. *Sapphism on Screen: Lesbian Desire in French and Francophone Cinema*. Édimbourg, Edinburgh University Press, 2006.

Carrière, Louise. *Femmes et cinéma québécois*. Montréal, Boréal Express, 1983.

– *Michel Tremblay, du cinéphile au scénariste*. Montréal, Éditions Les 400 coups, 2003.

Castle, Terry. *The Apparitional Lesbian: Female Homosexuality and Modern Culture*. New York, Columbia University Press, 1993.

Chabot, Jean. « Le pays incertain », *24 images*, nᵒˢ 103-104, automne 2000, 24-26.

Chaire de recherche sur l'homophobie de l'UQAM (renommée Chaire de recherche sur la diversité sexuelle et la pluralité des genres depuis 2020). *Définitions sur la diversité sexuelle et de genre*, 2017. chairedspg.uqam.ca/publication/glossaire-definitions-sur-la-diversite-sexuelle-et-de-genre.

Chamberland, Line. *Mémoires lesbiennes : le lesbianisme à Montréal entre 1950 et 1972*. Montréal, Éditions du remue-ménage, 1996.

Chapais, Thomas. *Discours et conférences*, Québec, Librairie Garneau, 1897.

Charest, Danielle. « Féminisme : voie d'accès ou terminus. (ébauche) », *Amazones d'Hier, Lesbiennes d'Aujourd'hui*, vol. 1, nᵒ 1, juin 1982, 8-13.

Clermont, Michel, et Yves Lacouture. « Orientation sexuelle et santé », *Enquête sociale et de santé : 1998*. Institut de la statistique du Québec, coll. La santé et le bien-être, 2ᵉ édition, 2001, 219-230.

Coffin, Alice. *Le génie lesbien*. Paris, Éditions Grasset, 2020.

Cohen, Andrew. *A Deal Undone: The Making and Breaking of the Meech Lake Accord*. Vancouver, Douglas & McIntyre, 1990.

Commission des droits de la personne et des droits de la jeunesse. *De l'égalité juridique à l'égalité sociale : vers une stratégie nationale de lutte contre l'homophobie*, rapport de consultation du Groupe de travail mixte contre l'homophobie, ministère de la Justice, mars 2007.

Cornellier, Bruno. « Sexe, sexualité et nationalité : coït interrompu ou orgasme continuel ? », *Nouvelles vues sur le cinéma québécois*, nᵒ 2, été-automne 2004. nouvellesvues.org/wp-content/uploads/2021/07/parler_cornellier.pdf.

Corriveau, Jeanne. « Deux femmes remplacent Claude Jutra dans la toponymie montréalaise », *Le Devoir*, 16 juin 2016.

Crenshaw, Kimberlé. « Demarginalizing the Intersection of Race and Sex: A Black Feminist Critique of Antidiscrimination Doctrine, Feminist Theory and Antiracist Politics », *University of Chicago Legal Forum*, vol. 1989, nᵒ 1, 139-167.

Crépeau, Jeanne. « Claude, Johanne, Marcel et les autres », *24 images*, nᵒ 166, mars-avril 2014, 18-19.

Deb, Sopan, Deborah Leiderman et Sarah Bahr. « Woody Allen, Mia Farrow, Soon-Yi Previn, Dylan Farrow: A Timeline », *The New York Times*, 22 février 2021. www.nytimes.com/article/woody-allen-timeline.html.

Deschênes, Gaston. Dossier : Québec – État. La devise « Je me souviens », *Encyclo-pédie de l'Agora*, 2012. agora.qc.ca/documents/quebec_-_etat—la_devise_je_me_souviens_par_gaston_deschenes.

Dickinson, Peter. *Screening Gender, Framing Genre: Canadian Literature into Film.* Toronto, University of Toronto Press, 2007.

Dolan, Xavier. Note du réalisateur, dossier de presse du film *Mommy*, mai 2014. Distributeur : Les films Séville. diaphana.fr/wp-content/uploads/2014/04/ddp_mommy_fr_def_bd.pdf.

– Témoignage sur *À tout prendre*, diffusé sur *Éléphant : mémoire du cinéma*, Illico, avant la présentation du film *À tout prendre* de Claude Jutra, de 4 min 40.

Dumont, Fernand. *La Vigile du Québec.* Montréal, Bibliothèque québécoise, 2001.

Dundjerovich, Aleksandar. *The Cinema of Robert Lepage: The Poetics of Memory.* London, Wallflower Press, 2003.

– *The Theatricality of Robert Lepage.* Montréal et Kingston, McGill-Queen's University Press, 2007.

Edsall, Nicolas C. *Toward Stonewall: Homosexuality and society in the modern western world.* Charlottesville, University of Virginia Press, 2003.

Escomel, Gloria. « À propos d'*Arioso* », *Le Devoir*, 13 février 1982, M-23.

– « Absentes des médias : oui, mais pourquoi ? », *Treize*, vol. 5, n° 5, juin 1989, 26-29.

Farrow, Dylan. « Why has the #MeToo revolution spared Woody Allen ? », *Los Angeles Times*, 7 décembre 2017. www.latimes.com/opinion/op-ed/la-oe-farrow-woody-allen-me-too-20171207-story.html.

Ferro, Marc. *Analyse de film, analyse de sociétés : une source nouvelle pour l'histoire*, Paris, Classiques Hachette, 1975.

Fondation Émergence. *Lexique*, avril 2020. www.fondationemergence.org/definitions.

Fortier, Muriel. « Les *lesbian pulps* : un instrument de conscientisation. », dans Irène Demczuk et Frank Remiggi, dir., *Sortir de l'ombre : histoires des communau-tés lesbienne et gaie de Montréal.* Montréal, VLB éditeur, 1998, 27-52.

Foucault, Michel. *Histoire de la sexualité 1 : La volonté de savoir.* Paris, Éditions Gallimard, 1976.

Fournier, Claude. *À force de vivre : mémoires.* Montréal, Libre Expression, 2009.

Freud, Sigmund. *Trois essais sur la théorie sexuelle : 1905-1924.* Paris, Flammarion, 2019.

Gagnon, Renée. *L'Influence des événements politiques sur le contenu et la forme du cinéma québécois de la décennie 1980.* Mémoire de maîtrise, Université Laval, 1992.

Garneau, Michèle. *Pour une esthétique du cinéma québécois*, thèse de doctorat, Université de Montréal, 1997.

Gervais, André. *Emblématiques de l'époque du joual.* Montréal, Lanctôt Éditeur, 2000.

Girard, Mario. « Chronique : Jutra et les garçons », *La Presse*, Montréal, 13 février 2016.

– « Que contiennent les archives sous scellés de Claude Jutra ? », *La Presse*, Montréal, 18 février 2016.

Girouard, Michel, et Réjean Tremblay, « Un mariage gai avant l'heure », *Présent*, 18 février 1972. Mai 2007. archives.radio-canada.ca/emissions/580-3437/page/1.

Gouvernement du Canada, ministère de la Justice « L'âge de consentement aux activités sexuelles », 2020. www.justice.gc.ca/fra/pr-rp/autre-other/clp/faq.html.

Green, Mary Jean. « Léa Pool's *La Femme de l'hôtel* and Women's Film in Québec », *Quebec Studies*, n° 9, automne 1989-hiver 1990, 48-61.

Habsbourg, Otto de. *Le Nouveau Défi européen.* Paris, Fayard, 2007.

Haim, Monica. « Chronique : Salem en Québec », *24 images*, 26 février 2016. revue24images.com/les-articles/salem-en-quebec.

Harel, Simon. *Le Voleur de parcours : identité et cosmopolitisme dans la littérature québécoise contemporaine.* Montréal, xyz Éditeur, 1999.

Hays, Matthew. « Considering the Claude Jutra scandal, one week later », cbc *Radio-Canada*, 23 février 2016.

– « The Man Who Wasn't There: The Claude Jutra legacy, a year after the scandal », *Canadian Notes & Queries*, n° 99, mai 2017. notesandqueries.ca/features/the-man-who-wasnt-there-the-claude-jutra-legacy-a-year-after-the-scandal-by-matthew-hays.

Heath, Stephen. « Questions of Property: Film and Nationhood », *Ciné-Tracts*, vol. 1, n° 4, printemps-été 1978, 2-11.

Hébert, Pierre, et *al. Dictionnaire de la censure au Québec : littérature et cinéma.* Saint-Laurent, Éditions Fides, 2006.

Heffernan, Diane. « Réseau Vidé-Elle », dans Maryse Darsigny, Francine Descarries, Lyne Kurtzman et Évelyne Tardy, dir., *Ces femmes qui ont bâti Montréal.* Montréal, Éditions du remue-ménage, 1992, 425-426.

Higgins, Ross. *De la clandestinité à l'affirmation : Pour une histoire de la communauté gaie montréalaise.* Montréal, Comeau et Nadeau, 1999.

– « Identités construites, communautés essentielles. De la libération gaie à la théorie queer », dans Diane Lamoureux, dir., *Les Limites de l'identité sexuelle.* Montréal, Éditions du remue-ménage, 1998, 109-133.

Hildebran, Andrea. « Genèse d'une communauté lesbienne : un récit des années 1970 », dans Irène Demczuk et Frank Remiggi, dir., *Sortir de l'ombre : histoires des communautés lesbienne et gaie de Montréal.* Montréal, VLB éditeur, 1998, 207-234.

Interligne. FAQ, avril 2020. interligne.co/faq.

Jean, Marcel. « Présentation d'ouverture par Marcel Jean, directeur général de la Cinémathèque québécoise », colloque *Reprendre À tout prendre*, Cinémathèque québécoise, Montréal, 12 novembre 2015. collections.cinematheque.qc.ca/ dossiers/a-tout-prendre/colloque-reprendre-a-tout-prendre/presentation-douverture-par-marcel-jean.

Jutra, Claude. « Dossier de presse d'*À tout prendre* : Manifeste de Claude Jutra », *Cinéma Libre*, Montréal, 4 mai 1987.

Jutras, Pierre. Colloque *Reprendre À tout prendre*, Dossier *À tout prendre* de Claude Jutra : 50 ans, Cinémathèque québécoise, Montréal, avril 2014. collections.cinema theque.qc.ca/dossiers/a-tout-prendre/colloque-reprendre-a-tout-prendre.

Kabir, Shameem. *Daughters of Desire: Lesbian Representations in Film.* Londres, Éditions Cassell, 1998.

Kael, Pauline. Lettre à Claude Jutra, 29 février 1964, Coll. Cinémathèque québécoise, deux pages dactylographiées. collections.cinematheque.qc.ca/wp-content /uploads/2014/02/1981_0061_10_AR_06-071.pdf.

Knelman, Martin. « The world of Michel », *The Globe and Mail*, 3 mai 1975.

L'Hérault, Pierre. « Pour une cartographie de l'hétérogène : dérives identitaires des années 1980 », dans Sherry Simon, dir., *Fictions de l'identitaire au Québec.* Montréal, XYZ Éditeur, 1991, 53-114.

L'Italien, François. « Du Québec inc. au Quebec Capital. Le repositionnement de l'élite économique québécoise depuis 1995 », *L'Action nationale*, février 2014.

Lacasse, Germain. « Yves Lever, Claude Jutra. Biographie, Montréal, Boréal, 2016 », *Nouvelles vues*, Université Laval, n° 18, 2007.

Lamoureux, Diane. *Les Limites de l'identité sexuelle*, Montréal, Éditions du remue-ménage, 1998.

Lapointe, Gatien. *Ode au Saint-Laurent*, précédé de *J'appartiens à la terre*, Montréal, Éditions du Jour, 1963.

Larose, Karim et Frédéric Rondeau. *La Contre-culture au Québec*. Montréal, Les Presses de l'Université de Montréal, 2016.

— « La question lesbienne dans le féminisme montréalais : un chassé-croisé », dans Irène Demczuk et Frank Remiggi, dir., *Sortir de l'ombre : histoires des communautés lesbienne et gaie de Montréal*, Montréal, VLB éditeur, 1998, 167-186.

Lauritsen, John, et David Thorstad. *The Early Homosexual Rights Movement (1864-1935)*. New York, Times Change Press, 1974.

Lavoie, André. *La Représentation de l'homosexualité dans le cinéma québécois des années 80*. Mémoire de maîtrise, Université de Montréal, 1992.

Lavoie, René. « Deux solitudes : les organismes sida et la communauté gaie », *Sortir de l'ombre : histoires des communautés lesbienne et gaie de Montréal*, Montréal, VLB éditeur, 1998, 337-362

Leach, Jim. *Claude Jutra: Filmmaker*. Montréal et Kingston, McGill-Queen's University Press, 1999.

Leduc, Jacques. « Les caméramen de L'O.N.F. », *Séquences*, n° 33, 1963, 21-26.

— « La représentation d'un milieu donné », *Cinéma Québec*, avril-mai 1974, 44.

Lefebvre, Jean Pierre. « Snapshots from Quebec », dans Joseph I. Donohoe, dir., *Essays on Quebec cinema*. East Lansing, Michigan State University Press, 1991,75-88.

Lemay, Robert. *À tout prendre… Hommage à Claude Jutra Six miniatures*, composition musicale, 1995, Ontario. Partition disponible sur le site du Canadian Music Centre (CMC). cmccanada.org/shop/13847.

Lesage, Marc, et Francine Tardif. *30 ans de révolution tranquille : entre-le je et le nous, itinéraires et mouvements*. Montréal, Éditions Bellarmin, 1989.

Lever, Yves. *Le Cinéma de la Révolution tranquille, de Panoramique à Valérie*. Montréal, Yves Lever Éditeur, 1991.

— *Claude Jutra : biographie*. Montmagny, Les Éditions du Boréal, 2016.

— *Histoire générale du cinéma québécois*. Montréal, Boréal Express, 1988.

— « Quand l'album de famille s'enrichit… », *Relations*, Montréal, n° 392, avril 1974, 125-126.

Loiselle, André. *The function of André Brassard's film Il était une fois dans l'Est in the context of Michel Tremblay's Cycle des Belles-Sœurs*. Mémoire de maîtrise, University of British Columbia, 1989.

Maheu, Pierre. « L'Œdipe colonial », *Parti pris*, n°s 9-10-11, été 1964, 19-29.

Maheux-Forcier, Louise. *Arioso ; suivi de Le papier d'Arménie*. Montréal, Éditions Pierre Tisseyre, 1981.

Marcorelles, Louis. « Lettre de Montréal », *Cahiers du cinéma*, n° 149, novembre 1963, 45-47.

Marshall, Bill. *Quebec National Cinema*, Montréal et Kingston, McGill-Queen's University Press, 2001.

Marsolais, Gilles. « *À tout prendre* », *Lettres et écritures*, février 1964, 35-40.

– « *À tout prendre* de Claude Jutra, La quête d'une image de nous-mêmes », *24 Images*, hiver 2000, n° 100, 29.

– « Au-delà du miroir », *Cinéma : Acte et Présence*. Québec, Nota Bene, 1999.

– *Le Cinéma canadien*. Montréal, Éditions du Jour, 1968.

McRoberts, Kenneth et Dale Posgate, *Développement et modernisation du Québec*. Montréal, Boréal Express, 1983.

Ménard, Guy. « Du berdache au Berdache : lectures de l'homosexualité dans la culture québécoise », *Anthropologie et Sociétés*, vol. 9, n°.3, 1985, 115-138.

Migneault, Benoît. « Les collections gaies et lesbiennes dans les bibliothèques publiques : miroir de la société québécoise ? », *Documentation et bibliothèques*, Association canadienne des bibliothécaires de langue française, vol. 49, n° 1, janvier-mars 2003, 31-39.

Moffat, Alain-Napoléon. « *À tout prendre* de Claude Jutra : pour une rhétorique de l'homosexualité », *Série Regarder Voir*, Cinémathèque québécoise, Association québécoise des études cinématographiques, mars 1991.

Morin, Edgar. *Le cinéma ou l'homme imaginaire : Essai d'anthropologie sociologique*. Paris, Éditions de minuit, 1956.

Nadeau, Chantal. « Barbaras en Québec: Variations on Identity », *Gendering the Nation: Canadian Women's Cinema*. University of Toronto Press, 1999, 197-211.

– « Sexualité et espace public : visibilité lesbienne dans le cinéma récent », *Sociologie et sociétés*, vol. XXIX, n° 1, printemps 1997, 113-127.

Namaste, Viviane. *C'était du spectacle : l'histoire des artistes transsexuelles à Montréal 1955-1985*. Montréal et Kingston, McGill-Queen's University Press, 2005.

– *Invisible Lives: The Erasure of Transsexual and Transgendered People*. Chicago, The University of Chicago Press, 2005.

– *Sex, Change, Social Change: Reflections on Identity, Institutions, and Imperialism*. Toronto, Women's Press, 2005.

Newquist, Jay. « Tremblay wins, Duddy loses in Cannes festival politics », *The Gazette*, 1ᵉʳ mai 1974.

Noël, Roger. « Libération homosexuelle ou révolution socialiste ? L'expérience du GHAP », *Sortir de l'ombre : histoires des communautés lesbienne et gaie de Montréal*. Montréal, VLB éditeur, 1998, 187-206.

Office québécois de la langue française. *Grand dictionnaire terminologique*. gdt.oqlf.gouv.qc.ca.

Pageau, Pierre. « Claude Jutra-précoce et libre », *Séquences*, n° 306, 2017, 36.

Pâquet, André. « Numéro spécial "loi-cadre" : "Pour décoloniser le cinéma québécois" », *Cinéma Québec*, vol. 4, n° 4, 1975. collections.cinematheque.qc.ca/wp-content/uploads/2015/06/cinema_quebec_vol-4_no-4_1975-05-02_p26-46_web1.pdf.

Parish, James Robert. *Gays and lesbians in mainstream cinema: plots, critiques, casts and credits for 272 theatrical and made-for-television Hollywood releases*. Jefferson, McFarland, 1993.

Payette, Lise. « Claude Jutra était mon ami », *Le Devoir*, 19 février 2016.

– « La vie continue », *Le Devoir*, 26 février 2016.

Perreault, Luc. « Tremblay et Brassard "On est pas des Jeanne d'Arc" », *La Presse*, 2 mars 1974.

Perron, Paul-André. « Le « je » et le « nous ». Heurs et malheurs du concept d'identité », dans Diane Lamoureux, dir., *Les Limites de l'identité sexuelle*. Montréal, Éditions du remue-ménage, 1998, 151-161.

Pérusse, Denise. *La Conquête d'un nouvel espace dans les films féministes québécois*. Cinémathèque québécoise, Association québécoise des études cinématographiques, 1989.

Picard, Yves. « Cinéma et nation : les succès du cinéma québécois », dans Pierre Véronneau et *al.*, dir., *Dialogue : cinéma canadien et québécois*. Cinémathèque québécoise, 1987, 97-107.

Pidduck, Julianne. « The "Affaire Jutra" and the figure of the child », *Jump Cut: A Review of Contemporary Media*, n° 58, printemps 2018. www.ejumpcut.org/archive/jc58.2018/PidduckJutraAffair/text.html.

– « Claude Jutra, an introduction », *Jump Cut: A Review of Contemporary Media*, n° 58, printemps 2018. www.ejumpcut.org/archive/jc58.2018/JutraIntroduction/index.html.

Pilon-Larose, Hugo. « Une victime de Claude Jutra témoigne : des attouchements dès 6 ans », *La Presse*, 17 février 2016.

Poirier, Christian. *Le Cinéma québécois à la recherche d'une identité ? Tome 1, l'imaginaire filmique*. Sainte-Foy, Presses de l'Université du Québec, 2004.

Prud'homme, Anne. « Léa Pool : La marginale universelle », dans Stéphane-Albert Boulais, dir., *Le cinéma au Québec : Tradition et modernité*. Montréal, Éditions Fides, 2006.

Ramond, Charles-Henri. « Saint-Narcisse – Film de Bruce LaBruce », *Films du Québec*, 17 septembre 2021. www.filmsquebec.com/films/saint-narcisse-bruce-la-bruce.

Reines, Philip. « The Emergence of Quebec Cinema: A Historical Overview », dans Joeseph I.Donohoe, dir., *Essays on Quebec Cinema*. East Lansing, Michigan State University Press, 1991, 15-36.

Rimpau, Ina. « We are not just good friends: The Lesbian subtext in Female Buddy Movies », *Fuse*, vol. 14, nos 5-6, 1991, 58-61.

Rioux, Marcel. « Remarques sur le phénomène *Parti pris* », *Index de Parti pris (1963-1968)*. Sherbrooke, CELEF, 1975.

Rodriguez-Arbolay, Gregorio Pablo, Jr. « Black bodies, queer desires: Québécois national anxieties of race and sexuality in Claude Jutra's *À tout prendre* », *Jump Cut: A Review of Contemporary Media*, n° 58, 2018. www.ejumpcut.org/archive/jc58.2018/Rodriguez-ATP-race-sex/index.html.

Romilly, Jacqueline de. *La Modernité d'Euripide*. France, Presses universitaires de France, 1986.

Roussil, Robert et *al. L'Art et l'État*. Montréal, Éditions Parti Pris, 1973.

Roy, Lucie. « Deviated Narrative in the Early Films of Lea Pool », dans Joeseph I.Donohoe, dir., *Essays on Quebec cinema*. East Lansing, Michigan State University Press, 1991, 91-102.

Rubin, Gayle. « Thinking Sex: Notes for a Radical Theory of the Politics of Sexuality », dans Carole S. Vance, dir., *Pleasure and Danger: Exploring Female Sexuality*. Londres, Pandora, 1984, 267-320.

Sartre, Jean-Paul. *L'existentialisme est un humanisme*. Paris, Gallimard, coll. Folio essais (réédition), 1996.

Savoie, Donald J. *Thatcher, Reagan, and Mulroney: In Search of a New Bureaucracy*, Pittsburg, University of Pittsburg Press, 1994.

Schacht, Steven P., et Lisa Underwood. *The Drag Queen Anthology*. Binghamton, Harrington Park Press, 2004.

Schwartzwald, Robert. « "Chus t'un homme" Trois (re)mises en scène d'*Hosanna* de Michel Tremblay », dans GLOBE, *Revue internationale d'études québécoises*, vol. 11, n° 2, 2008, 43-60.

– C.R.A.Z.Y.: *A Queer Film Classic*. Vancouver, Arsenal Pulp Press, 2015.

– « Fear of Federasty: Québec's Inverted Fictions », dans Hortense J. Spillers, dir., *Comparative American Identities: Race, Sex, and Nationality in the Modern Text*, New York, Routledge, 1991, 175-195.

– « (Homo)sexualité et problématique identitaire », dans Sherry Simon, dir., *Fictions de l'identitaire au Québec*, Montréal, XYZ Éditeur, 1991, 115-150.

– « Mon *parti pris* », *Spirale*, n° 246, 2013, 63-65.

– « Y a-t-il un sujet-nation queer ? Apories d'un débat actuel », dans Diane Lamoureux, dir., *Les Limites de l'identité sexuelle*. Montréal, Éditions du remue-ménage, 1998, 163-179.

Sedgwick, Eve Kosofsky. *Epistemology of the Closet*. Los Angeles, University of California Press, 1990.

– « Queer Performativity: Henry Jame's Art of the Novel », GLQ: *A Journal of Lesbian and Gay Studies*, vol. 1, n° 1,1993, 1-18.

Sorlin, Pierre. *Sociologie du cinéma : ouverture pour l'histoire de demain*. Paris, Aubier-Montaigne, 1977.

Straram, Patrick. « Foutre ! La "pilule" gratuite aux épouses des militaires améri-cains », *Parti pris*, Montréal, vol. 4, n°s 3-4, novembre-décembre 1966, 129.

Talabot, Jean. « Harcèlement sexuel : la Cinémathèque reporte la rétrospective Jean-Claude Brisseau », *Le Figaro*, 8 novembre 2017. www.lefigaro.fr/cinema/2017/11/08/03002-20171108ARTFIG00282-harcelement-sexuella-cinematheque-reporte-la-retrospective-jean-claude-brisseau.php.

Talon-Hugon, Carole. *L'Art sous contrôle*. Paris, Presses universitaires de France, 2019.

Tardif, Yves. *Considérations sur le Bill Omnibus*. Montréal, Éditions Raymond Genest, 1970.

Tremblay, Michel. *Hosanna*, suivi de *La Duchesse de Langeais*, Montréal, Leméac, 1973.

Turcotte, Louise. « Itinéraire d'un courant politique : le lesbianisme radical au

Québec », dans Irène Demczuk et Frank Remiggi, dir., *Sortir de l'ombre : histoires des communautés lesbienne et gaie de Montréal*. Montréal, v l b éditeur, 1998, 363-398.

Vacante, Jeffery. « Writing the history of Sexuality and "National" History in Quebec », *Journal of Canadian Studies*, vol. 39, n° 2, printemps 2005, 31-54.

Vaillancourt, Julie. *Archives lesbiennes : d'hier à aujourd'hui. Tome 2*, Montréal, Les éditions saphiques du r l q, Réseau des Lesbiennes du Québec, 2023.

– *De l'ombre à la lumière : quand le cinéma ouvre la porte du placard. Une analyse des représentations homosexuelles et des problématiques l g b t et de leurs fondements sociopolitiques dans le cinéma québécois de fiction de 1960 à 1980*. Mémoire de maîtrise, Montréal, Université Concordia, 2007.

– « *La Femme de l'hôtel* et *Anne Trister* ; silences éloquents, désirs saphiques et revendication d'un nouvel espace », dans Florian Grandena et Cristina Johnston, dir., *Cinematic Queerness: Gay and Lesbian Hypervisibility in Contemporary Francophone Feature Films*. New York et Oxford, Peter Lang Publishing, 2011.

– « *J'ai tué ma mère* de Xavier Dolan : justesse du ton et naissance d'un auteur », *Fugues*, vol. 26, n° 5, août 2009, 142.

– « Léa Pool : "Le regard est beaucoup plus habitué à voir un cinéma masculin, qu'un cinéma féminin…" », *Séquences*, n° 309, août, 2017, 6-9.

– « *Mommy* : émotion à l'état pur », *Fugues*, 9 septembre 2014.

– « *Moonlight* : sortir de l'ombre », *Séquences*, n° 306, janvier-février 2017, 14-15.

– « *Tom à la ferme* : mensonges et angoisses du huis clos à ciel ouvert », *Séquences*, n° 290, mai-juin 2014, 48–49.

Vaillancourt, Pascal, et Robert Asselin. « Un amalgame erroné et inacceptable », *Le Devoir*, 22 février 2016.

Vallières, Pierre. « *Vers un Québec post-nationaliste ?* Idéologies et valeurs : oppositions, contradictions et impasses », et « Mouvements homosexuels et hétérodoxie sociale » dans Serge Proulx et Pierre Vallières, dir. *Changer de société. Déclin du nationalisme, crise culturelle et alternatives sociales au Québec*. Montréal, Québec Amérique, 1982, 21-55 et 183-208.

Verdier, Éric, et Jean-Marie Fridion, *Homosexualité et suicide : étude, témoignage et analyse*. Mont-Blanc, h & o Éditions, 2003.

Villemaire, Yolande. « *Il était une fois dans l'Est*. L'empire des mots », *Jeu*, n° 8, 1978, 61-75.

Warren, Jean-Philippe. « Un parti pris sexuel. Sexualité et masculinité dans la revue *Parti Pris* », *Globe,* vol. 12, n° 2, 2009, 129-157.

Waugh, Thomas. « Aimes-tu les garçons ? » : notes visuelles sur *À tout prendre* : confession, lâcheté et disparition », colloque *Reprendre À tout prendre*, Cinémathèque québécoise, Montréal, 12 novembre 2015. Communication mise à jour en 2016. collections.cinematheque.qc.ca/dossiers/a-tout-prendre/colloque-reprendre -a-tout-prendre/aimes-tu-les-garcons-notes-visuelles-sur-a-tout-prendre- confession-lachete-et-disparition-par-thomas-waugh-universite-concordia /#note-3312-3.

– « Des Adonis en quête d'immortalité : la photographie homoérotique », dans Irène Demczuk et Frank Remiggi, dir., *Sortir de l'ombre : histoires des communautés lesbiennes et gaies de Montréal*, Montréal, VLB éditeur, 1998, 53-79.

– « "Do you like boys ?" Claude Jutra's Disappearances: Confession, Courage, Cowardice », *Jump Cut: A Review of Contemporary Media*, n° 58, printemps 2018. www.ejumpcut.org/archive/jc58.2018/WaughJutra/index.html.

– *The Fruit Machine: Twenty Years of Writings on Queer Cinema,* Durham, Duke University Press, 2000.

– « Je ne le connais pas tant que ça : Claude Jutra », *Nouvelles vues sur le cinéma québécois,* n° 2, été-automne 2004. nouvellesvues.org/wp-content/uploads/2021/ 07/parler_waugh_01.pdf.

– « Nègres blancs, tapettes et "butch" : les lesbiennes et les gais dans le cinéma québécois », *Copie Zéro*, n° 11, 1981, 12-29.

– *The Romance of Transgression in Canada: Queering Sexualities, Nations, Cinemas.* Montréal et Kingston, McGill-Queen's University Press, 2006.

Weinmann, Heinz. « Cinéma québécois à l'ombre de la mélancolie », *Cinémas,* vol. 8, n°s 1-2, automne 1997, 35-46.

– « Post-mortem de l'"affaire Jutra", suivi d'un témoignage d'Edgar Morin », *Encyclopédie de l'Agora*, 20 juin 2016. agora.qc.ca/documents/post_mortem_de_ laffaire_jutra_suivi_dun_temoignage_dedgar_morin.

Wilde, Oscar. « La critique est un art », *Intentions*, Paris, *Le livre de poche*, 2011.

Young, Colin, « À tout prendre », *Film Quarterly*, vol. 17, n° 2, hiver 1963-1964, 39-42.

– Lettre à Claude Jutra, février 1964. Coll. Cinémathèque québécoise. collections. cinematheque.qc.ca/wp-content/uploads/2014/02/1981_0056_18_AR_15-16.pdf.

Filmographie

À tout prendre, réalisation de Claude Jutra, Québec-Canada, 1963, 99 minutes. Production : Les Films Cassiopée et Orion Films.

The Adventures of Priscilla, Queen of the Desert, réalisation de Stephan Elliott, Australie, 1994, 104 minutes. Production : PolyGram Filmed Entertainment et Australian Film Finance Corporation.

Amazones d'Hier, Lesbiennes d'Aujourd'hui, réalisation de Gin Bergeron, Ariane Brunet, Danielle Charest et Louise Turcotte, Québec-Canada, 1981, 2022, 105 minutes. Production : Vidéo-Amazone.

Amazones d'Hier, Lesbiennes d'Aujourd'hui : 40 ans plus tard, réalisation de Dominique Bourque, Johanne Coulombe et Julie Vaillancourt, Québec-Canada, 2022, 56 minutes. Production : Réseau des Lesbiennes du Québec.

L'Amour au temps de la guerre civile, réalisation de Rodrigue Jean, Québec-Canada, 2015, 120 minutes. Production : Transmar Films.

Anne Trister, réalisation de Léa Pool, Québec-Canada, 1986, 102 minutes. Production : Office national du film du Canada et Les Films Vision 4.

Arioso, réalisation de Jean Faucher, scénarisation de Louise Maheux-Forcier, Québec-Canada, 1982, 84 minutes. Production : Société Radio-Canada.

Being at Home with Claude, réalisation de Jean Beaudin, Québec-Canada, 1992, 82 minutes. Production : Office national du film du Canada et Productions du Cerf.

La Cage aux folles, réalisation de Édouard Molinaro, France et Italie, 1978, 103 minutes. Production : Da.Ma Cinematografica et Les Productions Artistes Associés.

The Celluloid Closet, réalisation de Rob Epstein et Jeffrey Friedman, États-Unis, 1995, 101 minutes. Production : Telling Pictures.

Le Confessionnal, réalisation de Robert Lepage, Québec-Canada, France et Angleterre, 1995, 101 minutes. Production : Cinéa, Cinémaginaire international et Enigma Films.

C.R.A.Z.Y., réalisation de Jean-Marc Vallée, Québec-Canada, 2005, 129 minutes. Production : CRAZY FILMS et Cirrus Communications.

La Cuisine rouge, réalisation de Paule Baillargeon et Frédérique Collin, Québec-Canada, 1980, 82 minutes. Production : Ballon Blanc et Productions Anastasie Inc.

Dancing Queens, réalisation de Helena Bergström, Suède, 2021, 110 minutes. Production : Sweetwater Productions.

Disclosure: Trans Lives on Screen, réalisation de Sam Feder, États-Unis, 2020, 100 minutes. Production : Disclosure Films LLC.

Elvis Gratton : le king des kings, réalisation de Pierre Falardeau et Julien Poulin, Québec-Canada, 1985, 89 minutes. Production : ACPAV (Association coopérative des productions audiovisuelles, Québec).

Everybody's Talking About Jamie, réalisation de Jonathan Butterell, Royaume-Uni et États-Unis, 2021, 115 minutes. Production : New Regency Productions, Film4, Warp Films et 20th Century Studios.

La Femme de l'hôtel, réalisation de Léa Pool, Québec-Canada, 1984, 89 minutes. Production : ACPAV.

La Femme de mon frère, réalisation de Monia Chokri, Québec-Canada, 2019, 117 minutes. Production : Metafilms.

Femmes : (ré)flexions identitaires, réalisation de Julie Vaillancourt, Québec-Canada, 2018, 4 minutes. Production : Réseau des Lesbiennes du Québec.

Le Film de Justine, réalisation de Jeanne Crépeau, Québec-Canada, 1989, 46 minutes. Production : Les films de l'autre.

Gus est encore dans l'armée, réalisation de Robert Morin et Lorraine Dufour, Québec-Canada, 1980, 20 minutes. Production : Coop Vidéo de Montréal.

Hedwig and the Angry Inch, réalisation de John Cameron Mitchell, États-Unis et Canada, 2001, 95 minutes. Production : Killer Films et New Line Cinema.

Il était une fois dans l'Est, réalisation d'André Brassard, scénario d'André Brassard et de Michel Tremblay, Québec-Canada, 1974, 101 minutes. Production : Productions Carle-Lamy et Société Nouvelle de Cinématographie.

J'ai tué ma mère, réalisation de Xavier Dolan, Québec-Canada, 2009, 100 minutes. Production : Mifilifilms.

Judy Versus Capitalism, réalisation et production de Mike Hoolboom, Canada, 2020, 63 minutes.

Laurence Anyways, réalisation de Xavier Dolan, Québec-Canada, 2012, 116 minutes. Production : Lyla Films et MK2.

Lilies, réalisation de John Greyson, d'après la pièce *Les Feluettes* de Michel Marc Bouchard, Canada, 1996, 95 minutes. Production : Triptych Media Inc. et Gala Film inc.

Low Cost (Claude Jutra), réalisation de Lionel Baier, Suisse, 2010, 54 minutes. Production : Bande à part Films et Radio Télévision suisse.

Luc ou la part des choses, réalisation de Michel Audy, Québec-Canada, 1982, 91 minutes. Production : ministère de l'Éducation du Québec et Cégep de Trois-Rivières.

Maria Chapdelaine, réalisation de Sébastien Pilote, Québec-Canada, 2021, 158 minutes. Production : Item 7 et Multipix Management.

Matthias et Maxime, réalisation de Xavier Dolan, Québec-Canada, 2019, 120 minutes. Production : Sons of Manual.

Mommy, réalisation de Xavier Dolan, Québec-Canada, 2014, 134 minutes. Production : Metafilms et Sons of Manual.

Moonlight, réalisation de Barry Jenkins, États-Unis, 2016, 111 minutes. Production : A24, PASTEL et Plan B Entertainment.

Pleasantville, réalisation de Gary Ross, États-Unis, 1998, 124 minutes. Production : New Line Cinema et Larger Than Life Productions.

Revoir Julie, réalisation de Jeanne Crépeau, Québec-Canada, 1998, 92 minutes. Production : Box Film.

Saint-Narcisse, réalisation de Bruce LaBruce, Québec-Canada, 2020, 101 minutes. Production : 1976 Productions, Six Island Productions et CBC Films.

Sarah préfère la course, réalisation de Chloé Robichaud, Québec-Canada, 2013, 95 minutes. Production : La boîte à Fanny.

Le Sexe des étoiles, réalisation de Paule Baillargeon, Québec-Canada, 1993, 103 minutes. Production : Office national du film du Canada et Productions Constellation.

Some American Feminists (Quelques féministes américaines), réalisation de Luce Guilbeault, Nicole Brossard et Margaret Wescott, Québec-Canada, 1978, 55 minutes. Production : Office national du film du Canada.

Tangerine, réalisation de Sean S. Baker, États-Unis, 2015, 88 minutes. Production : Duplass Brothers Productions et Through Films.

Tom à la ferme, réalisation de Xavier Dolan, d'après la pièce *Tom à la ferme* de Michel Marc Bouchard, Québec-Canada, 2014, 102 minutes. Production : MK2 et Sons of Manual.

Yes Sir ! Madame…, réalisation de Robert Morin, Québec-Canada, 1994, 73 minutes. Production : Coop Vidéo de Montréal.

Index